本书为忻州师范学院五台山文化研究中心项目“太忻一体化经济区驱动五台山供需系统重构研究”（00000322）和2023年山西省高等学校一般性教学改革创新立项项目“产教融合视野下管理类专业开放式教学体系构建研究”（J20231119）的部分研究成果。

信息化背景下旅游景区智慧管理研究

毕太富　沈　平◎著

文化发展出版社
Cultural Development Press
·北京·

图书在版编目（CIP）数据

信息化背景下旅游景区智慧管理研究 / 毕太富，沈平著. — 北京 : 文化发展出版社，2023.12
ISBN 978-7-5142-4233-1

Ⅰ. ①信… Ⅱ. ①毕… ②沈… Ⅲ. ①旅游区－经营管理 Ⅳ. ① F590.6

中国国家版本馆 CIP 数据核字 (2024) 第 004231 号

信息化背景下旅游景区智慧管理研究

毕太富　沈　平　著

出 版 人：宋　娜
责任编辑：任秀颖　　　　　　责任校对：岳智勇
责任印制：邓辉明　　　　　　封面设计：守正文化
出版发行：文化发展出版社（北京市翠微路 2 号 邮编：100036）
网　　址：www.wenhuafazhan.com
经　　销：全国新华书店
印　　刷：天津和萱印刷有限公司

开　　本：710mm × 1000mm　1/16
字　　数：220 千字
印　　张：13.5
版　　次：2024 年 9 月第 1 版
印　　次：2024 年 9 月第 1 次印刷

定　　价：72.00 元
I S B N：978-7-5142-4233-1

前　言

当我们把“信息化”看作名词时，它通常是指应用现代信息技术来推进某个领域或对象（如企业或社会）的转型。促进企业信息化不仅意味着将信息技术应用于业务中，更重要的是推动和实现业务模式、组织结构甚至经营战略的变革。通常情况下，当“信息化”作为形容词时，指的是通过在某一特定领域或对象中广泛应用信息技术促进新形态或新状态的出现。信息化是指在一个地理区域、经济体或社会中，信息技术得到广泛应用并成为发展的基石，也可以将其认定为信息劳动力规模所表现出的提升程度。2013 年末，国家旅游局（现文化和旅游部）就发布了《关于印发 2014 中国旅游主题年宣传主题及宣传口号的通知》，宣布 2014 年为“智慧旅游年”，旨在促进智慧旅游的推广。2021 年 12 月，国务院发布的《“十四五”旅游业发展规划》也旨在推进智慧旅游发展，提出了多种针对性措施，包括培育智慧旅游创新企业和重点项目，开发数字化体验产品，发展沉浸式互动体验、虚拟展示、智慧导览等新型旅游服务，推进以“互联网 +”为代表的旅游场景化建设等。通过融合互联网技术和旅游行业的精髓，智慧旅游创新业态得以发展和不断壮大。这种新型业态给旅游业注入了新动力，能够促进经济增长。智慧旅游以物联网、云计算、互联网为基础，智能地主动感知旅游信息资源，实现数据和信息的共享，高效便捷地为旅游参与各方提供各种信息服务和应用，实现完美体验、完善服务、完全智能化管理。

全书共六章。第一章为旅游景区及其管理，主要介绍了旅游景区的类型与特点、旅游景区管理的主要内容、旅游景区管理的一般方法。第二章为信息化背景下的智慧旅游与景区智慧化管理，包括信息化与旅游信息化、智慧旅游与景区智慧化管理、景区智慧化管理的目标与内容。第三章为信息化背景下旅游景区智慧管理的技术基础，分别从互联网技术、物联网技术、云计算技术、虚拟现实技术、GIS 和基于位置的服务、人工智能技术六个方面进行介绍。第四章是大数据在旅游景区管理中的应用，包括旅游大数据的采集与分析、基于大数据分析的景区客流量预测、基于大数据分析的景区游客时空分流导航管理。第五章为国内外旅游景区智慧化管理案例及启示，包括三个方面的内容，即国内旅游景区智慧管理的实例、国外旅游景区智慧管理的实例、旅游景区智慧管理的启示。第六章是山西五台山景区智慧化管理存在的问题及对策，包括智慧五台山全域信息化项目实施情况、五台山景区智慧化管理存在的问题、五台山景区智慧化管理改进建议。

在撰写本书的过程中，作者参考了大量的学术文献，得到了许多专家学者的帮助，在此表示真诚感谢。本书内容系统全面，论述条理清晰、深入浅出，但由于作者水平有限，书中难免有疏漏之处，希望广大同行及时指正。

毕太富

2023 年 7 月

目　　录

第一章　旅游景区及其管理

本章为旅游景区及其管理，分别从旅游景区的类型与特点、旅游景区管理的主要内容、旅游景区管理的一般方法展开详细论述。

第一节　旅游景区的类型与特点

一、旅游景区的类型

（一）旅游景区的基本类型

1. 按照旅游景区景观资源的特征划分

这是一种最常见的旅游景区分类，一般可分为四大类，即自然旅游景区、人文旅游景区、主题乐园、综合型旅游景区。

（1）自然旅游景区

这类景区又被称为风景区，指的是由多个自然景观构成的旅游胜地，其主要魅力在于自然美景和自然资源的丰富性。相较于人文景观，自然旅游景区中的游客更多是因美景慕名前来。例如，黄山、九寨沟、张家界等都是著名的旅游胜地。根据不同的自然景观类型，自然旅游景区可以被划分为多种类别，包括山岳型、森林型、江河型、湖泊型、瀑布型、泉水型、洞穴型等。

（2）人文旅游景区

这类景区又被称为名胜旅游景区，这类旅游景区由多处人文景点构成，以人文景观和人文资源为主要吸引物，并辅以一定的自然景观。典型的人文旅游景区如北京故宫、八达岭长城、圆明园、颐和园等。根据人文景观资源的不同，人文旅游景区可分为历史文化名城、古代工程建筑、宗教文化、古典园林、博物馆等多种类型。

（3）主题乐园

这类景区是根据特定的主题，采用现代化的科学技术，为游客设计的集诸多娱乐休闲活动于一体的活动空间。主题乐园在我国又被称为主题公园，是一种人造旅游景区，如深圳的锦绣中华、大连老虎滩海洋公园、美国的迪士尼乐园等，这些主题乐园都是一种资源脱离型的旅游产品。

（4）综合型旅游景区

这类景区是指有多处自然景观和人文景观，二者相互映衬、相互依赖，共同吸引游客而形成的相对独立的旅游景区。综合型旅游景区中的自然景观和人文景观的旅游价值都较高，二者共同形成复合型的旅游吸引物。典型的综合型旅游景区有泰山、峨眉山、普陀山、西湖等。

2. 按照旅游景区的主导功能划分

以所具备的主导功能为划分依据，旅游景区分为观光型、度假型、生态型、科考型、游乐型等几种景区。

（1）观光型旅游景区

这类景区以观光为主导功能，旅游吸引物以观赏性较强的自然景观和人文景观为主，观光游览为主要的旅游活动。这类旅游景区一般都具有较高的审美价值，能够满足游客的观赏游览需求。观光型旅游景区通常设施较少，主要以辅助游客观赏为目的而建设一些旅游设施。典型的旅游景区如厦门鼓浪屿、安徽黄山等。

（2）度假型旅游景区

这类景区以度假为主要功能，旅游吸引物主要是宜人的气候、安静的环境、高等级的服务质量、优美的景观和舒适的度假设施。依据其度假活动的内容可分为海滨度假区、山地度假区、温泉度假区、滑雪度假区、高尔夫旅游度假区等。典型的度假区如大连金石滩、昆明滇池、美国的夏威夷岛等。

（3）生态型旅游景区

这类景区以保护生态环境、维护生态平衡为主要功能。这类旅游景区的生态环境较好，一般都拥有一些珍稀物种，需要对其进行保护。目前建设的森林公园和自然保护区如卧龙自然保护区、张家界森林公园等。

(4) 科考型旅游景区

这类景区以科学考察和普及科教知识为主要功能，旅游景区的旅游吸引物以具有较高科学研究价值和科学教育价值的景观资源为主，提供的设施主要以满足游客求知需求为目的，如各种地质公园、天文馆等。

(5) 游乐型旅游景区

这类景区以满足游客游乐需求为主要功能，旅游景区吸引物主要是现代化游乐设施，如深圳的欢乐谷、上海的锦江乐园、美国的迪士尼乐园等。

3. 按照旅游景区与旅游资源的关系划分

按旅游景区与旅游资源的关系进行分类，可将旅游景区分为两类：资源依托型旅游景区和资源脱离型旅游景区。

(1) 资源依托型旅游景区

资源依托型旅游景区主要包括风景名胜区、旅游度假区、森林公园、自然保护区和历史文物保护单位等，都是从当地旅游资源开发出来的，与旅游资源密切结合。对这类旅游景区的管理必须以保护旅游资源为核心目标，并兼顾社会效益与经济效益。

(2) 资源脱离型旅游景区

这类景区是借助人力、物力和财力资源，根据市场需求精心设计创造出来的，主要是人造旅游景区。这类旅游景区有自身的开发规律和管理特点，在管理目标、运营方式等方面与资源依托型旅游景区有很大差别，基本上是企业管理。

（二）我国旅游景区的类型

1. 风景名胜区

风景名胜区是指环境优美、自然景物和人文旅游景区分布集中、有一定规模和范围的地区。风景名胜区由住房和城乡建设部主管。我国幅员辽阔、山河壮丽、历史悠久，许多山川大都经历了历史变迁，留有大量的文物古迹，形成了众多风景名胜区。

根据景观特点，风景名胜区又大体分为以下九种：第一，山岳型，如东岳泰山、安徽黄山等；第二，湖泊型，如杭州西湖、江苏太湖等；第三，河川型，如长江三峡、桂林漓江等；第四，瀑布型，如黄果树瀑布、黄河壶口瀑布等；第五，海滨岛屿型，如青岛崂山、厦门鼓浪屿等；第六，泉水型，如安宁温泉等；第七，宗教型，如五台山、九华山等；第八，园林型，如颐和园等；第九，文物古迹型，如八达岭长城、龙门石窟等以人文景观为主的风景名胜区。

2. 自然保护区

自然保护区是指为保护自然环境和自然资源，以保护具有代表性的自然景观和生态系统为目的而划出的地域范围。自然保护区主管单位为生态环境部。这些自然保护区的建立对保护、恢复和发展自然资源，保存自然历史文化遗产，维护生态具有重要的意义。

自然保护区的主要任务是保护人们赖以生存和发展的生态系统（森林生态系统、草原及草地生态系统、沿海和淡水生态系统、农业生态系统），使其免遭破坏和污染；保护生物资源（水体、陆地野生动植物）的永续利用，保存生物物种遗传基因的多样性；保留自然历史遗迹纪念物。自然保护区除了具有保护功能，还有科研、教育、旅游三大功能。

自然保护区按其保护的对象可分为以下四种：第一，生态系统保护区。包括陆地生态系统保护区和海洋生态系统保护区，其中陆地生态系统中有森林、草原、水域、湿地、荒漠等多种类型。第二，野生动物保护区。第三，珍贵植物保护区。第四，自然历史遗迹保护区。按保护区的等级可分为国家和地方两个级别。国家级自然保护区须经国务院批准，地方级自然保护区由各省、自治区、直辖市政府批准。

保护区的管理主要有五个方面的内容：第一，生物资源和自然环境管理，这是保护区的首要任务；第二，行政与后勤管理；第三，科学研究的管理；第四，居民生产生活的管理；第五，游客管理。

3. 森林公园

森林公园的主体是森林生态环境，备受科学保护，在适度开发后，可以为游客提供游览观光、休闲娱乐、科教等场所。森林公园由林业部主管。森林公园是很受人欢迎的一种休闲旅游景区，驾车观光、骑马、野营、垂钓等都是人们在森林公园中的主要娱乐休闲活动。

森林公园的管理内容主要涵盖四个方面：第一，森林风景资源和自然生态环境管理。丰富的森林风景资源和良好的自然生态环境是森林公园赖以生存和发展的基础，并直接影响到森林公园的综合效益。森林风景资源和自然生态环境管理是森林公园管理的首要任务，主要通过对森林公园实施分区管理来实现。第二，行政与旅游服务管理。行政与旅游服务管理是森林公园能否获得进一步发展的决定性因素，必须依靠健全的制度来实现。第三，居民生产生活管理。加强对森林公园内和周围居民生产生活的管理，采取积极措施引导居民从事有关的旅游服务活动，可以有效帮助他们提高生产生活水平，对树立居民的自觉意识、共同维护森林公园良好的资源和环境状况具有重要意义。第四，旅游者的管理。森林公园的旅游活动以自然环境为依托，基于度假、避暑、探险、野营、科考、建设等多项生态旅游开发项目，为广大游客提供丰富的自然科学、环境保护等方面的资源。

4. 地质公园

地质公园是指为保护地质遗迹而设立的公园区域。地质遗迹是由多年的地质演变和自然的作用组合而成的，是无价的地质自然宝藏，不可再生。地质地貌景观主要包括以下几种类型：第一种，科学研究价值极高的地质地貌景观；第二种，非常宏伟且观赏性极佳的地质剖面和构造形迹；第三种，具备高价值的遗址和化石遗迹，它们能够提供重要的历史和科学信息；第四种，出产珍贵的矿物、玉石等的著名产地，著名的产地同样具有独特的价值；第五种，具有特殊象征意义的水资源和具有典型地质灾害痕迹的遗迹。除了被用作地质学研究和科普教育的场所，地质遗迹还是备受关注的自然旅游胜地。

根据形成原因、自然属性地质遗迹划分为五种类型：第一种，其地质地貌景观不仅具备观赏价值，还具备科研价值；第二种，其资质剖面、构造形迹具备重要的价值；第三种，有古生物化石，具有考古科研价值；第四种，有特殊价值的岩石、矿物；第五种，有地质灾害遗迹，且该遗迹具备的意义十分典型、特殊。

5. 历史文化遗址旅游景区

我国历史悠久，历史文化遗址种类繁多，由此形成一大批以历史文化遗址为主要吸引物的旅游景区，不仅在旅游景区的组成中占据重要位置，而且也在很大程度上吸引着国内外的游客。历史文化遗址主要包含以下六类：其一，皇家建筑遗址，如北京的故宫和承德的避暑山庄等；其二，古代建筑和工程遗址，如北京长城、四川都江堰；其三，古代园林遗址，历史文化价值非常高，如位于北京的颐和园以及位于苏州的拙政园；其四，一些宗教性场所和历史遗址，如云冈石窟和布达拉宫等；其五，历史考古遗址，如周口店北京人遗址、广汉的三星堆遗址等；其六，工业文化遗址，如杭州的宋代官窑遗址等。

6. 历史城镇

历史城镇是一种独特的空间形态，呈现出一种独特的空间特征。由于其规模无法与真正意义上的旅游城市相媲美，且超越了单一的旅游景区（点），因此其管理水平处于两者之间的中间地带。在此类旅游景区中，名气较大的有山西平遥古城、云南大理古城、西安古城等。

历史城镇与一般旅游城市的不同之处是历史城镇的主要产业和经济来源是人文历史古迹观光，而其他的产业则主要与旅游业相关或是旅游业的延伸。因此，这些城镇的管理者往往对城镇保护及旅游形象宣传十分关注，其工作重心主要是旅游管理以及与旅游相关的产业管理。历史城镇旅游管理在某种程度上与目的地管理非常相似，城镇中心和各种通往城镇的入口处一般会有信息中心，为游客提供旅游信息，为当地中小旅游企业提供营销平台。除了将当地建筑和当地基础设施统一规划，城镇旅游管理会还从城镇自身出发，对当地的旅游景区进行统一宣传。

我国历史文化名城超百座。其中的大多数城市与本节所述的历史城镇不一样，经济规模和人口密度较后者要大得多，不可能把旅游业作为城市的主要经济支柱。但我国历史城镇旅游景区非常丰富，如江苏的周庄、同里，浙江的乌镇、西塘、南浔，安徽的西递、宏村，云南的丽江大研、官渡古镇，湖南的芙蓉镇，以及山西的平遥等，都是民风淳朴、古意盎然、特色鲜明的旅游景区，诸如此类的历史城镇还有许多。

7. 旅游度假区

旅游度假区通常坐落于环境优美、地理位置优越的旅游胜地，其主要功能在于满足游客的康体休闲需求，同时为广大游客提供高品质的旅游服务，是一种综合性景区，其主要特征是对环境质量要求较高、区位条件好、服务档次及水平高，旅游活动项目的休闲、康体特征明显。

旅游度假区的项目主要满足游客休闲、娱乐的需求，以丰富生活、愉悦身心为目的。旅游度假区的项目包括娱乐类，如划船、垂钓、歌舞、棋牌、观看文艺演出等；体育类有游泳、高尔夫、网球、门球、保龄球、壁球、骑马、射箭、射击、潜水、滑板、冲浪、滑雪、滑冰等；健身类有健身房、桑拿、按摩、气功和医疗保健等。

8. 水利旅游风景区

水利旅游景区是水利部管理范围内的区域，包括水域、水利工程和水文化景观等，主要供人们进行旅游、休闲、娱乐、科学研究、文化交流、教育等多种活动。水利旅游景区是由一些极具旅游吸引力的水域及其周边地形共同组成的，这些水域包括江河、湖泊、水库、渠道、池塘等人工修建或自然形成的水域，而与这些水域相关的还有河岸、小岛、滩地等景致，以及防汛堤防、水控机构、引水渠、水电站等工程建筑，还涵盖水文化遗址、自然景观和水文景观等。

水利部主管全国水利旅游工作，县（含县级市、区，下同）以上水利行政主管部门主管本行政区域内的水利旅游工作。跨行政区域或不隶属于本级水利行政主管部门管理的水利旅游工作由上一级水利行政主管部门负责管理。水利旅游景区按其景观的功能、文化和科学价值、环境质量、规模大小等因素划分为三级，即国家级、省级、县级水利旅游区。

国家级水利旅游景区：水域景观优美，自然景观和人文景观集中，文化遗迹具有历史意义，观赏、科学、文化价值高，地理位置优越，旅游服务设施齐全，有较高的知名度。

省级水利旅游景区：水域景观优美，自然景观和人文景观相对集中，水工程设施规模较大，观赏、科学、文化价值较高，在本行政区域内具有代表性，具备必要的旅游服务设施，有一定的知名度。

县级水利旅游景区：水域景观与景点景物相对集中，水工程设施具有一定规模，有一定的观赏、科学、文化价值，在当地具有一定的知名度。

9. 综合型旅游景区

这类旅游景区不仅有优美的自然风光，而且还有大量的名胜古迹，是自然旅游资源与人文旅游资源有机结合的旅游景区，如北京风景名胜区、杭州风景旅游区、大理风景名胜区、丽江风景名胜区等，不仅风光秀丽，而且还有大量珍贵的历史文化遗迹，每年都吸引大量的游客前往观光旅游。

二、旅游景区的特点

（一）综合性

在旅游行为发生之前，旅游景区通常会整合各种要素，这些要素共同构成了景区的核心。旅游景区的形成是由这些要素与所处的文化、经济、环境条件等因素相互作用综合而成的。不同类型的景区各具特色，这些要素也在不同程度上发挥着作用。旅游景区的综合性是至关重要的，因为它能够使所有要素都达到较高水平。

（二）不可分割性

旅游活动和消费行为是相辅相成的，两者是同步进行、不可分割的。这一特点同样适用于旅游景区。旅游景区即为旅行活动和消费行为发生的场所。换句话说，旅游是一种与众不同的消费行为，人们必须亲身参与才能真正感受到其中的乐趣和价值，与其他各种商品和服务相比，旅游有着独特的属性。通常情况下，旅游活动集中在那些拥有独特自然环境的地区。旅游业的快速发展会给自然环境相对脆弱的景区带来巨大的压力，导致自然环境受到损害。

（三）多用途性

旅游景区的设施和设备不仅能为当地居民和工作人员提供服务，还可以让游客暂时使用。旅游景区的多用途性使其能够针对不同的游客需求提供差异化的服务。有些旅游景区注重服务游客，有些则注重服务本地居民，还有些旅游景区兼顾两者。实际上，除了那些专门为旅游而建立的景区能够被算作单纯为游客服务，绝大多数旅游景区都有多重的功能，甚至存在一些旅游景区，游客可能是其中最不起眼的元素之一。

（四）地域性

当地的自然环境、社会状况、经济水平、文化传统和历史背景等多方面因素都会对旅游景区的发展和运营产生影响，这就是地域性的表现。景区的风景、戏剧、美食、人们的信仰和人们的生活风俗等都展示了地域的独特性，这种独特性形成了各个地区的特色。对旅游景区进行开发利用之前，需要充分了解和理解地域性，这对于成功开发和利用景区具有至关重要的意义。确立当地的风格和特色是旅游景区开发的首要任务，而这是建立在对当地地域性的研究分析基础上的。

（五）可创新性

旅游景区的可创新性是指旅游景区不是静态不变的，它可以依据人们的需求和自然规律进行创新和改变，以重新呈现出不同的面貌。旅游景区的重要特征之一在于其具有可创性，如苏州园林是我国私家园林中的杰作，历代富家豪商和文人都曾建造这种园林。这些园林虽然规模不大，但内部却拥有美丽的奇石、清澈的水池、精致的亭阁和珍贵的植物，十分高雅和美丽，同时也能够显示如何通过小的细节反映大自然的可贵之处，达到“移天缩地”的效果。苏州园林是旅游景区中典型的再创之作。

第二节　旅游景区管理的主要内容

一、旅游景区项目管理

按照现代项目管理的观点，为满足甚至超过项目参与方对于项目的要求和期望，项目管理需要运用多种知识、技能、方法以及工具进行组织、计划、领导、协调和控制等多方面的管理活动。项目管理的基本特点主要是普遍性、独特性、目的性、集成性、创新性。

旅游景区项目是一项复杂的任务和工作，旨在规定的时间、预算范围内完成特定的旅游开发任务，具有特定的价值。旅游景区项目由多个独立的工程组成，包括前期的开发流程、景区景点、游乐设施、饭店、旅游商品、培训教育基地以及交通等项目。提升项目管理质量是旅游景区生存和发展的重要议题，其中工程项目管理的核心作用不可忽视。旅游景区项目是构成旅游产品不可或缺的一部分，也是其核心所在。因而，进行旅游景区项目管理可以有效保证景区项目在实施和建设过程中的质量，进而收到积极成效。

（一）旅游景区项目管理的作用

在旅游景区的建设中，采用项目管理的方式可以协调各个主体，这些主体包括代表国有资产的机构、管理部门、风景区管理处以及民营或外资企业等。开展旅游景区项目需要考虑到多个建设主体的利益，包括国家、当地居民、民营或外资企业等，同时也要考虑水利、农业、环保、电力等多个管理部门的利益。在项目实施期间，必须遵守相关行业部门的管理要求和相应法律法规的规定。由于牵涉到各个部门单位和企业，所以协调各方利益非常具有挑战性。通过旅游景区项目管理，可以构建各方共赢的局面。

旅游景区可以通过引入项目管理方法来实现规划、筹备、执行和验收，确保景区项目按照预期的不同阶段有序进行，从而实现特定目标。首先，在前期阶段，规划旅游项目并提交项目建议书，接着完成审批，但尚不进行项目的后续三个阶段。此时，所有景区项目的投标过程、资金落实、工程监理、工程质量评估以及财务审计过程均会受到影响，这将妨碍优秀旅游规划项目的顺利实施。

（二）旅游景区项目管理的侧重点

旅游景区项目管理是一个不断演化的过程，在这个过程中，管理者需要通过领导、组织、控制和协调来管理景区的各项事务，进而确保景区工作按照管理者的预期和目标顺利完成，同时方便景区规划者对未来的发展做出合理规划。管理者的领导能力和综合素质是评估管理客体工作表现质量的重要决定因素。除此之外，管理者还需要负责掌控和适应组织的环境，并营造良好的工作氛围来有效地执行管理任务。

对于景区项目的风险管理分析而言，我们需要全面综合评估所有可能的风险因素，并对其进行仔细思考。通过风险控制，我们可以主动地管理风险，不仅高效，而且经济。第一，旅游景区需要成立一个高水平的开发团队，这个团队需要具备各种知识与能力，能够应对项目的各类挑战。此外，该团队还需要能够准确评估宏观政策和经济趋势；第二，旅游景区要制订细致、科学、周密的计划，同时严格遵循计划的具体内容；第三，旅游景区要强化对可能存在的风险和损失方面信息的搜集、整合和分析能力，并建立具有风险预警和预测功能的系统，以便实时掌握风险情况；第四，在风险事件发生后，除了积极采取抢救措施，旅游景区还要注意保护现场并收集相关证据，以备索赔和反索赔之需。

为保证景区项目的可持续性，旅游景区需要在启动、运营及结束阶段全面考虑。在评估景区项目的经济效益时，旅游景区必须综合考虑项目的财务和经济因素，并做出相应的评估。在进行可持续性评估时，旅游景区必须综合考虑项目在其完整生命周期内所带来的经济效益，以及其对周边经济可能造成的影响。旅游景区项目需要依赖资源，从规划到运营的全过程中，这些资源的可持续性和合理利用程度直接决定了旅游景区项目的持续发展能力。如果一个项目有足够的可改造性，且在技术的不断发展变化过程中可以持续进行调整，那么该项目的生命周期就能够被延长。任何项目的可持续性与其所处的自然环境和社会环境密切相关，环境因素对其影响程度是决定性的。在规划旅游景区项目时，我们必须考虑科学性、预见性和潜力，以确保旅游景区可持续发展。此外，我们还要在设计时考虑游客目前的需求以及未来可能的需求变化。

（三）旅游景区项目管理的主要措施

第一，合适的项目经理和项目管理团队是前提。旅游景区工程项目的经济成果受管理能力的影响，而管理能力主要取决于项目经理及其团队管理层的素养水平。所以，在旅游景区项目管理中，选定合适的项目经理和建立优秀的项目管理团队是至关重要的，这是推动项目管理工作的关键因素。选择景区项目经理应注重德才兼备的原则。如果条件允许，可以通过竞争的方式来选择上岗者，并且要确保公允无私、凭实力选才，并以品德能力为标准，最终将景区项目经理职务专业化。在维护景区项目经理的权益的同时，需要明确其责任、权利、义务。在旅游景区项目管理中，要采用灵活的组织结构和人员安排，要秉持精简高效、结构合理、岗位职责多元化和多专业能力的准则，以项目的特点和需求为依据做出合理选择，并采取派遣与聘用相结合的策略，以适当的方式协调各项任务并促进流动。

第二，经济评估和监控是关键。旅游景区项目的经济评估和监控至关重要。然而，很多施工企业对这方面了解不够，没有充分评估和测算，也没有科学的方法，这使得对项目管理的有效控制受到了影响。项目亏损的主因之一就是评估和测算未及时更新、跟踪和考核不足。在完成项目经济评估后，执行阶段的重点是降低风险并提高效益。在对旅游景区项目进行监控的过程中，项目管理者需要注重成本管理，并加强对项目运行过程的监控，要对物资采购和工程施工质量，以及资源配置进行详细规划。此外，还需要定期进行项目监督、检查、指导和考核，及时纠正管理上的差错，以确保项目目标得以实现，即监控景区项目全过程。为确保工程效益不受损失，我们需要实施以下措施：强化对工程分包、材料采购、设备管理等方面的监管；采取工程预算的二次分割制度；进行材料采购价格比较并招标；审批购置设备的开支；统一规范管理费用开支，并实行负责制；由项目经理负责资金回收和清欠。这些措施的目的在于避免资金长期滞留或被侵占。此外，还要制定综合的旅游景区项目责任和成本管理体系；全力推进景区审核监管机制的实施，要把重点放在审计正在建设、完成和分包的项目上，并在此基础上，制定实施管理政策、完善组织架构、明确任务责任。另外，对于审计规模较大、工期较长的旅游景区项目，在项目经理调离和项目部解散时也要进行审计。审计工作的主要目的是确保经营责任、经营成果以及财务纪律等重要事项得到适当处理，以验证其合法性。对旅游景区项目进行全面的成果评估和责任核查也是需要我们坚持落实的措施。我们要以项目经营承包合同的规定为依据，进行年度考核，以检验项目的实际完成情况。为了激励员工积极工作、达成经营目标并实现额外利润，我们需要给予员工一定的奖励。如果发生项目亏损、严重的质量安全问题，或者出现经营行为不正当等情况，相关人员也要承担相应的财务、管理、甚至法律责任。

第三，制定优化的人力资源管理机制是方法。为了在旅游景区项目需求与人力资源供应之间达到最佳的平衡，景区项目经理部需要制定一个综合优化的人力资源管理机制，该机制应遵循动态平衡和整体协调的原则。具体而言，该机制需要综合考虑劳动力的配备和流动，以确保劳动力和项目需求之间的总体协调。基于该机制，相关负责人还需定期检查劳动力资源的情况，有效监测并随时做出必要的调整，以确保这些资源得到充分利用。

招聘和监管外部劳动力是推动旅游景区适度扩张和最大化收益的可行途径，也是在施工期间必备的景区人力资源补充方式。目前，一些正在建设中的旅游景区在聘用和管理外部劳务人员方面存在不规范的情况。例如，一些景区雇用了资质不符、素质较低的劳务人员，在这种情况下，假如出现了状况，景区将负全部责任，相关旅游项目可能会遭受亏损的危险。有一些景区项目经理过于强调合同签署和货款支付，却疏忽了对劳务团队的有效管理和监督，导致景区内发生安全和质量问题，对景区的信誉和形象造成了不良影响。

因此，我们需要从以下三个角度入手来加强对外来劳务人员的管理。

首先，规范使用制度。我们需要建立规范的制度，同时禁止在关键和重要岗位上使用外部劳务人员，以保持系统的稳定性。在雇用临时技术工人和其他人员时，我们可以授权劳务公司或相关企业处理，并且必须签订用工协议，严禁企业私自与个人签署用工协议。

其次，严格资质审查与分包。我们要保证资质审核过程的详尽和严格，同时强调分包工作必须切实遵守相关规定。要执行双重严格原则，按照规范的细分评估过程，全方位考虑各个方面的能力（如设备、技术、资金、业绩等）。为了达成要求，我们必须执行合法的经济合同，在承担高难度和高技术含量的工程时，不得使用整体或多层分包的方式。

最后，加强动态管理。我们要对三个重点进行有力贯彻，要特别强调两个原则。两个原则的核心要素分别是用户主导责任原则和注重教育、管理、使用原则；三个重点指的是加强对现场代表和技术监督，规范人员选拔和派遣的标准，同时引入“旁站”制度，来确保有效监管分包工程的施工安全、质量和进度，进而确保监管措施的有效性和可操作性。

第四，科学的应急机制是保障。针对旅游景区危机，建立科学的应急机制是十分必要的。尤其是在发生安全事故时，其对景区的影响必须引起足够的重视。因此，我们需要保持高度警觉并谨慎处理事务，同时建立预防风险和应对危机的机制，确保景区内不会出现重大问题。我们还应该时刻保持对旅游景区项目状态的高度警惕，及时察觉并防范可能存在的问题。如果景区项目在连续几个月内未能按计划完成，那么我们可以认为其可能会导致信誉危机。再比如，景区项目的资金状况紧张，导致现金流减少，可能会带来潜在的亏损风险。出现安全和质量方面的小问题时，意味着管理方面存在缺失，这种情况可能会引发严重的安全和质量事故。这些细节必须得到我们足够的重视，也要求我们进行细致的问题分析，深入挖掘，找到问题的根本原因，并迅速采取切实有效的行动，及时消除任何潜在危险。如果出现安全事故，相关人员必须立即上报并采取紧急措施，调动足够的人力和物力资源来迅速处理该事件。此外，我们还要积极与社会机构沟通，力求把事件的影响降到最低。对旅游景区项目管理要采取谨慎的态度。另外，要全面规划应对易发事故的措施，在重点推进大型景区项目的同时，不能忽视小型项目；在解决紧急问题的同时，一般性问题也不能被忽略。总之，对旅游景区项目的管理必须持续地贯彻标本兼治的方针，着重从根源解决问题。

二、旅游景区游客体验管理

人们总是渴望在熟悉的环境之外寻求新的体验，这也正是旅游的意义所在，它是一种自然而然的体验活动。人们旅游并非为了获取具体的物质回报，而是想通过旅游来发掘新事物、获得不同的感受。此外，人们还希望通过旅游活动来实现心理上的彻底放松，享受轻松愉悦的休闲时光。

随着闲暇时间的增多和旅游资源的增加，人们的旅游方式也在不断演变。目前，旅游业正在逐渐转型，从侧重于服务的经济模式转向更注重体验的经济模式。在未来，旅游模式将逐渐向体验式旅游转移，逐步超越传统的观光旅游模式。旅游景区对游客的体验管理水平直接决定了游客的体验质量。阻碍旅游景区游客体验管理发展的因素之一是游客和景区之间未能有效地互动，并且景区工作人员和游客之间的互动也十分有限。另外，景区管理团队与景区员工之间缺乏有效的沟通交流机制。因此，明确系统要素、制定景区游客体验管理机制和创新管理机制这三种途径，可以有效提升景区游客体验的管理水平，同时能够显著促进景区内游客与员工、景区之间的互动。

（一）旅游景区游客体验管理的含义

游客体验管理是在符合游客期望的前提下，整合人力、物力、财力和信息等资源，并通过全过程的研究、设计、生产和销售等管理活动，以提供优质的旅游体验为目标的管理活动。在游客体验管理的过程中，规范游客的行为变得更为重要，而仅仅迎合游客的感受不再是旅游景区唯一关注的焦点。游客的行为对于他们的旅行体验也有着直接的影响。景区应致力于满足游客的需求，提供丰富多彩的活动和体验选择，并进行游客体验管理。规范游客行为离不开景区对游客体验的管理。因此，探索有效的旅游景区游客体验管理的运行机制，无论是从理论还是实践角度都显得非常重要。

（二）旅游景区游客体验管理的要素

对于旅游景区而言，获得游客的满意体验需要从旅游的前期、中期、后期消费体验展开全程关注。景区的经营成功与否，主要取决于游客是否能够获得良好的体验。在当前阶段，许多景区着重关注游客在旅游前期、中期消费体验，他们从设计、规划、展示等多个方面入手，强调这些体验的内容，同时在营销中重点宣传。但是，他们常常忽略了游客在旅游后期的消费环节，缺乏有效的反馈渠道，导致景区提供的产品和服务无法满足游客的期望，进而影响了景区的品牌形象与长期建设。

旅游景区的员工在游客体验管理的过程中也扮演着极为重要的角色。由于景区产品的特殊性质，员工与游客之间的互动具有至关重要的意义。如果景区的服务人员没有按照游客体验管理的规定提供服务，游客可能会错失旅游景区提供的体验服务，这有可能给游客留下不好的印象，进而影响游客的旅游体验和满意度。因此，景区需要加强对员工关于游客体验管理重要性的认知的培训，以此让他们为游客提供更优质的旅游服务。景区员工和游客之间的互动不足主要有以下两点原因：第一，员工与景区管理层之间缺乏有效沟通和互动。在策划旅游景区的体验产品和服务时，景区管理层应确保基层员工参与共同决策。这是因为基层员工与游客之间的接触比较频繁，所以他们更能深入了解游客的真实需求。缺乏这种决策互动可能会导致决策层在产品和服务设计方面陷入思维定式，无法充分考虑用户体验。第二，员工缺乏自我感知。因为员工间缺乏互动，所以可能会造成员工对景区的自我体验不足，使他们难以真正理解游客体验管理的核心内容。

（三）旅游景区游客体验管理运行机制的构建

1. 建立完善的管理机制

为了有效地管理景区游客体验，景区必须建立完整的管理机制。首先，景区管理机制的建立需要从规划设计环节开始。合理规划景区的布局和功能区划，使其既能满足游客的需求，又能最大限度地保护景区资源，确保景区能够可持续发展。其次，景区需要建立健全的安全管理制度，加强对设施和游客活动的监控，确保游客在景区内的安全。再次，景区管理机制要注重提升服务质量。景区作为旅游目的地，优质的服务是吸引游客的重要因素，因此，需要建立完善的服务标准和服务流程，培养专业的服务人员，提供热情周到的服务。同时，加强对景区内商业经营者的管理，规范价格行为，维护游客的合法权益。最后，景区还应注重环境保护。景区作为自然和人文资源的集中展示地，其环境质量的好坏关系到游客的体验和景区的形象，因此，需要建立严格的环境保护机制，加强对景区内垃圾处理、污水排放和自然资源的保护等方面的监管。

2. 制定游客体验管理的操作机制

游客体验管理的操作机制包括激励、反馈和决策机制，具体内容如下。

激励机制可以通过激励因素或方式，促进激励主体和激励客体之间相互影响，进而产生综合效果。其组成要素包括激励主体、激励客体、激励目标和激励方法。游客体验管理的激励机制可以推动景区实施更好的游客体验管理。除此之外，景区经营者还可以利用激励机制来激发员工、游客的积极性，从而增强游客的体验感。实现激励常常需要同时运用物质和精神两种方法。激励机制必须与相应的监管机制相互配合才能成功实施。为确保景区游客的体验感，管理人员需要构建景区游客体验管理效果评估体系，以对景区进行激励。这个体系应由评估指标、评估机构和评估制度三部分组成。利用景区游客体验管理效果评估体系，景区可以综合评估游客体验管理的质量，从而有效地实行激励措施。为了确保激励机制能够良好运转，景区还需要建立配套制度。

反馈机制指的是能够通过观察系统活动的结果，并据此调整系统的行为方式。环境的改变有可能导致系统的状态与预期发生偏差。为了保证系统稳定运行并实现预期目标，景区需要运用反馈机制来对偏差进行调整，以确保系统能够持续稳定地实现预期目标。旅游景区游客体验管理反馈机制旨在创建一个专门的平台，在景区、员工和游客之间建立以景区为核心的信息沟通渠道，以便有效地管理游客体验并及时解决问题。此外，该平台能够有效地促进信息的流通，可以将游客、景区和员工之间的反馈及时传达给景区管理层。为了提升景区游客的体验度，景区需要建立前置、中程和后续反馈机制，以便及时了解游客的体验并做出相应的改进。前置反馈是一种游客到达景区前的管理策略，其包括向员工传授相关的管理信息和教育培训，让员工对游客体验管理有清晰的认知，并将提升服务技能，以便在接待游客时能更好地提供服务。中程反馈指的是员工会及时向景区管理层反馈游客体验管理遇到的问题，这可以让管理层了解实际情况。这样一来，管理层就可以及时调整管理策略，以适应外部环境和游客需求的变化，并针对反馈内容确定管理策略。这样有利于提高景区的管理水平，进而不断改善游客的体验并提升游客的满意度。后续反馈是指景区通过对游客的满意度进行评估，及时获取游客对景区体验的反馈信息，分析影响游客体验的因素，并向景区管理层提供综合意见，以促进游客体验管理的改善。

在景区游客体验管理活动中，决策是另一个至关重要的机制。决策可以直接影响游客对景区的满意度，并且对企业的生存和发展状况也有直接影响。为了让游客的旅游体验更加丰富，景区需要采用综合的决策机制，这个机制必须包含多方面的参与，如激励和反馈机制。另外，在规划景区的体验式产品和服务时，景区应以科学的决策方法为依据，并通过评价系统来衡量决策效果。利用反馈机制向决策者提供信息，以便其对决策过程进行调整。为了确保景区能够顺利运转，景区管理者需要建立问责制度，包括决策评价机制、激励机制以及反馈机制。

3. 创新游客体验管理制度

为了确保景区游客体验的良好管理，景区需要创新管理制度，并深入考虑景区旅游消费的外部不经济性。旅游消费的外部不经济性会对游客体验管理系统产生不利影响，不仅会影响游客的切实感受，还会产生负面效应，具体有两方面表现：第一，游客数量超出了旅游景区的容纳能力，这将对景区环境造成污染，同时也会对当地居民的生活环境产生不利影响；第二，游客的行为可能会损害文化遗产，同时也可能对旅游的文化、社会影响等非物质形态产生不利影响。旅游消费的外部不经济性的两个表现之间有着内在的关联，游客的体验则是贯穿这些表现的关键要素。游客的行为会直接影响旅游地的形象和声誉，这种负面影响进而又会影响到游客的体验质量。因此，可以创新游客体验管理制度，用以解决那些可能会对游客体验产生负面影响的问题，以确保游客获得良好的体验。

旅游景区游客体验管理系统是由多个子系统构成的复杂系统，这些子系统涉及的内容有游客与景区的互动、景区员工与游客的互动、景区员工与景区运营的相互作用、景区营销系统以及服务系统等。利用这些系统，景区可以创造一种涵盖景区、员工以及游客三个方面的互动平台，以满足游客各种需求，缩小期望与现实之间的差距，提高游客的忠诚度，并应对体验经济时代的挑战。另外，以同样的方式，景区还可以提升员工的自我管理能力和工作满意度，进而提高员工的忠诚度，这能够对丰富游客体验产生积极影响。随着体验经济的盛行，景区不仅需要应对同类景区的竞争，还需要面对其他类型景区的市场竞争。在体验型景区市场中，提供优质的游客体验是关键，因此，建立有效的游客体验管理机制非常重要。

三、旅游景区战略管理

（一）旅游景区战略管理的含义

战略这个概念最初只存在于军事领域。战争讲究谋略，谋略有大有小，大谋略叫战略，小谋略叫战术。战略与战术的区别是，战略针对全局问题，战术针对局部问题；战略针对长期问题，战术针对短期问题；战略针对基本问题，战术针对具体问题。

20 世纪 50 年代末至 60 年代初，战略一词在西方企业管理理论中出现，美国的安索夫于 1965 年发表了《企业战略》，后来又发表了《战略管理论》。从此以后，战略这个词语就开始在企业领域使用了，并在 20 世纪 70 年代得到发展，逐渐成为企业经营管理的重要手段。

在企业管理领域，对于战略管理的理解可以分为两类：一类是广义的概念，另一类是狭义的概念。从广义角度看，战略管理是一种运用策略性思维和技巧，对企业进行全面管理的方法，以实现企业目标和利益最大化；从狭义角度看，战略管理包括管理企业战略的制定、执行、监测和控制等具体任务。若企业缺乏系统化、科学化的战略管理，那么企业很可能无法及时制定切实可行的经营策略，也难以有效、精确地执行已有的策略。虽然方式、角度各异，但我们普遍认同一点：要想让企业存续并不断发展，就必须充分利用其内部优势、抓住外部机遇，同时全面考虑长远的问题。

随着我国旅游景区从事业型向企业型转轨，在旅游景区管理中逐步引入战略管理理论发挥着越来越大的作用。在社会主义市场经济条件下，为了实现景区的可持续发展，旅游景区管理人员可以制定一项策略规划，该规划应综合考虑景区内外环境和可获得的资源情况，能够对景区的发展目标、实现途径和手段进行全面谋划。旅游景区企业战略是在企业外部环境与机遇、内部能力的优势与劣势、战略执行者的素质与才能、游客对风景旅游区的期望与需求的分析基础上进行全面、客观分析，从而制定出适合本企业特点的经营战略，并在战略管理概念的基础上，制定了战略管理的任务。

旅游景区战略管理可分为三大部分：第一，战略制定的管理工作，主要是如何组织旅游景区各部门管理人员按必要的程序和方法把战略制定出来；第二，战略实施的管理工作，主要是如何通过旅游景区组织系统的设计和规章制度的制定把旅游景区战略贯彻下去，使战略变成全体员工的行动；第三，战略控制的管理工作，主要是如何评估旅游景区战略在实施中的结果，从而采取措施促使员工正确地贯彻既定战略，或者根据现实情况及时修改战略计划。

旅游景区战略管理的概念可以概括为旅游景区为谋求长期生存和发展，以外部、内部环境为基础，对旅游景区的使命、发展方向、发展目标进行规划，并对实现目标的实施步骤做出长远的、系统的和全局的谋划。

（二）旅游景区战略管理的特点

旅游景区的价值，尤其是风景区的价值在于其自然环境美。但是，我国已经开发出来的部分旅游景区，存在乱搭乱建、随便堆放垃圾、随处排放污水等不利于旅游景区长远发展的现象，乱砍滥伐树木，乱捕鸟类、鱼类，以及水土流失等现象也会导致旅游景区自然环境质量的下降。旅游景区战略管理重视旅游景区管理组织、环境与发展战略的相互协调，从适应环境、创造良好和谐环境的目标出发，调整旅游景区与外界环境之间的关系，进而调整旅游景区自身的内部结构。

从战略管理的视角来看，旅游景区管理必须重视自然环境变迁、新科技因素、经济变动因素给景区项目开发和运作模式带来的影响。例如，旅游景区出让经营权给旅游公司管理，会使运作模式改变。另外，还要考虑游客心理变化、社会发展、政治因素、对外开放等变动因素对旅游景区的短期、长期发展的影响。例如，游客旅游经历日益丰富，游客对良好的原生态环境的追求，必然对景区景点质量提出更高的要求。因此，旅游景区战略管理是一个根据变化因素不断调整经营管理措施的过程，同时也是把战略目标的制定同战略实施、战略控制结合起来的战略过程。旅游景区战略管理具有以下特点。

1. 总体性

战略是企业发展的蓝图，制约着企业经营管理的所有具体活动。局部活动要服从于总体目标。旅游景区尤其是大型旅游景区由许多代表不同利益的组织、团体、机构构成。例如，我国的风景名胜区在管理上存在一个旅游景区内有十几家单位，保护、建设、管理相互掣肘的现象，以及硬件建设与软件服务配套不够等问题，阻碍了旅游景区发展和整体水平的提升。通过战略管理制定统一的目标，可以使分散的单位凝聚成整体。

2. 长远性

战略是在当前考虑未来一段时间的总体发展问题，着眼于未来长期目标。战略管理要特别注意平衡处理好眼前生存与未来发展的关系。旅游景区战略管理必须要坚持科学发展观，实施旅游可持续发展战略，努力谋求旅游业与自然、文化和生存环境的协调发展。

3. 风险性

战略是建立在对未来预测基础上的发展规划。由于外部环境具有很大的不确定性，旅游景区运营要面对的扰动因素很多，无法准确预测与判断未来甚至会出现预测与结果相反的情况。因此，旅游景区战略管理有一定的风险性。

4. 创新性

创新是旅游景区经营长盛不衰的源泉。旅游景区的发展战略只有不断改进和完善，才能拥有持久的生命力和竞争力。例如，永远建不完的迪士尼乐园是迪士尼乐园的经营理念，通过不断增添新的游乐场所和器具、服务方式来吸引游客和回头客，不断使游客产生新的乐趣和新的体验，这使迪士尼保持了巨大的魅力。

（三）旅游景区战略管理的意义

旅游景区与工业企业有不同的性质、特征、市场和竞争环境，但它也是一个包含各种功能的运作机体，企业的战略管理方法也适用于旅游景区。企业在战略管理中需要进行全面的外部环境因素分析，同时也需要对内部资源特征进行深入研究，以实现与外部环境的协调和平衡。企业在制定战略目标的同时，也需要精心策划战略实施方案，并对其实施进行严格的监控和控制。因此，企业必须持续不断地搜集信息，洞察环境的动态变化，能够做出相应的反应。近些年来，我国旅游景区在激烈的竞争过程中，越来越重视把战略管理作为管理的主要手段，有意识地将战略管理的思想和方法用于景区管理中。

随着我国旅游景区市场化的推进，战略管理越来越重要。长期以来，人们认为旅游景区的主体是国家人文或自然资源。随着深圳华侨城和杭州宋城集团等主题公园经营模式的引入和经营的成功，我国开始对旅游景点的产业化经营进行思考和研究，一些旅游景区开始了产业化的进程，走向股份制经营的道路。与此同时，一大批企业（包括民营企业）参加到景区的开发与经营中来，旅游景区的数量和种类也越来越多。这些变化使景区与其他资源一样，可以按照市场经济的规律去运作，把景区作为一项产业来经营，旅游产业中出现了一个新的概念——景点业。因此，旅游景区在处于外部环境急速变动或面临重大转折之际，更需要从战略角度进行管理。

战略是在对内外部环境及其变化趋势进行科学（定性、定量）分析的基础上确定的，战略能使企业经营活动的目的更明确，能促使企业更好地把握发展的基本方向，并统一员工的思想和行动，充分发挥员工的主观能动性。

旅游景区战略管理的意义包括促使旅游景区管理层不断检查与评估目前战略的价值与合理性，及时构筑新的战略；促使旅游景区将内部资源与外部环境因素结合起来考虑，警惕各种因素的变化对景区经营产生的影响；促使旅游景区关注未来，重视当前决策对景区未来运营所产生的影响。尤其是在信息社会背景下，促使景区管理人员着眼于未来，只有这样，才能在变化多端的市场环境中立于不败之地；促使旅游景区努力寻求自己业务发展具有潜力的领域，用战略眼光分析制定景区的短期和中长期目标，看准机会，追加新的资源投入，开发新的项目，推进整体规模扩大和产品的升级，保持吸引力；促使旅游景区进行资源的合理配置，通过资源结构的优化，使资源能最大限度地得到利用，提高效益；促使旅游景区改进决策方法，优化组织结构，提高协调、沟通和控制能力，提高管理效率；促使旅游景区增强凝聚力，让员工理解景区使命和价值观，同心协力，实现战略目标。

战略管理是旅游景区经济活动的前提。任何经济活动都有一定的目标，经济目标是景区经济活动的目标之一，景区的一系列经济活动都是围绕目标开展的。在动态的市场环境中，旅游景区战略管理能够平衡效率与效益之间的关系，符合发展目标的效率才产生效益，当发展方向发生偏差时，效率越高效益却越低。战略管理能帮助旅游景区根据市场供求规划和价值规律来调节旅游景区的经营管理活动，做出各项决策，战略管理能跟上需求变化的步伐，根据游客对旅游景区偏好变化的多元化、分散化、复杂化趋势来制定旅游景区的经营战略，创造市场、满足需求。

（四）旅游景区战略管理的步骤

1. 旅游景区战略目标制定

制定旅游景区的战略目标是一项至关重要的管理任务，对景区未来的发展具有重要的影响。因此，制定战略目标需要确保合理性。制定战略目标的一般流程涉及以下步骤：第一，调查分析；第二，初步拟定目标；第三，评价论证目标；第四，选择确定目标。

（1）调查分析

仔细调查并分析旅游景区所处的外部环境和内部条件是制定景区发展战略目标的重要前提，这有助于确定目标并规划未来的发展方向。需要重点强调的是，为制定战略目标所进行的调查分析与其他调查分析不同，需要全面考虑并专注于关键因素。分析景区外部环境信息非常重要，因为它能够决定景区未来的发展方向，外部环境的变化将直接影响到景区的发展决策和目标规划。因此，调查分析应着重于了解景区和外部环境的关系，并对未来的变化进行研究和预测。

（2）初步拟定目标

经过仔细调查和研究内外部环境条件后，旅游景区可以开始拟定初步的战略目标。在拟定战略目标的初期阶段，我们需要考虑两个方面，一是确立目标主旨，二是确定目标达成的程度。既要综合考虑景区的环境和资源等各个方面的因素，同时还要考虑景区自身的发展需要，进而拟定战略目标的方向和具体内容，在景区已定的战略管理范围内推进。此外，还要会对景区的总体能力进行综合评估，确定实现战略目标所需达到的具体水平和度量标准，以便选择最佳方案。

在策划战略目标的初期阶段，我们应当关注目标结构是否合理。重要的目标应该被放在优先考虑的位置。为了更高效地实现目标，我们应尽可能地减少目标的数量，具体包括将从属目标累积到总目标中以及合并相似的目标等。除此之外，我们还应该从多个角度寻找备选方案，并进行比对和筛选，以确保目标顺利达成。

（3）评价论证目标

这一步骤指的是让有关专家、景区管理人员评价论证上述步骤拟定的战略目标，进而为该目标提供一定的指导。在确定目标方向时，需要谨慎考虑其准确性，并审查其是否符合旅游景区的发展使命和整体利益的要求，同时需要考虑其是否与景区的发展环境和条件相协调。此外，还必须对备选方案进行可行性评估，包括对目标和现实之间的差异进行评估，考虑景区实际能力是否能够胜任。在考虑了这些因素的综合作用之后，我们可以得到一个具有可行性的结论，从而明确景区的目标。为了确保所拟定的目标能够得到有效实施，我们需要重新比较和评估备选方案的完备程度，并验证目标落实的责任是否能得到充分履行，从而确认目标方案具备合理性。

（4）选择确定目标

这是旅游景区战略目标制定的最终步骤。在比较和权衡备选方案之前，需要进行评估和论证，进而找出它们的优缺点，最终确定景区战略目标，并在适当时机做出调整和修正。在做出决策的过程中，我们需要综合考虑三个方面的因素，分别是目标的正确性、实现的可行性和预期的收益程度。

一旦确立了旅游景区的战略目标，我们就应视其为引领景区全面长期发展的行动指南，进而将其视作景区必须落实的核心任务。在面对新形势时，景区的战略管理者需要迅速审视目标，以更好地抓住发展机遇。

2. 旅游景区战略选择

旅游景区战略选择是旅游景区根据事先确定的标准和资源约束条件，从一系列可以接受的备选方案中挑选出最佳方案的战略。

选择旅游景区战略必须注意的问题包括五个方面：①战略是否顺应旅游景区秉持的宗旨；②战略是否与旅游景区的环境高度契合；③战略和旅游景区所掌握的资源是否相匹配，是否能利用旅游景区的核心专长和内部优势，避免劣势；④战略遇到风险能否有效控制；⑤战略是否能被有效地执行。

由于旅游景区的类型和性质不同，所以内部和外部环境、资金实力、发展规模和目标市场也各不相同，进而旅游景区所选择的发展战略也各有差异。旅游景区选择的战略有以下四种。

第一，稳定战略，也可以称为防御型战略或维持型战略。在新的战略时期，旅游景区依然坚持以往的战略方案，没有进行大规模的战略调整。这种战略的特征在于，旅游景区专注于已有的成果，不追求过去的目标以外的新目标，每年的预期增长仅有微弱上升或者与以往大致相同，因此，运用此战略的风险较低。这种战略一般是旅游景区环境没有发生足以引起战略变革的情况，或即使环境发生了变化，但旅游景区没有识别环境变化的趋势和未来环境的特征，因而无法确定正确的未来战略。这种战略强调的是优化旅游景区内部的经营机制，而非单纯地聚焦于扩展规模。通过这种战略，景区可以重新调整商业要素组合结构，提高其管理水平和服务质量，从而赢得游客的信赖；景区不仅可以提高旅游景区的知名度和市场竞争力，还能提高旅游景区应对外界环境变化和抵御干扰的能力。旅游景区若不能采取变革型的战略，可能会在竞争激烈的市场环境中输给竞争对手进而被淘汰。因此，在经历一段稳定期后，旅游景区应该根据外部环境和目标客户市场的需求，及时对现有的战略方向进行调整或修改，以确立发展方向。

第二，发展战略。当旅游景区希望改变原有的市场地位和市场形象或改变原来的战略目标时，旅游景区可以选择发展战略。发展战略有很多，如有差异化战略（特色取胜战略），其以特色项目为核心，通过将本地旅游景区的项目或服务改善至行业前列来吸引游客；集中战略（焦点战略或细分市场获胜战略），其指的是集中全部力量于某个特定客源市场，进而构建防御威胁体系。

第三，紧缩战略。紧缩战略亦称为退却战略，其关键在于主动缩减规模，寻求平稳度过危机，以便在合适时机采取其他战略措施。旅游景区退出的领域或市场往往是那些与景区主业关系不大或根本无关的部分。紧缩战略可分为三个类别，包括转型战略、撤离战略和整顿战略，具体内容如下：①转型战略，指的是在景区陷入危机的情况下，仍有机会挽救经营事业。这时，旅游景区应认真分析外部环境的变化和自身的特点，调整经营目标。例如，维持某一细分市场的同时放弃另一细分市场，或者原有的所有细分市场均缩小经营规模。②撤离战略。这个战略能够保护景区的实力。采取撤离战略的主要途径包括出售一部分资产、减少开支、削减广告和促销费用、裁减一部分管理人员、退出部分市场，以及将旅游景区的经营资源集中于主导项目和核心市场。当旅游景区面临严峻困境时，预计无法通过改变战略来扭转局面，或者当尝试转变战略失败后，应考虑采取撤离战略。③整顿战略，也被称为清算战略。该战略强调通过出售或转让全部资产，以偿还债务或停止全部经营活动，宣告业务生命周期的终结。例如，我国很多主题公园在激烈的竞争中无法维持时，只好选择整顿战略。

第四，多样化战略。采取这种战略的旅游景区是在现有的业务基础上分离出新的、与原有业务特性存在根本差别的业务活动类型。一般通过兼并另外一个有协作可能的单位，或从现有的组织中分离出一个与组织原有业务具有内在联系的新组织的方式来实施。这一战略可以通过企业或市场的不同类别和不同业务周期来分散经营风险。此外，多样化战略还可以通过有效地使用企业的资源来产生协同效应，以低成本创造出新价值。

3. 旅游景区战略实施

战略实施是整个战略的组成部分之一，也是重要的部分。只有通过实施旅游景区战略才能在实践中验证战略的正确性，为进一步改进战略或进一步制定新的战略提供依据，任何后续战略都是在前面战略的基础上不断完善的结果，是一个动态决策过程。以下是五种不同的战略实施模式：第一，指挥型，实施该战略模式靠的是最佳和最有权威的领导。第二，变革型，它注重利用组织架构、激励手段以及控制系统来推动战略的实施。第三，合作型，其战略实施的范围已经扩大至企业高层管理团队，以便基于集体指挥发挥作用。第四，文化型，这种模式下，企业的目标和战略会得到全体员工的广泛支持，因为战略的参与范围已经扩大到了企业的各个层级。第五，增长型，战略自下而上地从基层单位产生，总经理鼓励管理人员创造、制定、实施战略，淘汰不适当的方案。上述战略实施模式的侧重点不同，在实践中往往交叉或混合使用。旅游景区的类型不同，组织结构复杂，受外部自然和社会环境影响大，因此，在战略实施中充满许多变化，只有在战略实施过程中灵活应用各种模式，调动各种积极因素，才能使战略获得成功。

从某种程度上说，战略实施比战略制定更艰难。在旅游景区的战略实施过程中，应注意几个方面的因素。

第一，全员参与。只有当所有景区员工都深刻理解战略并将其付诸实践时，战略的成功实施才能得以保证。例如，在反复的强化训练中，迪士尼给人们带来快乐的宗旨已经被灌输进每个参加培训者的脑海中。

第二，完善组织结构。战略实施中的一系列决策和行动，总是要通过对旅游景区内部各级、各部门的分工、授权才能进行。这种分工、授权所形成的组织结构可能促进旅游景区战略实施，但也可能起阻碍作用。如果组织结构和战略相匹配，就能促进战略实施，反之，则阻碍战略实施。因此，旅游景区战略的实施要求组织结构的相应变革，使其与景区战略相匹配。

第三，适当激励。激励机制是旅游景区的管理者为实现组织目标而设计的一种制度框架，该机制可以通过调动每个成员的积极性和潜能来推动行为的一致性。它通过一系列的组织行为规范，并根据组织成员生存与发展需要、价值观等来设计的激励制度。激励制度应取决于实施战略的需要。例如，某旅游景区要求每一个员工都要熟练使用各种照相机，以便随时满足游客的要求，为他们拍出值得留念的照片。通过抽查，有的员工只能够勉强做到，有的员工不仅能熟练使用各种照相机（包括数码相机），而且能够熟练使用各种摄像机，并多次为游客提供周到的服务。对后者，应该给予适当的奖励。

第四，建立企业文化。企业文化是旅游景区员工共同享有的价值观、信仰、态度和传统，企业文化影响并规定旅游景区成员的思考方法和行为方式，对落实旅游景区战略产生重大影响，是战略实施中的重要推动力量。在旅游景区战略实施的过程中，企业文化有助于形成有别于其他旅游景区的独特的价值观，有助于使旅游景区内不同个性差异的成员形成统一的意志，使其为实现旅游景区共同的战略目标而努力奋斗。当企业文化与新的旅游景区战略不相适应时，又会制约新的旅游景区战略实施，因此，如果实行一项新战略，就需要变革原有文化以适应新战略。

4. 旅游景区战略控制

在旅游景区战略实施过程中通常会出现一些问题，因此，需要进行战略控制。战略控制指的是监督战略实施过程中，对偏差进行及时纠正，确保战略实施得当，使旅游景区战略实施结果基本符合预期的计划、目标或标准的必备方法。战略控制具备两方面目的：一是保证战略方案能够正确实施；二是为了检验、修订、优化原定的战略方案，包括确定目标、确定衡量工作成果的标准、建立报告和通信等控制系统、采取纠正措施等。

旅游景区战略控制必须考虑旅游景区的外部环境，这是因为旅游景区会受到很多因素的影响，旅游景区战略控制也具有开放性特点。另外，旅游景区战略控制是高层管理者依据景区的总体目标对战略实施过程进行的总体控制，必须围绕旅游景区的总体目标，客观地评价与衡量战略行为的正确与否。旅游景区战略控制依据不同的标准可以分为不同的类型。

（1）按时间标准分类的战略控制

从控制时间来看，分为事前控制、事后控制和随时控制三类。

第一，事前控制。事前控制是在旅游景区战略实施之前，要确立正确、有效的战略计划、目标或标准，这些计划、目标或标准的内容往往也就成为检查旅游景区经营活动效果的依据。一般来说，事前控制多用于对重大问题的控制，如旅游景区重大项目的开发、重大设备的购置、重大节庆活动的举办等。由于事前控制是在旅游景区战略行动尚未实现之前，通过预测发现战略行动的结果可能会偏离既定的标准，因此，旅游景区管理者必须对预测因素进行分析与研究。例如，外部环境和内部条件的变化对旅游景区战略实施结果的可能性影响等。

第二，事后控制。这种控制方式发生在旅游景区战略实施活动之后，与战略实施的结果与控制标准相比较。先明确战略控制的程序和标准，待旅游景区战略计划部分实施之后，由旅游景区各部门将实施结果与原计划标准比较，找出差距，再由领导者决定是否有必要采取纠正措施。

第三，随时控制。随时控制是一种典型的过程控制方式，即通过对关键性过程或全过程进行随时控制，以纠正实施中产生的偏差，并引导企业沿着战略方向进行经营。这种控制要求旅游景区管理人员不能经常坐在办公室里，而应经常巡视，了解旅游景区游客的需要，发现问题并及时解决。

这三种控制方式所起的作用不同，可在旅游景区战略控制中灵活应用。例如，为了维护环境目标，当旅游景区出现人满为患的局面时，应及时采取措施分流游客以保护环境。

（2）不同控制主体状态的控制

从控制主体的状态来看，战略控制可以分为避免型控制和开关型控制两类。

第一，避免型控制。避免型控制采用适当的手段，使不适当的行为没有发生的机会，从而达到不需要控制的目的。例如，九寨沟旅游景区为保证游客在旅游景区游览的舒适度，采取提前预订门票的方法控制流量，避免游客乘兴而去，却因人数限制而无法游览的事件发生。再如，每天早晨开始营业之前，对旅游景点的游乐设施进行检查保养，发现某一设施出现安全隐患而来不及修缮时就暂时关闭该游乐设施，可以防止安全事故的发生。

第二，开关型控制。开关型控制是一种被称为“事中控制”或“行与不行”的控制方式。它的机制原理是在实施战略时，根据预先设定的标准对战略行为进行检查，从而确定它们是否符合要求。这就像开关一样，有无法开启或停止战略行为的标准。首先，这种方法可以通过直接监督来实施，如旅游景区管理者可以亲自监督和指导正在举办的展览活动，及时纠正错误，确保其行为符合规范。其次，需要对自己做出调整和协调。实施者会采用非正式、平等的沟通方式，按照规定的准则对自己的行动进行调整，以与协作伙伴协调一致。旅游景区的管理活动与制造业生产企业不同，是使旅游者满意为前提，这就要求管理者随时处理旅游中出现的各种矛盾，如游客与环境、游客与工作人员甚至游客与游客之间的矛盾，以保证游览活动正常进行。最后，通过培训等方式，确保旅游景区的员工对于目标和战略宗旨有一致的认识，以便在战略行动中展现出相同的方向性和使命感，最终实现目标的殊途同归和和谐一致。

四、旅游景区人力资源管理

（一）旅游景区人力资源管理的意义

人力资源是世界上各种资源中最宝贵的资源。从宏观角度讲，人力资源是指一个国家拥有的可用于生产活动的潜在劳动生产力；从微观角度讲，人力资源是指具有一定的科学知识、生产经验和劳动技能，能使用工具实现组织工作目标的人。在旅游景区资源中，人力资源是是一种可以反复利用、不断增值的资源。

旅游景区的人力资源包括经理管理人员、公关营销人员、资源调查规划人员、接待人员、人事管理人员、财务人员和其他人员等各个层次的人员。经理管理人员不仅要有旅游景区主要业务的专业知识，还要有一定的管理知识和能力，具有较高的行业素质、经营管理意识、管理者应有的气度和胸襟等。公关营销人员首先要具有市场营销、公关宣传的一般知识，对景区特色有全面的了解，应具有组织客源、推销的能力，应有较好的组织能力和社会活动能力，具有组织旅游景区营销活动的能力。资源调查规划人员要具有旅游资源调查、规划的一般知识。对景区资源有全面的了解，要能根据本景区的资源特点结合公关营销人员所提供的市场信息，合理地进行资源开发规划，不断建设新项目。接待人员主要指旅游景区定点导游人员，是景区吃、住、娱乐设施的一线服务人员。这类人员应具有相应的专业知识和灵活应变的组织接待能力、娴熟而灵活的技术与技能。人事管理人员对旅游景区的人力资源开发负有直接责任。他们必须熟悉并掌握国家有关劳动用工的制度和规定，需要有人员招聘、人事培训、人才使用、劳动定额、编制定员、报酬待遇、劳保福利、人事档案、劳动考核等方面的知识。财务人员要熟悉旅游景区业务和旅游景区经济活动，熟悉并掌握国家有关财税的规定和财会制度；应有业务知识和技能，具有相应的专业职称；还应有管理知识和理财的技能。其他人员根据旅游景区的规模和特色、所在地区和管理权限的不同，旅游景区还应拥有其他方面的一些人才，如行政人员、后勤保障工作人员、特种技术工人。这类人员都应有本专业所需要的各种知识和技能。

旅游景区人力资源管理就是科学地运用现代管理学、人才学、社会学、心理学等原理，对景区人力资源进行有效的利用与开发，以提高景区人员的素质，并使其得到最优的配置，从而不断提高景区的劳动生产率。人是管理活动的主体，管理就是通过人的活动完成景区的目标。因此，最大限度地挖掘人的潜在能力，充分调动人的积极性、主动性和创造性，使有限的人力资源发挥出尽可能大的作用，既是现代管理活动成功的保证，也是现代管理的核心。

景区人力资源开发与管理的结果，就景区而言，是景区生产率和竞争力的提高；就景区从业人员而言，则是员工工作、生活质量的提高与工作满意感的增强。生产率反映了产出的旅游商品或提供的旅游服务与投入的人力、财力、物力的关系，工作生活质量则反映景区从业人员在工作中的状态。旅游景区是以人为中心的行业，旅游景区的管理说到底就是人的管理。因此，加强旅游景区人力资源的管理具有极其重要的意义。

要顺利经营旅游景区业务并取得成功，必须注重人力资源管理，这是必不可少的要素。在旅游景区经营中，人和物是两个基本要素。其中，人是最重要的因素，对于获得经营成功至关重要。此外，员工的工作并非独立个体的劳动，而是基于分工合作的社会劳动。因此，必须在保证工作质量的前提下，筛选出适合的员工，有效地管理人员与人员之间和人员与任务之间的关系，以实现整体的协调与发展。

加强人力资源管理是提高旅游景区素质和增强景区活力的重要条件。在商品经济条件下，旅游景区要想在竞争中站稳脚跟，打开局面，就必须提高景区的素质、增加景区的活力。景区的素质归根到底是人的素质，至于景区的活力，其源泉在于旅游景区员工积极性的发挥。因此，提高员工素质、发挥员工的主观能动性，是提高旅游景区素质、增强旅游景区活力的关键。

（二）旅游景区人力资源管理的内容

1. 旅游景区人员招聘

（1）人员招聘的途径

旅游景区的招聘可分为内部招聘和外部招聘，旅游景区应坚持内部培养提升和适当引进相结合的办法，以保证旅游景区人力资源的有效利用和持续开发。

第一，内部招聘。内部招聘是指从旅游景区内部寻找挑选合适的人。内部招聘有以下优点：第一，内部招聘能够为景区内部员工提供发展的机会，使内部员工信任感得到增强；第二，内部招聘能够在很大程度上节约景区费用；第三，内部招聘可以简化招聘程序，进而帮助景区节约时间，让许多不必要的培训项目得以省略，进而有效控制住景区因职位空缺而产生的间接损失；第四，由于对内部员工有较为充分的了解，使得被选择的人员更加可靠，提高了招聘质量；第五，为那些刚进景区时被迫从事自己不感兴趣的工作的人提供了较好的机遇，使他们有可能选择感兴趣的工作。

内部招聘对象的主要来源有，一是提升。从内部提拔一些合适人员来填补职位空缺是常用的方法。它可使景区迅速从员工中提拔合适的人选到空缺的职位上。二是工作调换。它是指职务级别不发生变化，工作的岗位发生变化。工作调换可以提供员工从事景区内部多种相关工作的机会，为员工今后提升到更高一层职位做好准备。三是内部人员重新聘用。一些景区由于在一段时期内经营效果不好，会暂时让一些员工下岗待聘，当景区情况好转时，再重新聘用这些员工。

第二，外部招聘。外部招聘是指从外部招聘人员，应根据所需人员的要求采用不同的招聘途径。

一是借用外力。人员招聘是一项专业性和竞争性非常强的工作，特别是高层管理者及重要的中层岗位与尖端技术人员，往往利用景区的自身力量难以招到合适的人才。对此，旅游景区可以委托专门搜寻、网罗人才的猎头公司，凭借其广博的人才情报网络和专业方法，以及特有的技巧，往往能“猎取”到旅游景区所需的理想人才。

二是借助网络。网上招聘将成为景区招聘人员的主要渠道之一，因为网上招聘不仅可以节省开支和时间，而且信息传递快捷。旅游景区通过网络招聘人才，既可以通过商业性的职业网站，也可以在自己公司的主页上发布招聘信息。

三是借助会议。随着我国以市场为基础的人力资源开发和就业体制的建立和完善，各种人才见面会、招聘会等相继增多。旅游景区应抓住这种机会，广为宣传，积极网罗人才。同时要注意收集当地的人力资源信息和同行业及其他行业的人事政策、人力资源需求情况，以便更好地招聘到人才。

四是借用外脑。现代社会知识爆炸，科技突飞猛进，经营环境千变万化，旅游景区要想自己培养各类人才比较困难。因此，旅游景区可以采取借用外脑的途径，如聘请独立董事，聘请顾问，委托经营管理、财务等专业公司。

五是借用“余力”。随着经济的发展、科技的进步和人民生活水平的提高，人的平均寿命在大幅度提高，人的有效工作年限也在大幅度增长，而我国的退休制度则未曾改变，并且经济结构调整过程中劳动力相对过剩，导致政策对提前退休比较宽容。因此，旅游景区应利用这一机遇，制定相应的人事政策，以吸引有一技之长的退休人员，充分发挥他们的“余力”。

（2）人员招聘的意义

人员招聘工作关系到旅游景区的生存和发展。如同生产高质量的产品需要高质量的原材料一样，组织生存和发展也需要有高素质的员工队伍。在激烈的市场竞争中，是否拥有一流的员工队伍、科学的人事安排和人力资源管理决定着旅游景区的兴衰成败。员工招聘就是为确保旅游景区获取符合自身生存和发展需要的高质量的员工而进行的工作。

人员招聘是旅游景区人力资源管理的基础。人力资源管理中的各个环节，从培训、绩效考核、薪酬、劳动关系、奖惩、激励到行为管理等工作，一定程度上都是以员工招聘为基础的。如果旅游景区招聘不到合适的人员，人力资源管理的后续工作就会难以开展。

人员招聘是旅游景区能够正常运作的有力保证。旅游景区的招聘工作能够为景区的正常运作增补新的员工。如果一家旅游景区没有足够数量的员工队伍来维持景区的日常运作，必然会加大现有员工的劳动强度，导致工作热情不高、工作效率下降，最终影响到旅游景区所提供的产品和服务质量。

人员招聘也是确保员工队伍良好素质的前提。旅游景区只有找到合格的、可以胜任工作的员工，找到对景区文化高度认同、有向心力的员工，并将合适的人安排到合适的岗位上，同时在工作中注意员工的培训和发展，才能确保员工队伍的素质。

2. 旅游景区员工的教育培训

（1）员工培训的意义

培训是旅游景区人力资源开发的重要手段。在知识经济时代，作为知识载体的人是景区最重要的资源，而人们所掌握的知识、技能和能力是景区竞争力的关键。旅游景区从业人员的素质和技能的高低直接影响景区经营的成败。培训可以加快旅游景区从业人员的学习速度和学习质量，使其掌握正确的操作方法，提高劳动效率，避免工作中出现差错，真正提高旅游景区的服务质量。

培训是旅游景区员工完成转型的关键环节。旅游景区是直接向游客提供服务的，旅游服务的无形性、不可预见性、不可储存性等特点，决定了旅游景区员工应具备多方面的能力，包括交际能力、合作能力、说服能力、管理能力等。在将各类专业知识转化为旅游景区员工的经验和技能时，培训扮演着至关重要的角色。培训不仅仅是让学员掌握理论知识，更重要的是让其将理论知识转化为实际操作能力。同时，还会利用员工个人所具备的潜能，促进景区经营管理活动顺利开展。可以说，培训就像是经验的调节器和扩大器，能够为个人和团队提供发展和成长的机会。如果旅游景区将员工培训作为组织结构中必不可少的部分，那么相关人员就可以采取更具策略性的选择，不再将工作经验视作招聘员工时的必要条件，这有助于景区更好地获取和利用丰富的人力资源。

培训是旅游景区打造优秀员工队伍的重要途径。旅游景区凭借员工的专业知识、专业技能为游客提供各种服务来占有市场。旅游景区员工经常分散、独立和自主地开展工作，在联系游客或接待游客过程中，他们往往没有来自管理者和同事直接的、面对面的帮助和监督，这就对员工的个人素质和工作能力提出了更高的要求。知识更新速度的加快也要求旅游景区员工不断吸收国内外先进的服务知识和管理理念。旅游景区要想在激烈的旅游市场竞争中获得竞争优势，必须具有一支训练有素的专业服务人员队伍。

（2）员工培训的方式

一是课堂讲授法。课堂讲授法是目前国内最常采用的培训方式之一，基本上是教师讲、学员听。这种培训方式的优点是成本低。它的缺点是无法针对受训人员的差异进行培训，并且培训效果无法反馈。

二是案例研讨式。案例既包括景区经营活动中的成功经验和失败教训，也包括一些尚待解决的问题，有时并没有固定的答案。这种培训方式的优点是能使受训人员各抒己见，群策群力研究问题，能有效提高受训者的决策能力、沟通能力和说服能力。

三是角色扮演法。角色扮演法是情景培训的一种方式，培训人员通过创造和模拟一种实际的工作环境，让员工在其中扮演各种不同的角色，培训人员对员工的表现进行评估和纠正。这种培训方式的优点主要有：第一，通过角色扮演能给员工以很大的信心和鼓励；第二，角色扮演增强了员工之间的团队合作精神；第三，角色扮演实现了即时双向反馈的培训效果。

四是小组训练法。先把员工分成若干小组，培训人员通过开展露营、旅游、外出考察等活动，把每个小组的成员带到远离工作环境的地方，让其在一起共同相处一段时间。培训人员只有在活动开始之前介绍行程安排，其余的时间便以观察员的身份出现。在培训过程中，由于员工接触的是真实的日常生活，常会非常自然地表现出不同的情绪、态度和个性特征，表现出面临各种各样问题时不同的处理方式和态度，同时也对成功、挫折做出不同的反应。培训人员在整个考核过程中仔细观察、记录，分析员工的特长、个人品质等。

五是操作示范法。培训人员在工作现场借助实际设备采用边演示、边操作、边讲解的方式进行培训，讲解完毕让受训员工开始动手操作，并对其进行辅导、纠正。目前，各大旅游景区在兴建网站的过程中，为了让员工熟悉网站的建设、维护和网页的更新设计，经常采用这种方法进行现场培训。

六是以老带新法。以老带新法是在新员工的培训过程中经常采用的方法。在这种培训方法中，老员工往往扮演师傅的角色，将自己多年积累的经验和技能传授给新员工。这种培训方式的优点是：第一，不会影响旅游景区的日常工作；第二，有助于消除新员工对新的工作环境的陌生感。

七是网络培训法。网络技术的发展使旅游景区开始把互联网当作重要的培训工具。互联网可以持续提供最新的培训资料，这样就使培训的循环和更新变得方便、简单，旅游景区由此可以节省很多培训费用。

3. 旅游景区员工激励

调动人的积极性是人力资源开发与管理的永恒主题，对于旅游景区工作效率和经济效益的提高也至关重要。员工激励指的是创造能够满足职工各种需要的条件，让员工工作时更加积极、更加主动、更具创造性，使员工以饱满的工作热情投入旅游景区的服务工作中去。

（1）员工激励的原则

一是景区目标和个人目标相结合原则。在旅游景区中，设定目标是实施激励机制的关键环节。为确保激励方案与旅游景区长期发展目标相符，必须将长期发展视为重要考量要素，并据此设置激励目标。如果不采取这种措施，激励机制将无法有效地推动旅游景区实现其发展目标。为了有效激励旅游景区员工，景区领导人员应当充分考虑到他们的个人需求，并以此为基础制定激励目标，从而提高员工的目标积极性。要实现有效的激励，必须将旅游景区的目标与员工个人目标有机结合起来，使旅游景区的目标能够为员工个人目标增加更多的价值。同时，还要引导员工意识到，只有为旅游景区目标努力才能实现自身的个人目标，从而达到最佳的激励效果。

二是物质激励与精神激励相结合原则。旅游景区的员工需要被景区满足物质需求和精神需求，因此在激励方面，景区应该采用综合措施满足两者的需要，包括物质激励和精神激励。物质需求是人们最基本的需求之一。因此，虽然物质激励可以提供一些刺激，但它对人的内在动力的影响比较有限。步入 21 世纪以来，旅游景区应更注重激励员工在自我实现、自尊和自信等高层次精神需求方面的满足。因此，在激励方面，景区应该主要进行精神方面的激励，辅以物质上的奖励。如果过于信赖金钱激励，可能会促成拜金主义；如果过分强调精神鼓励作用，就可能促成唯意志论或过度赞扬心理作用，这可能会对旅游景区的发展造成负面影响。

三是激励和保障相结合的原则。在员工需求层次结构中，保障因素是指满足员工基本的生存、安全和社会需求的因素。它们可以减少员工不满的情绪，但无法增强员工的满意感。这些因素包含了多个方面，如薪资、激励、福利待遇以及人际交往等。只有当因素能够满足职工的自我实现需求和自尊感时，这些因素才能被称为激励因素。激励因素的作用在于它能够激发员工的潜力，使他们感到满足，并更加积极地投入工作。

激励因素所产生的工作动力远比保健因素的作用要深刻和持久。因此，旅游景区应该将保健因素和激励因素相结合，并以激励因素为主，力求收到事半功倍的效果。

四是正强化和负强化相结合的原则。正强化是一种激励方法，它通过给予员工奖励来推动这种行为持续发生；负强化是一种惩罚不符合景区目标行为的方式，从而减少这种行为的发生，并激励员工纠正错误，朝着正确的方向努力前进。因此，在推行激励政策时，旅游景区应该采用正向和负向两种方法的灵活组合，注重使用正向激励，配合使用负向激励。为了贯彻上述原则，旅游景区应该将景区文化的建设与有效的管理相结合。这样一来，员工将会在外在的压力和内在的动力之下激发出无限的工作热情。

五是按需激励原则。旅游景区激励员工的基础在于满足他们的需求，但员工需求因人而异，也随时间而变化。只有制定能够解决每个人最为紧迫的需求的措施，才能够最大限度地激发他们的动力。在激励员工时，旅游景区应避免采用固定不变的奖励方式，这样会让员工觉得墨守成规、缺乏创新。针对激励的问题，没有一种通用的、永久有效的解决方案，也不存在某一种适用于所有情境的普遍真理。因此，为了让员工真正受到激励，旅游景区的人力资源管理部门需要进行深入的调查研究，全面了解员工需求的层次和变化趋势，并根据这些调研结果制定针对性的激励措施，以确保达成预期效果。

六是民主公正原则。旅游景区采用激励措施的基本原则之一是维护公正。如果处理不公正、奖励和惩罚不得当，不仅无法达到预期效果，反而会对旅游景区的正常发展造成许多消极影响。公正的核心在于明确奖惩标准，同时确保奖惩的力度适度合理。赏罚分明意味着公正无私，无论亲疏、远近，都公平对待每个人。适当奖励和惩罚是根据实际情况而定的，奖励应该与成绩相称，惩罚应该与过错相对应。不应该奖励过度或者惩罚过轻，应让员工发自内心地感到满意并发挥激励作用。

（2）员工激励的机制

一是薪酬激励机制。薪酬待遇不仅仅是员工应得的基本生活条件，更是体现员工个人价值和生活质量的重要因素。对薪酬的设计和管理必须予以充分关注，因为这直接影响到景区对人才的吸引力和员工的工作积极性。

为了确保薪酬发挥应有的作用，旅游景区薪酬的设计与管理必须遵循以下原则：第一，必须具备竞争性。旅游景区的薪酬设计与管理，必须充分考虑市场具体情况，以及人力市场的供需状况和同行业的薪酬水平，以科学合理的方式确定本景区的薪酬标准和分配方法。第二，必须具备激励性。旅游景区的薪酬应当能够激发员工的责任心和团队合作意识，鼓励员工积极学习技术，不断提升业务水平，同时激励员工提高工作质量，增加景区的经济效益。第三，必须具备公平性。旅游景区员工在工作取得成果并得到报酬之后，会同景区内外部各种薪酬状况进行比较，产生自己是否受到公平对待的主观感受，由此影响自己的工作积极性和工作态度，所以旅游景区的薪酬政策应兼顾外部公平性、内部公平性和个人公平性。第四，必须具备有效性。在制定和管理旅游景区的薪酬制度时，必须充分考虑投资的可行性和效益性，因为这是一项重要的投资决策。对于这一问题，必须确保旅游景区的工资总额合理，要关注工资支出在营业收入中所占的比重，以确保人力成本的增长与营业收入的增长相协调。第五，必须具备合法性。旅游景区的薪酬制度必须遵守党和国家的政策和法律，确保人力资本的投入合法且有效。

二是竞争激励机制。在竞争激烈的工作环境中，员工会感受到强烈的挑战，这种挑战会激发他们的积极性，推动他们不断努力和进步。

当引入竞争机制管理旅游景区时，我们需要时刻牢记以下几点：首先，我们应该关注员工的职业发展，以帮助他们确定未来的职业方向；其次，我们要建立合理的职位等级体系，以确立员工职业发展的具体目标；再次，我们要进行人力资源制度革新，取消终身聘用和不可撤销职务等限制，鼓励岗位和职务的自由转移，确保所有员工都能公平竞争并展示自己的才华；复次，我们要优化赛事机制，采用多元化方式举办各类比赛活动，以提升管理水平、增加效益和提高赛事品质为核心目标；最后，我们要设立完善的奖惩机制，贯彻按劳分配、奖励勤劳、惩罚懒散、根据贡献分配奖励的原则。

三是领导激励机制。旅游景区领导者的素质直接影响着员工的工作积极性和景区的凝聚力。因此，旅游景区的领导者需要以身作则，实践自己所说的话，并且持续提高个人修养，改善管理方式，增强自身领导技能。

领导者在激励员工方面必须注意以下三个方面的问题：第一，充分理解员工，增强员工的服务意识。为了在旅游景区取得良好的社会效果，属于服务业的旅游景区必须采用“宾客至上”的服务理念，即对待每一位客人都应该予以足够尊重，提供周到的关怀和服务。这样做可以帮助提升客户的满意度，从而进一步推动旅游业的发展。旅游景区员工也应受到尊重和关注，管理者需要在处理员工和客户问题时，平等地尊重客户和员工，以确保员工不会受到任何伤害或负面影响。第二，营造温馨的氛围，让员工感受到关爱。关怀可以为员工带来温馨和支持，增强他们的力量和信念。旅游景区应该把员工看作是自己的大家庭成员，全面照顾和关心员工，并营造温馨舒适的氛围，让员工感受到归属感。第三，要建立充分的信任，让员工深刻体会到其重要性，以此增强员工的责任感。旅游景区的管理者需要建立与员工之间的信任，并引导他们积极参与管理工作。由此，景区应该将员工纳入经营决策、人力资源管理和财务管理的重要过程中，赋予他们民主决策的权利，使他们成为景区管理中的决策者之一，从而增强他们的责任意识。

四是文化激励机制。优秀的景区文化建设，不仅有利于增强员工的景区意识、改善人际关系、增强景区的凝聚力，而且还有利于精神文明建设，树立旅游景区的良好形象，提高景区的知名度。旅游景区文化建设的核心在于培育精神文化，明确景区的宗旨、精神价值观和道德准则是旅游景区文化建设的重中之重。

（3）员工激励的意义

员工激励是调动员工积极性的重要手段。在缺乏激励的环境中，员工的潜力无法充分发挥；在良好的激励环境中，该员工可以最大限度地将潜力发挥出来。因此，旅游景区人力资源管理部门应该积极创造条件，使每一位员工始终处于良好的激励环境中，为旅游景区的发展献计献策，忘我工作。

员工激励是提高员工素质的有力杠杆。提高员工素质的途径主要有两个：培训和激励。培训只是解决了员工具备相应工作能力的问题，而员工是否愿意将这个工作能力发挥出来，则取决于激励。旅游景区的激励行为就是要旗帜鲜明地鼓励全体员工自觉提高各方面的素质，而对员工素质低下的行为给予相应的惩罚，提醒他们要提高素质。

员工激励是形成良好景区文化的有效途径。旅游景区的生存和发展离不开其所倡导并传承的文化，因此，要想营造出优秀的景区文化，激励手段必不可少。奖励旅游景区员工的优质服务行为将有助于增强其良好的服务意识。轮流使用奖励和惩罚的方式，可以有效促使员工塑造良好的服务价值观。

4. 旅游景区人力资源绩效评价

（1）人力资源绩效评价的原则

一是明确公开的原则。在考核绩效时，景区应该确立明确的标准、程序和责任，并要求每一个人在考核过程中严格遵守这些规则。此外，还要公开考评的标准、程序和责任，这能够增强员工对考评工作的信心，从而使其更好地理解和接受考评结果，确保考评的客观性和权威性。

二是客观评价的原则。在实施考评时，景区须确立明确的考核准则，并且采用基于客观考核数据的方法，以避免受到人员主观和情感等因素的影响。其首要原则是，考评须以事实为依据，确保客观性。此外，还应该将已设立的评价标准与客观实际情况进行对比，而不是以员工之间相互对比为主。

三是反馈的原则。评价的结果一定要反馈给被考评者本人，否则就起不到评价的教育作用。在向被考评者反馈评价结果的同时，要肯定其成绩和进步，指出其缺点和不足。

四是差别的原则。差别原则主要体现为两个方面：一方面，考核标准应当根据不同等级明确区分不同的差异；另一方面，应根据评价结果在员工未来的职业发展、晋升以及工作分配等方面做出差异化的安排，以激励表现优秀的员工、鞭策表现不佳的员工并带动处于中间状态的员工，充分发挥评价结果的正向作用。

（2）人力资源绩效评价的方法

人力资源绩效评价方法直接影响评价结果。一个好的评价方法应该具备较高的可信度，并能够真实客观地鉴别员工的行为差异。旅游景区员工绩效评价方法主要有以下几种。

量表评价法。量表评价法是应用最广泛的绩效评价法。它首先要设立明确的评价项目，如评价中级管理人员的工作实绩时，一般制定的评价项目有政策水平、责任心、决策能力、组织能力、协调能力、应变能力和社交能力等，然后每项设立评分标准，最后把各项得分相加，即得出每个人的绩效评分。

关键事件法。主管人员应该努力搜集两次评价之间的员工工作情况资料，以使评价建立在尽可能公平客观的基础之上。关键事件法就是一种以搜集关键事件作为评价资料，对员工绩效进行客观评价的方法，所搜集的资料都是明确且与绩效有直接关联的。关键事件法分为三个步骤：一是当关键性事件发生时，填在特殊设计的考核表上；二是摘要评分；三是与员工进行面谈。采用这种方法必须从正反两方面的事实着手。否则，评价会有偏差，员工也无法接受评价。

指数评价法。一般来说，指数评价法分为定性评价和定量评价两个方面，定性评价包括接待服务质量状况、旅游者满意度、有无重大责任事故等；定量评价包括接团人数、外联天数、销售总额、销售利润和旅游者投诉量等。在指数评价法中，应以定量评价为主、定性评价为辅。

第三节　旅游景区管理的一般方法

一、基于体验经济环境的旅游景区管理方法

体验经济是一种全新的经济类型，它相较于工业经济、服务经济和农业经济而言更为先进。随着经济的发展，用户体验已成为一种极为重要的资产，对旅游景区的管理和发展方面提出了更高的要求。但是，旅游景区在游客体验管理方面尚有待改进。这些问题包括但不仅限于无法迅速满足游客多样化的需求、忽视游客的感受和体验、产品类型单一等。这些问题严重影响了旅游景区的长期发展。

因此，为适应当前旅游市场的现状和发展趋势，我们需要推广以游客为核心的管理理念，并提供更加贴心的服务。这是旅游景区发展的紧迫任务。

体验经济是一种新兴的商业模式，指的是通过个性化服务、独特的商品和消费者参与，打造一种令消费者难以忘怀、值得回忆的活动。这种经济形式以消费者为核心，从本质上看，它是一种以体验为主导的全新商业市场理念。体验经济注重消费者积极参与，强调以人为本的管理思想，关注人们的行为和发展，其核心内容是借助游客的感官体验，包括听觉、视觉、嗅觉和触觉等方面，以提高游客的满意度。在体验经济盛行的今天，旅游景区需要提供的不仅仅是简单的服务，还要让消费者获得最优质的体验。要提高游客的满意度并激发游客的消费欲望，就要仔细研究游客的内心需求，并制定相应的策略来吸引和留住他们，赢得他们的信赖和支持。

随着体验经济的兴起，给旅游景区游客留下难忘印象的关键是提供高效、科技化的服务。科学管理旅游景区可提高整体服务水平，进而建立更良好的品牌形象。在管理过程中，旅游景区应注重对管理人员的培训，强化微笑和主动服务，以改善游客服务体验，并加强景区内员工与游客之间的互动关系。因此，实施科学的管理对旅游景区至关重要。为了推动生态和经济的互相促进，旅游景区要秉持可持续发展原则，采取科学管理方法，严格保护其内部各种资源。现如今，景区越来越注重规划和实施生态旅游项目，并采取分区管理的手段来限制游客流量，以促进生态环境的保护和恢复。在体验经济时代，科学管理是旅游景区必不可少的一项重要举措。随着近年来旅游景区的游客数量总体上升，一些景区的接待游客量已达到饱和，这提高了旅游景区的安全隐患。在体验经济的时代，利用高效的互联网和大数据系统，旅游景区可以更好地管理旅游安全，从而提高景区管理水平。

在体验经济时代，游客对感官上的体验需求不断增加。因此，旅游景区应该根据游客的真实需求以及自身的发展情况，将旅游转化为一种体验式的活动。除此之外，为了达成可持续的发展目标，景区需要实施科学高效的管理措施，以满足游客的体验需求，以下是具体的操作方案。

首先，景区需要优先考虑人才培养，加强旅游服务团队的建设，以此提升旅游服务质量。在旅游景区管理的发展过程中，管理人员扮演着重要的角色。因此，在体验经济的背景下，景区须重视人才队伍的培养和构建，以提升服务水平和提高旅游服务品质。景区应该注重旅游服务的硬件设施管理，加强对内部服务人员的培训，让他们时刻铭记体验经济的要求。同时，要不断升级和改善旅游设施，如索道、停车场、道路等，为游客提供更好的旅游体验。另外，为了提高旅游景区的服务质量和竞争力，景区可以建立人才晋升制度，吸引旅游景区管理人才。管理人才能够巧妙运用景区内部各种资源，实现科学化管理，并打造切合游客内在需求、注重体验的产品项目。如此一来，景区就能够提高整体服务水平和自身的竞争力。

其次，提高旅游产品供给的丰富程度，优化游客的旅行感受。随着体验经济的兴起，景区为了保障可持续发展并吸引更多游客，需要在管理上提高旅游产品的多元化程度，以增强游客感受。为了使游客有更好的体验，景区需要在旅游产品方面加大投入，需要对景区内的各种资源做更详细、深入的研究，并寻找提高互动性、增强刺激性和趣味性的方法来加以改进。景区可以引进具有挑战性的项目，如水上漂流和蹦极，以提供丰富多彩的体验。这些活动将留在游客的记忆中，并使他们难忘。同时，景区还可以创新内部产品的设计，将当地的文化资源特点融入产品的开发过程中，进而打造独特的品牌形象、提升游客的体验感。这种做法不仅有助于提高品牌效益，还能为地方经济、文化的繁荣做出贡献，进而让景区获得更多的经济效益。

再次，要致力于改进管理理念，以满足游客的需求。在体验经济时代，旅游景区的发展取决于它们的思想和理念。若想推进全面发展，景区应主动探索和利用内部多元文化景观和人文遗产等资源，并重视游客的感官体验，在实践中不断创新管理理念，以实现全面管理的目标。为了促进旅游景区的进一步发展，管理团队需要秉持以游客为中心、全力服务游客的理念，关注游客在旅游过程中的吃、住、行、购物和娱乐等需求，并持续提升服务质量，从而获得更高的游客满意度和口碑。这将有助于推动旅游景区的可持续发展。另外，景区还应该倡导全程管理服务，让游客畅游无忧的管理理念，为游客提供个性化服务，如消费指导、线路推荐等，让游客深切体会到景区的关怀和重视，从而进一步提高景区的管理效率。

最后，加强制度建设工作，以全面掌控管理为目标。只有进行严密的制度建设和有效的管理控制，旅游景区才能够在市场经济的背景下满足旅游行业的需求。为确保游客消费权益并提升景区形象，景区有必要建立监管机制，以确保旅游景区内的工作人员遵守规章制度，防止景区人员与游客发生矛盾，为游客提供更好的旅游体验。此外，为了旅游景区的长远发展，景区需要建立严格的管理人员考核制度，并对管理人员进行定期考核。这种做法可以保证所有管理人员以游客为中心，执行可靠且有效的景区管理，从而增强游客的体验感。此举还将有助于促进景区的可持续发展。

二、基于大数据分析的旅游景区管理方法

随着时代的发展，大数据这一概念逐渐流行，并成为现代社会不可或缺的科技要素。利用信息技术手段，大数据可以快速获取、整理和加工信息，并通过创新的方式呈现给用户，从而实现全方位的数据分析。通过对大量数据进行分析可以获得更精确、可靠的基础信息，这有助于人们更好地做出决策和深入了解事物的本质。此外，这种信息技术的优化和多样化转变也促进了当前网络信息资产的增长。大数据具有复杂性的特征，它有比其他技术要素更广泛的数据规模，并收集了来自多个信息来源的先前不可用的信息。大数据技术在人们日常生活中具有重要的价值，可以帮助人们以有限的人力、物力和财力成本创造更多的价值。

随着大数据应用热潮的出现，国内旅游产业开始重视大数据的应用，很多旅游企业、旅游研究机构、旅游管理部门也已经开始关注、研究和应用大数据。[①]随着游客数量的猛增，游客的需求也呈现出多种多样的发展趋势，由此引发了一系列的管理问题，如游客体验水平无法得到改善、营销监管存在疏漏等。如今，旅游景区管理者可以利用最新的大数据分析技术和其他信息技术工具，将旅游服务、管理和营销等方面的信息整合起来，进一步挖掘当地的游览资源和社会资源，以提升旅游景区的开发效果。利用大数据分析技术，旅游产业能够实现可持续发展，同时使生态、文化、社会和经济产业受益。我国拥有悠久的历史和丰富的文化资源、自然资源，因此，我国有许多人文和自然景点可供游客游览。随着经济不断发展，我国也实现了科技与现代旅游相结合。因此，相关机构应该研究创新的方法来支持旅游景区的发展，提升其运营和接待能力。

---

① 武兴睿．大数据时代旅游产业发展与创新研究[M]．延吉：延边大学出版社，2022.

在景区发展过程中，管理者会遇到众多难题，这就要求管理者积极应对挑战，并运用大数据分析技术探寻解决问题的路径。比如，景区内人数过多、游玩时间延长、排队时间增加使旅游体验不如预期等。为了应对上述挑战，旅游景区可以积极运用大数据技术，通过科学、合理的数据分析方法，对人力资源、运营、营销等多个方面进行有效管理，从而提高景区的管理效率，具体方法如下。

首先，实现旅游景区智能化改造，以提升旅游业的决策水平。为了使景区管理更加智能化，景区工作人员应充分利用大数据技术，并及时对软、硬件设备进行升级改进，以实现科学化管理。这样既可以避免浪费人力资源，又能更加高效地管理景区。此外，大数据技术还有助于景区实现低碳智能化运营，有效节省在票务等环节出现错误问题所带来的成本。景区还应引进智能管理设备并建设全面的数据分析系统，以提高各个阶段的运营效率。例如，景区可以利用大数据技术优化景区门票销售、检票和排队等环节，减少景区内的工作人员数量，同时可以采用智能化服务向游客提供景点介绍等服务，提升人力资源管理效率及质量，并降低相关成本投入。鉴于大数据分析的重要性，景区可以考虑优化景区人员的绩效考核方式，以激发员工提高服务质量的动力。这样做不仅能够激发员工的工作热情，同时也能减轻景区内部人力资源管理的压力，进而让景区管理更加贴近员工和游客的实际需要。另外，景区管理人员能够通过运用大数据技术深入分析旅游数据，以更好地了解各类游客的旅游需求，进而规划相应的旅游线路。通过对大量数据的分析，景区不仅可以提升游客的旅游感受，还能够帮助游客制定符合个性需求的行程规划，并进一步增强游客与景区之间的互动和联系，从而实现智慧景区和大数据的融合。

其次，要促进资源整合，推动管理改革。景区应主动采用信息技术来管理和运营日常事务，以跟上时代发展的步伐。景区要勇敢地打破传统的运营模式，积极推进管理革新。为了更好地管理景区，景区可以借助大数据平台，将各类景区数据进行系统整合，以提升景区管理的效率和准确性。另外，利用大数据平台，景区可以将周边的资源与其他可用资源有机地结合起来，与其他企业紧密合作。为了提升景区的管理水平和运营效率，景区管理者需要不断推进现代化建设，并完善管理机制，利用各种信息技术综合管理和运营各项业务。利用大数据平台，景区管理者可获得更广泛的景区运营信息，快速发现各类问题并迅速解决。景区安全问题时常发生，部分原因是景区面积较大，人力、物力等资源不足，难以被全面排查，景区无法保证安全隐患完全消失。因此，利用信息技术和大数据技术等手段，景区管理者可以创新和改进景区的管理方式，从而提高危险预警和应急响应能力，进而提升服务水平，在确保游客安全的同时不会对游客的观光体验造成过多干扰。大数据平台可以为管理者提供精准的后台控制功能，使其能够深入了解游客在景区内的游览情况和看法。了解景区游客投诉率和投诉信息有助于发现景区管理方面存在的问题，并从中找出游客实际需求。为了让旅游景区实现可持续发展，景区必须全面掌握游客需求，制订可行的管理和运营改革计划，以提高景区的经济和社会效益。

最后，对经营数据进行分析，从而实施有针对性的营销策略。我国经济的发展离不开旅游市场。对于景区来说，充足的周转资金也是不可或缺的要素。此外，景区的利润对于促进景区的发展有着不可忽视的重要性。使用大数据分析平台，景区管理员可以根据游客的年龄分布和相关经营数据，为不同年龄段的游客提供个性化的消费需求，并据此制定更有效的营销策略，以此提升景区整体的营收水平。

大数据技术可以提供针对企业经营、顾客需求调查和旅游景区管理等方面的优化方案，能够有效提高景区的经营效率。为了紧跟未来旅游行业的发展趋势，景区应利用大数据资源，构建可持续发展的旅游服务生态系统。另外，为确保更多游客的安全，景区还应运用大数据分析技术建立专业的旅游人才管理机制，以应对多种问题并提高应急处理能力。利用大数据的优势，景区可以快速分析和预警突发事件，为旅游业的可持续发展提供根本性支持。

第二章　信息化背景下的智慧旅游与景区智慧化管理

本章主要内容为信息化背景下的智慧旅游与景区智慧化管理，包括三个方面的内容，分别是信息化与旅游信息化、智慧旅游与景区智慧化管理、景区智慧化管理的目标与内容。

第一节　信息化与旅游信息化

一、信息化与旅游信息化的基本概念

（一）信息化的概念

信息化的概念起源于20世纪60年代的日本，首先是由日本学者梅棹忠夫提出来的，而后被译成英文传播到西方，西方社会普遍使用信息社会和信息化的概念是从20世纪70年代后期开始的。

信息化是指培养、发展以计算机为主的智能化工具为代表的新生产力，并使之造福于社会的历史过程。与智能化工具相适应的生产力，称为信息化生产力。信息化以现代通信、网络、数据库技术为基础，将所研究对象各要素汇总至数据库，供特定人群生活、工作、学习时使用。使用该技术后，可以极大地提高各种行为的效率并降低成本，推动社会进步。

信息化代表了信息技术被高度应用和信息资源被高度共享，从而使人的潜力以及社会物质资源潜力被充分发挥，个人行为、组织决策和社会运行趋于合理化的理想状态。同时信息化也是在信息技术产业发展的基础之上，不断运用信息技术改造传统的经济、社会结构从而通往如前所述的理想状态的。

信息化生产力是目前最先进的生产力，要有先进的生产关系和上层建筑与之相适应，一切不适应该生产力的生产关系和上层建筑将随之改变。完整的信息化内涵包括以下四方面内容：第一，信息网络体系，包括信息资源、各种信息系统、公用通信网络平台等；第二，信息产业基础，包括信息科学技术研究与开发、信息装备制造、信息咨询服务等；第三，社会运行环境，包括现代工农业、管理体制、政策法律、规章制度、文化教育、道德观念等生产关系与上层建筑；第四，效用积累过程，包括劳动者素质、国家现代化水平、人民生活质量水平、精神文明和物质文明水平不断提升等。

信息化让游客出行更便利。日新月异的信息技术影响着旅游业的发展创新。信息化管理则是实现智慧信息交流、为游客提供优质便捷服务的前提。与日俱增的旅游市场需求对旅游信息化提出了更高的要求。运用信息化的手段，在改善游客旅游体验的同时，也将激活潜在的旅游市场，促进旅游人数及消费水平稳步增长和提升。

大数据时代的旅游业对信息化建设有着迫切的需求。从当前消费者的需求来看，游客希望通过一个窗口获取旅游过程中所涉及的食、宿、行、游、购、娱等各种服务，这种一站式的消费诉求要求旅游景区能够提供综合性的服务，这也是现代旅游业发展的趋势。

（二）旅游信息化的概念

1. 旅游信息化的含义

狭义的旅游信息化是指旅游信息的数字化，即把旅游信息通过信息技术进行采集、处理，转换成能够用文字、数字、图形、声音、动画等来存储、传输、应用的内容或特征。

广义的旅游信息化是指充分利用信息与通信技术，对旅游产业链进行深层次重构，即对旅游产业链的组成要素进行重新分配、组合、加工、传播、销售，以促进传统旅游业向现代旅游业的转化，加快旅游业的发展速度。

对于旅游景区来说，旅游信息化就是将信息与通信技术应用于旅游企业的经营管理中，通过发挥新技术的优势，开展企业业务流程重组，并形成一种新的经营管理模式。这种模式将为旅游企业带来更大的商机、更低的成本和更多的利润。

2. 旅游信息化的必然性

（1）旅游业是对信息高度依赖的产业

作为直接面对消费者的服务性行业，旅游业是一个开放性的大系统，信息是其得以生存和运转的基础。信息贯穿了旅游活动的全过程，是决定旅游企业生存发展的关键所在。旅游产品具有无形性、不可转移性、生产与消费同时性和不可储存性等特点，旅游业的生产和消费特点决定了旅游业能够体现电子信息网络的优越性，是最适合开展电子商务的产业之一。旅游业是信息密集型产业，从旅游活动的方式来看，在旅游市场流通领域活动的不是商品，而是由旅游商品的信息传递引起的游客流动。从这个意义上讲，旅游业的核心是信息，因此，对旅游景区来说，收集、整理、加工、传递信息是重中之重，这是由旅游商品的无形性、不可移动性和非贮藏性所决定的。无形的旅游产品在销售时是无法展示的，并且通常是远离消费地点被预先销售的，因此，信息传播对旅游业而言至关重要。信息是旅游行业内部各个环节联系的纽带，不管是对旅游管理部门、旅游企业还是对游客而言，有效地获取旅游信息以辅助做出科学合理的决策都显得十分重要。信息已经成为旅游业发展的重要生产力，旅游信息化成为保证旅游业持续发展的重要支持力量。

游客在做出旅游决策之前要广泛收集关于旅游目的地和旅游产品的信息，以便做出比较和选择。在旅游时还需要收集交通、位置等信息，旅游后还要分享个人的旅游经历和体验等信息。随着大众游和散客游时代的到来，自助游的游客更倾向个性化的旅游方式，需要的信息量更多，对信息的要求也更高。

此外，无论是旅游景区的开发、规划、设计，还是确定客源市场目标、制定市场竞争战略和进行旅游统计，都对迅速获取、加工、利用信息提出了较高要求。信息平台、交易平台、支付平台的建构，改善了过去旅游业中信息流的多层分流及断裂状况，实现了信息畅达，运行效率得到提高。

（2）旅游业转型升级的迫切需要

信息技术对全世界的经济社会发展都产生了广泛而深刻的影响，充分运用现代信息技术发展旅游业是当前和今后时期的必然选择，转型方式具体如下。

一是由传统服务业向现代服务业转型。现代服务业较之传统服务业，更突出现代化的新技术、新业态和新服务方式。信息化是提升产业竞争力、推动产业升级的核心要素。

二是由粗放服务业向集约服务业转型。该转型重点在于培育区域中心城市的旅游功能集聚能力，由大规模开发建设观光旅游景区向建设旅游目的地转型。信息化是打破区域界限、实现旅游资源整合、塑造统一品牌形象的有效手段。

三是由本土服务业向国际服务业转型。高速发展的出入境旅游，需要我国旅游景区尽快塑造国际形象、提高国际市场竞争力。信息化是统筹旅游营销资源、建立具备国际水平的旅游产品分销系统的重要保障。

（3）旅游服务水平的提升需要信息化的有效支撑

游客已由过去的求量型旅游方式转向求质型旅游方式，在旅游资讯获取、旅游产品选择、旅游产品购买、旅游在途服务、旅游经历分享等领域产生了更多个性化、多样性的服务需求。通过利用信息技术获取、加工和利用旅游服务信息来推动产品和服务的多样化发展，实现旅游全过程的电子化，是满足消费者需求、提高旅游服务水平、提升旅游服务效率的重要手段。

（4）信息技术的进步为旅游业的创新发展提供动力

现代信息技术的发展对旅游管理、旅游营销和旅游服务等方面都产生了革命性的影响，以互联网、物联网、4G/5G 移动通信、云计算技术、增强现实技术等为代表的新技术，为目的地营销模式、旅游文化传播、旅游资源保护、旅游各环节的信息综合服务等领域的发展创新提供了支撑和动力。

3. 旅游信息化的内容

从旅游业的主体来看，主要包括旅游管理部门、旅游企业和游客，因此，旅游信息化的内容主要包括两个方面。

（1）旅游管理部门的信息化

旅游管理部门的信息化主要是指文化和旅游部以及地方旅游管理部门通过信息技术的应用，一是提高自身的办公、管理效率，建立高效的服务型政府机制；二是加强对旅游企业的监管与质量监控的信息化系统实施；三是开展目的地营销，帮助目的地企业建立统一的营销平台；四是通过信息化手段的实施，加强对游客的管理，对客流进行监测与预警，做好安全防范工作。

（2）旅游企业的信息化

旅游企业的信息化主要是指旅游企业在其办公流程、业务开发、市场营销、产品销售、经营管理、决策分析等各方面全面应用信息技术，通过对信息和知识资源的有效开发和利用，调整和重组企业组织结构与业务模式、服务企业发展目标、提高企业综合竞争力。其主要内容可以分为两大部分，一是各类旅游管理信息系统，如企业资源计划、办公自动化系统、业务管理信息系统、客户关系管理系统、供应链系统等；二是旅游电子商务，是旅游信息化最重要的应用之一，使企业通过现代网络信息技术手段实现旅游商务活动各环节的电子化，包括通过网络发布、交换旅游基本信息和旅游商务信息，以电子技术手段进行旅游宣传促销、开展旅游售前售后服务以及进行旅游产品电子交易等。

4. 旅游信息化的作用

（1）提升旅游业发展的可持续性

粗放式的旅游开发模式，特别是重开发、轻保护等掠夺式的旅游资源开发模式已经不能适应经济发展的需要。信息技术在旅游业中的应用可以增加旅游经济中的知识含量、科技含量，实现旅游业从依赖投入大量物质资源的粗放式发展到提高投入要素使用效率的集约式发展方式的转变，更好地实现产业的可持续发展。

（2）优化旅游产业结构

一方面，旅游信息化扩展了旅游消费的传播渠道，改变了游客的旅游交易方式，促进了潜在游客数量的增加，促使旅游市场交易成本的变化、不同交易渠道成本的对比和各种力量在此消彼长中演化和发展，为旅游业开拓了发展空间，有利于形成规模适度、竞争有序的旅游市场。另一方面，旅游业社会化程度高、关联性强、依托和带动作用明显，信息技术的应用可以优化旅游产品的生产过程，提高旅游产业链中不同主体之间信息沟通的质量和效率，促进优胜劣汰，继而促使旅游产业的业态结构发生变化，以适应新的技术与用户需求，最终实现旅游产业的转型升级。

（3）提高旅游业的竞争力

信息化将提高旅游业的服务水平、经营水平和管理水平，以及提升旅游业的竞争力。旅游信息化弥补了传统价值链灵活性差、效率低下的不足，使价值链上的各环节联系更加通畅，促进了价值链向动态的、虚拟的、全球化的、网络化的方向发展，并能够使相关企业更好地了解客户，为客户提供个性化的产品和服务，提高产业竞争力，为旅游价值链注入新的活力。

二、基于大数据的信息化旅游管理

在国家的规划、投入与引导下，近些年我国的旅游产业得到了快速发展，有效地带动了社会经济增长。为了适应信息化时代的宏观发展趋势，我国在规划旅游产业的未来发展时，明确指出和强调要加强旅游业与信息化技术的深度融合，以新科技、新技术赋能旅游产业，升级传统旅游产业市场结构，从而进一步增强旅游产业的发展动力，使旅游产业在满足群众高质量旅游体验、带动社会经济增长方面发挥出更大的作用。

大数据指的是大量信息数据的集合，具有真实、多样、大量和低价值密度等特点。从实际的技术和应用层面来看，大数据对电子化、信息化数据进行收集、存储，并通过相应的分析技术，从大量碎片化的信息数据中，找出信息数据潜在的逻辑关系，并由此获得具有参考和指导价值的信息。

近些年，国家对于旅游产业的发展尤为重视，并且特别注重旅游产业与信息化技术的融合。因此，要加强旅游产业与信息化技术的融合，以新科技、新技术赋能旅游产业，升级传统旅游产业市场结构。智慧旅游指的是在旅游产业与信息化技术的融合下产生的一种全新的旅游产业模式，重构了旅游产业市场业态。从计算机到智能手机、从互联网到物联网、从云计算到大数据等，都是智慧旅游的重要技术支持。依靠这些信息化技术，不论是景区、旅游企业、游客、政府，还是旅游产业链上的其他商家，都可以获益。

（一）大数据在信息化旅游管理中的优势

1. 推动旅游产品创新

旅游产业的发展最为忌讳的一点，便是旅游产品的同质化，这会极大降低旅游市场的活力，无法激发游客的旅游兴趣。因此，必须创新旅游产品，尽量避免同质化的问题，只有这样才能持续保持旅游市场的活力，激发游客的旅游兴趣。旅游产品的创新不能无所根据，如果随意创新，不仅不能激发游客的旅游兴趣，反而会造成资源浪费。在信息化旅游管理中，通过对大数据技术的应用能够较为准确地识别游客的喜好和倾向，这些信息单凭人工调查、分析是难以获得的。大数据分析可以为旅游产品的创新提供可靠的依据，可以保证旅游产品的创新，满足游客的需求，激发游客的旅游兴趣，增加旅游市场的活力。

2. 优化旅游服务品质

现代人对生活品质的追求越来越高，尤其是在旅游中，游客本来就是想通过旅游放松身心、享受生活，因此会非常注重旅游服务品质。如果旅游服务不能让游客满意，即使旅游景色再秀美、旅游产品再新奇，都无法得到游客的认可。在信息化旅游管理中，通过对大数据技术的应用，不仅可以直接分析游客对旅游服务的需求，同时还可以对相关的旅游服务进行整合，以智能化和信息化的方式为游客提供更加高效和便捷的服务，做到想游客之所想。因此，优化旅游服务品质、提高游客旅游服务体验以及他们对旅游的认可度，可以使景区形成更好的市场口碑。

3. 强化旅游市场监管

有力的市场监管是促进和保障旅游市场规范、有序和长远发展的关键。我国的旅游市场规模较大，因此市场监管难度高，传统的监管方式难以及时发现和整治旅游市场中的相关乱象。在信息化旅游管理中，通过对大数据技术的应用可以动态、实时地了解整个旅游市场情况，如果出现了不合规的市场乱象，只要有人反映的相关信息被大数据采集到，并经过分析基本确定信息情况属实，便能够发出提示，引起监管工作的重视，从而有效强化旅游市场监管，营造更加规范的旅游市场秩序，保障旅游市场长远发展。

（二）基于大数据的信息化旅游管理策略

1. 完善信息化基础设施建设

基于大数据的信息化旅游管理，首先要求旅游景区具备完善的信息化基础设施，如各个旅游景点，以及旅游产业链上的各类商家，都应当按照智慧旅游的发展需求，完善自身信息化基础设施建设，将互联网、物联网等全面地应用到自身的运营和服务中来，实现自动购票、检票、电子导游、服务预约、在线下单等。它的目的不仅仅在于改进和优化对游客的服务，同时也在于对旅游信息的收集，不断充实旅游大数据的数据量。除此之外，要构建专门的智慧旅游大数据平台，包括旅游大数据监管平台、旅游大数据游客平台、旅游大数据企业平台以及旅游大数据景区平台，这些不同的大数据平台对应不同的用户对象。旅游大数据监管平台，主要用于对旅游市场的监管，强化旅游市场监管力度；旅游大数据游客平台，用于为游客提供各类旅游信息，便于游客制订旅游计划和行程；旅游大数据企业平台，用于为企业提供旅游市场信息，辅助企业运营、决策和项目规划；旅游大数据景区平台，用于景区内部管理，促进景区服务的改进。

2. 强化旅游大数据信息安全保障

基于大数据的信息化旅游管理与传统的旅游管理在理念、方式都存在很大的差异，由此对相关从业人员的要求也发生了改变。为了满足基于大数据的信息化旅游管理人才需求，当前应加强信息化旅游人才队伍建设。旅游行政管理部门作为旅游行业的监管主体，要为行业发展提供政策、财政方面的扶持，如可以通过财政补助、政策引导等方式吸纳高素质的信息化旅游管理人才参与当地旅游管理工作中。同时，还要加强高校、职业院校与旅游企业之间的合作力度，让院校更准确地了解大数据和智慧旅游发展，以及对人才的需求和标准，以推动院校旅游专业课程改革，为社会培养出实用型、复合型、智慧型的高素质旅游人才。应将访问控制、数据加密、数据脱敏等各项信息安全技术应用到旅游大数据信息存储中来，强化旅游大数据信息安全保障，防止信息泄露，提高大众对于旅游大数据的信任度和支持度。

在数字化时代背景下，旅游产业的发展应当积极寻求与信息化技术的融合，将大数据技术应用到信息化旅游的管理中来，发挥出大数据在信息化旅游管理中的优势，从而推动旅游产业实现更快更好的发展。

第二节　智慧旅游与景区智慧化管理

一、智慧旅游

（一）智慧旅游的产生背景

随着科学技术的不断创新与发展和智能技术在全球的迅速兴起，人类社会正从信息时代步入智能时代。以云计算、物联网、5G 通信技术、人工智能等应用技术为代表的新一轮技术革命的到来，客观上催生了客源市场对旅游信息化更高层次的需求，也为旅游业与信息技术产业的融合发展提供了契机。

根据智慧旅游的建设实践，可以认为智慧旅游是指充分运用物联网、云计算、移动通信、人工智能等新一代信息技术手段，创新旅游服务、营销和管理理念，充分配置和整合人、旅游物理资源、信息和资金等旅游产业资源，服务于公众、企业和政府，形成高效、可持续发展的旅游生态系统。从技术层面来看，智慧旅游是物联网、云计算、移动通信、人工智能等信息通信技术在旅游业中的应用。从应用层面来看，智慧旅游服务于公众、企业和政府部门，为各类游客提供更加便捷、智能化的旅游信息服务和旅游体验，为行业管理提供更加高效、智能化的信息管理平台，充分配置和整合旅游物理资源和资金等旅游产业资源，促进资源的共享和利用，创建高品质、高满意度的旅游新产品和旅游目的地服务系统。

智慧旅游是技术创新引领下新的旅游经济增长模式，必须创新旅游服务、营销和管理理念，建设高效、可持续发展的新旅游生态系统，形成良性、健康的旅游发展环境。

智慧旅游来源于智慧地球及智慧城市的理念。2008 年，国际商用机器公司首先提出智慧地球概念，指出智慧地球的核心是以一种更智慧的方法通过利用新一代信息技术来改变政府、公司和人们相互交互的方式，以便提高交互的效率、灵活性和响应速度。2010 年，国际商用机器公司正式提出智慧城市的愿景，认为 21 世纪的智慧城市能够充分运用信息和通信技术手段感测、分析、整合城市运行核心系统的各项关键信息，对包括民生、环保、公共安全、城市服务、工商业活动在内的各种需求做出智能响应，为人们创造更美好的城市生活。该定义的实质是用先进的信息技术实现城市智慧式管理和运行，进而为城市中的人创造更美好的生活，促进城市和谐、可持续成长。智慧旅游正是在这样的背景下应运而生的。

智慧旅游不仅是智慧地球的一个缩影，而且也是智慧城市建设的重要一环，同时更是当下化解供给需求矛盾、提升行业竞争力、顺应科技进步、助推全域旅游、创新商业模式、引领双创经济发展的多方面响应。

1. 供给需求背景

智慧旅游的出现将使游客直接受益，使游客能通过智慧旅游系统的终端驳接工具，完成观光信息查询、门票预订、私人旅游线路定制等网上服务，最大限度地节省时间。同时依托移动互联等技术建立价值评判、资源配置体系，可以推进目的地特征的真实呈现和产品供给与游客需求的无缝对接，促进旅游信息去伪存真、旅游产品价值透明、旅游细分市场的形成。立足大数据技术，通过信息收集、流量监测、行为采集以及数据分析、挖掘等方法，能够实现市场趋势预测、旅游环境预警，为精准营销、市场干预、流量引导提供数据支持，促进客源的合理分布。智慧旅游的发展必将较快地促进旅游服务水平、旅游管理水平、旅游营销水平的大幅度提升。

消费水平的提高使得外出旅游呈现大众化态势，然而景区有限的环境承载力却成了阻滞旅游规模化发展的绊脚石，尤其是在五一、十一等小长假，知名景区更是人满为患，导致景区安全问题层出不穷，游客体验度大打折扣。散客旅游已经成为市场的绝对主体，海量客流带来利润的同时也带来巨大挑战。因此，加大智慧旅游投入力度、加强高峰期的游客管理成为旅游业健康发展的一项重要任务。此外，景区还可以通过智慧旅游来感知游客、旅游资源、旅游经济、旅游活动等方面的信息，提升旅游品质，满足游客的个性化、特色化需求。以移动互联网、物联网、视联网和大数据、云计算为技术支撑的智慧旅游，使大众旅游的服务需求得到充分、及时的满足，能够使游客由过去求量型旅游模式转向求质型旅游模式转变，成为提升游客旅游品质的助推器。

2.行业竞争背景

目前，发达国家和地区都已建成集吃、住、行、游、购、娱六要素于一体的综合信息应用系统。几十年来，国际旅游业经历了几次信息技术变革，欧美发达国家和地区在这方面取得了巨大成效，智慧旅游已经渗透到其旅游行业的各个领域，但云计算、物联网、高速互联网等新兴技术在旅游领域的尝试性运用刚刚开始。

因此，通过云计算、物联网、高速通信等信息技术的有机整合，使旅游业的信息化与工业信息化同步发展，强化我国智慧旅游装备制造、智慧旅游应用软件、智慧旅游经营发展模式等方面的探索和建设，能够成为我国旅游业由传统服务业向现代服务业转变的突破口，也是提高旅游智能化水平、产业化规模的重要路径和举措。

3.科技发展背景

当下，随着宽带中国、智能制造、智慧城市等一系列信息化战略的迅速推进，通过覆盖范围更广、运行速度更快的移动通信网络使随时随地上网成为现实，人们只需要一个小型的上网终端诸如智能手机，就可以随时、随地、随心地获取和使用旅游信息。公众越来越依靠互联网、移动互联网、物联网等手段获取旅游产品和服务信息，进行旅游活动安排和项目查询、预订、支付，实现旅游活动过程中的导游、导览、导购及其前后的联络、交流、分享等。我国网民数量众多，手机网民数量占整体网民数量的大部分，智能手机用户数量巨大，显示出通过互联网来实现智慧智能应用的巨大潜力。

与此同时，互联网、大数据、云计算等信息化技术也为旅游资源调查评价、旅游规划设计和咨询论证、旅游开发建设和基础配套、旅游组织管理和质量安全保障、旅游宣传推广和预订销售、旅游教育培训和交流研讨等方面提供了更为科学有效的手段。以虚拟现实（VR）技术为新浪潮的虚拟旅游的兴起以及微信、微博、旅游 App 的广泛应用，不断丰富着智慧旅游的内涵和框架体系。

4. 理念变革背景

全域旅游需要开发利用更多的资源，而从资源普查、项目可行性研究论证、消费需求调研、规划设计、组织接待、宣传营销、组织管理等旅游供给侧看，传统的技术方式缺陷日显，包括政府机构用传统方式进行资源调查评价，进行旅游统计和委托他方进行抽样调查，委托专业机构研究编制旅游规划，由旅行社、饭店、餐馆、定点商店和娱乐场所负责旅游接待服务，组织参加旅游交易会、博览会、推介会和进行广播电视、街头广告宣传，政府进行质量监督和秩序规范等方面都受到影响。

在信息化时代，互联网、大数据、云计算等技术能为这些工作扩展能力、提高质量和效率效益创造更好的条件。因此，大众旅游时代的旅游开发建设、生产供给、接待服务必然是全域旅游，在旅游消费方面必然是智慧旅游，整体上看大众旅游和全域旅游必然以旅游信息化为主要技术平台。因此，智慧旅游的出现及发展必将在全域旅游背景下对传统旅游规划、旅游调研、旅游管理、旅游宣传方式的深刻性变革产生重要影响。

5. 经济发展背景

通过智慧旅游能够催生新的商业发展模式，不断推动旅游业的改革发展进程。例如，依托互联网技术的分享经济正以强大的发展势头席卷全球，以滴滴打车、嘀嗒拼车、优步为代表的出租车行业，以爱彼迎、小猪短租和途家为代表的住宿行业，以人人快递、京东众包、达达、闪送为代表的物流行业，这些行业代表展现出来的分享经济正为人们提供一种全新的生活方式和商业模式。旅游业天然适合分享经济发展，分享经济将改变游客的出行方式、消费习惯、体验效应，进而形成连接一切市场主体的旅游分享经济生态系统。

（二）智慧旅游的内涵与特征

目前，与智慧旅游相关的概念主要有数字旅游、旅游信息化、智能旅游等。数字旅游主要以旅游电子政务为主，侧重旅游信息数据的数字化与集成，本质是计算机信息系统，服务的核心是政府管理部门；旅游信息化侧重信息技术在旅游业的应用，对旅游产业链进行改造，服务的核心是旅游企业；智能旅游侧重高科技智能设备在旅游业的应用，是企业级的应用，是企业的经营行为。

智慧旅游建立在数字旅游、旅游信息化、智能旅游的基础之上，可以说是它们的更高阶段，以服务游客为核心，把旅游信息化进程推向了高潮，服务于公众、旅游企业及政府部门，形成可持续发展的旅游生态系统。智慧旅游以游客为核心，通过对管理、服务、营销流程的优化，实现旅游信息的高度共享、及时有效传播，也实现了旅游信息化的目标。①

1. 智慧旅游的内涵

对游客而言，智慧旅游就是利用云计算、物联网等新技术，借助便携的上网终端等感知体系，在旅游前、旅游中、旅游后都能主动感知旅游资源、旅游经济、旅游活动等方面的信息，提升游客在食、住、行、游、购、娱各个旅游环节中的附加值，为游客带来超出预期的完美旅游体验。

对相关政府和旅游企业的管理者来说，智慧旅游就是利用智能识别、移动计算、信息融合、云计算等信息技术，通过构建旅游服务平台，为游客提供餐饮、交通、住宿、旅游、购物等全方位的旅游服务，提高管理效率。

智慧旅游以科学的信息组织和呈现形式让游客方便、快捷地获取旅游信息，帮助游客更好地安排旅游计划，并形成旅游决策。游客通过网络可以了解到旅游目的地的实时状况，这样能够提前规划旅游的线路，预订酒店、机票、车票等，在出发之前，对旅行有了大致的了解，将大部分事情安排好，能够减少旅行中的

---

① 李云鹏，晁夕，沈华玉，等．智慧旅游：从旅游信息化到旅游智慧化[M]．北京：中国旅游出版社，2013．

不确定性以及寻找游玩、交通、食宿等方面的担忧。在旅行过程中，游客可以随时了解下一个目的地的天气及客流量等情况，以决定是否更换景点、改变行程，使旅游变得更加愉快。例如，游客可以在景区通过计算机、手机或者安放在酒店的触摸屏等终端，了解景区实时情况；可以通过查询、拖动景区分布图，点击某个景区，显示景区景点的概况和有关景点的详细信息，如地址、联系电话、开放时间、门票价格、周边景点、交通信息、自驾指南等。另外，智慧旅游还能给游客带来更好的旅游安全保障。

智慧旅游通过物联网、射频识别技术（RFID）、地理信息技术（GIS）等，动态采集海量的旅游数据，通过网络的全面互联，实现信息的高效汇聚、处理、分析、共享。通过对数据的统计和智能分析，可以实现旅游行业管理的智能化、精细化；通过数据对游客信用进行评估、对服务企业进行评价，提高行业监管水平；通过数据的共享和应用协同，有效配置资源，提高快速响应和应急处理能力；通过专家系统和数据挖掘，对旅游资源保护、产品定价或旅游行业政策进行模拟测试，实现科学决策。

2. 智慧旅游的特征

（1）信息化

信息是旅游发展的基础，也是旅游活动、旅游开发、旅游经济、旅游管理的重要因素。在旅游活动开始之前，游客需要了解旅游目的地的各种相关信息，包括价格信息、景点信息、交通信息以及其他旅游相关信息；在旅游过程中，旅游管理部门通过调查统计游客的消费特征，从而实现旅游市场的管理；在旅游景区开发之前，需要对各类资源进行调查，从而在信息充分的基础上实现旅游资源开发。信息的获取和应用涉及旅游发展的各个层面，智慧旅游的发展是对行业内外相关信息的充分整合与运用。

（2）智能化

智能化是智慧旅游的重要体现，没有智能化，智慧旅游也就无从谈起。智能化体现在方方面面，如对旅游资源的开发、对旅游信息的获取、旅游活动的开展、旅游市场的管理等。通过信息技术和智能设备可以实现智能化服务与管理，在服务端，智能化可以实现数据统计、信息集成，在使用端则方便主体使用。

（3）专业化

专业化是智慧旅游的要求，智慧旅游与智慧城市、智慧地球不同，其范围更小，专业性更强。具体体现在，一是专注，即设立单独的开发部门，针对游客、旅游运营商和旅游管理方的需求，开发单独的设备，以满足旅游活动、旅游运营和旅游管理的需求；二是专业，实现旅游人才与技术人才的有机结合，进行专业化操作；三是专攻，对旅游中存在的专业性和管理性难题，进行专项攻克，实现旅游业的畅通发展。

（4）全面化

智慧旅游的发展应用应是全方位、多层次和宽领域的。应在旅游业的规划、旅游项目的运营、旅游活动的开展过程中实现全方位的应用。无论是高端旅游还是大众旅游，无论是发达地区的旅游还是欠发达地区的旅游，都应当逐步向智慧旅游转变，这是智慧旅游的多层次应用。智慧化体现在旅游的各项要素中，如智慧酒店、智慧餐饮、智慧旅行社、智慧旅游景区和智慧基础设施的建设，这是智慧旅游的宽领域应用。只有保证旅游消费智能化、旅游供给智能化、旅游管理智能化，才能实现智慧旅游的全面发展。

（5）互联化

智慧旅游能将各个孤立的要素解脱出来，将其与其他要素进行有机整合，从而有效避免信息孤岛现象发生。首先，设施互联互通。街头的显示屏、景区的触摸屏等不是单独存在的，而是一个信息统一、节点分散的网络终端，不同地点的游客可以通过分散的终端获得相同的信息。其次，要素联动。游客来到旅游目的地后，不仅要旅游，同时还要住宿、娱乐等。智慧旅游将这些信息进行集成，使游客可以一站式获得各类信息和服务，从而实现信息的有效获取。再次，管理联动。通过对旅游资源、游客、基础设施等的管理实现互联互通，可提高管理效率。最后，区域互联互通。不同区域相互支持、相互依托，实现区域互联互通，既有利于开发新的旅游产品，又可以节约成本，从而进行综合性的市场管理和运作。

（6）便捷化

便捷是智慧的体现，也是人们对智慧的要求。便捷的旅游服务体系能够赢得游客的信赖，刺激旅游消费。首先，使用便捷。旅游景区设施应体现以人为本的理念，最大限度地方便游客使用。其次，设施便捷。便捷的设施能够便于人们获取旅游信息。最后，技术便捷。不同文化程度的游客在使用同一种设备时，能够轻松获取信息。

（三）智慧旅游的功能与价值

1. 智慧旅游的功能

（1）社会功能

一是资源整合。智慧旅游的发展建设是各类资源的有机整合，其在发展过程中，也会对社会资源进行整合。智慧旅游是一个庞大的系统，其中涵盖了较多的资源要素，就旅游企业而言，包括技术资源、市场资源、人力资源等；就公共供给而言，主要有土地资源、媒体资源、信息资源等。对各类资源进行优化整合，促进资源的充分利用，从而实现智慧旅游功能的集成，这是智慧旅游社会功能的主要体现。

二是公共服务。如果说旅游企业开展智慧旅游经营管理活动是出于自身利益最大化的考虑，那么政府构建智慧旅游体系的出发点则是提供公共服务。智慧旅游体系的建立，能够为公众提供各类服务，如城市交通导引系统、安全事故预警系统等。这些信息与其说是为游客提供的，不如说是为社会公众提供的，因为这种服务已经不单纯是游客所需要的，而是社会公众都需要获得的。为社会公众提供服务，一方面是发展旅游的需要，另一方面也是构建服务型政府的要求。

三是社会治理。智慧旅游实现其社会治理的功能，主要体现在其惩恶扬善的公开性。智慧旅游既是一个信息发布的渠道，还是信息共享的载体，主管部门通过法治和德治的方法，利用智慧旅游系统，将社会中的尤其是旅游活动和旅游经营中的不良现象公之于众，使人们明确社会主义道德观和法律观，从而自觉规范自身行为，有利于促进社会管理。

（2）经济功能

智慧旅游的发展将推动旅游市场由线下向线下线上相结合转化。传统的线下经营模式中，个人或组织想进行旅游消费，须前往旅行社、旅游酒店或旅游目的地现场进行购买。在购买之前，旅游者不能充分获得旅游消费的相关信息，因而，市场运行不够透明；同时，人们到消费场所进行现场购买，在购买时获得相应的信息，从而做出消费决策，但这种消费决策通常并不能达到最优。人们花费较多的时间、精力和金钱来旅游，结果却消费不畅且极不便捷，这在某种程度上抑制了旅游需求。这是因为在获取信息或者购买困难的情况下，人们可以不进行旅游消费或以其他的消费方式予以替代。智慧旅游的出现，推动了旅游信息化的发展，使得线上旅游业务和旅游电子商务变得更加大众化和平民化，人们易于获取准确、全面的旅游信息，同时又便于进行网上支付，消费的便利化使得旅游近在身边。线上与线下旅游业务的融合将推动旅游业不断向前发展。

就经济发展效益而言，智慧旅游能够创造经济效益。从短期来看，智慧旅游发展中投资的增加使得政府和企业的成本增加，然而，从长远发展来看，这种短期追加的固定资本将会转化为长期收益，并且这种短期投入的固定资本远比长期发展中各类成本的总和要小得多。例如，智慧旅游的发展需要相应的设施、技术和人才，而智慧旅游系统的建立，使得组织和企业能够获得竞争优势，并且智慧旅游系统一旦建设完成，能够保持长期的运营。就实体企业而言，在日常的经营运作中，各种固定成本和可变成本之和要远多于在智慧旅游中的投资。同时，作为一种新的经营管理方式，通过智慧旅游系统，旅游目的地或旅游企业能够直接与游客进行沟通和交互，有利于建立良好的形象，吸引游客关注，从而创造经济效益。

（3）文化功能

作为公众生活的一部分，智慧旅游不断进步和发展，推动社会文化的发展。

一是物质文化。在智慧旅游中，智能设备、智慧旅游设施是人们直接接触的物质载体。科技与旅游相结合可以形成具有旅游特色的科技实物，承载着智慧旅游中的物质文化，如旅游咨询中心的特色建筑、特色设备，具有提示意义的实物等。

二是制度文化。不同于政府和企业中存在着明确的制度，智慧旅游本身不存在制度。智慧旅游所倡导的制度文化是一种制度文化认同。人们在日常的生活中，通过智慧旅游系统，经由智能设备和终端设施，可以主动地了解相应的法律法规、道德规范和行为准则等。在了解、学习和掌握的基础上自觉遵守、自觉践行、合理运用，在遇到问题时，运用法律和相关制度予以解决，从而形成自觉遵纪守法的制度文化。

三是行为文化。智慧旅游推动着人们行为文化的发展变迁，如消费方式由线下转到线上，信息获取方式由交易过程中获取转变为交易前获取，支付方式由购买时支付转变为购买前或购买后支付，支付渠道由现场支付转变为网上支付。在人的行为方式方面，传统的随团旅游向自助旅游转变；对景区景点的讲解，由导游讲解转变为智能设备讲解。游客的行为方式随着技术和经济的发展而不断改变，而智慧旅游的发展，则直接加快了这种行为文化转变的速度。

四是精神文化。精神文化是文化的核心。智慧旅游作为一种现代生活方式，本身并不能改变人们的精神文化，也不能强化精神文化，但其在间接产生精神文化过程中的作用却不可小觑。智慧旅游通过推动旅游的发展促进精神文化功能的形成。智慧旅游促进了人们旅游方式的转变，从而有更多的人参加旅游，在旅游的过程中，人们的思想意识得到端正，自身素质得到提升。例如，通过游览祖国的大好河山增加了自己的爱国热情，通过参加生态旅游活动增强了自己的环保意识。这种潜移默化的作用正是智慧旅游文化功能的体现。

（4）科技功能

智慧旅游的发展需要依托两类技术：其一，信息科技核心技术的发展。云计算、移动通信技术、全球定位系统等技术的发展使得相关的数据和功能得以生成，智慧旅游的建立将会推进技术在旅游行业内的普及应用，旅游业的应用将会形成示范效应，从而引起其他行业的跟进，因此，智慧旅游的应用将能推动核心技术的普及应用。其二，设备终端技术的发展。核心技术的应用最终应当使人们的生活更便捷，因此，越来越多的人通过智能终端来接收智慧旅游的相关信息，进而促进行业发展。

随着智慧旅游不断发展，一些新的功能和需求对智慧旅游的技术水平也提出了更高的要求。在市场的需求下，企业会投入更多的资本来进行新技术的研发。

（5）环境功能

提高生产效率，节约社会成本。智慧旅游的发展将会节约社会成本，促使旅游企业无纸化办公的实现。传统的企业运作是一种高碳式的运行，消耗大量的人力、物力和财力，且效果一般。智慧旅游的建立，将会使人力和物力从工作中解脱出来，减少资源的消耗。在资源有限的情况下，减少消耗就是一种对环境的保护。同时，智慧旅游的发展与我国建设资源节约型和环境友好型社会的发展战略是相一致的。

提速智能步伐，避免环境破坏。智慧旅游不能仅限于企事业单位和市场的应用，也不能仅侧重于服务，同时还应逐步地完善其功能，如环境监测和环境治理等。例如，在旅游开发的过程中引入智慧旅游设备，对拟开发地区的生态环境予以跟踪监测，及时获取环境相关数据，了解环境情况，从而指导旅游开发，避免旅游发展中对环境的破坏。

2. 智慧旅游的价值

（1）行业价值

发展智慧旅游对旅游业意义重大，无论是游客、旅游企业，还是旅游主管部门，智慧旅游都具有非常深远的意义。智慧旅游将在优化游客行为模式和旅游企业经营方式上，推动旅游行业发展。

一是优化游客行为模式。旅游开始之前，人们可以通过智慧旅游设备设施查询相关信息。人们可以在旅游前或旅途中，通过网络等途径获得旅游目的地的相关信息，这些信息包括旅游资源、市场信息、旅游服务质量和类别等。这些旅游信息能够为游客提供出游决策。通过智慧旅游体系，人们可以获得更为完备的信息，因而能够货比三家，在信息透明的前提下，人们可以个性化地安排自己的旅游行程。在旅游目的地，游客不必拘泥于以往的团队式旅游，可以自己来安排旅游行程。对游客而言，这种旅游活动完全是依照自己的意愿定制的，因而更具有自主性，这可以提高人们对旅游活动的认可和满意度。在获取足够充分的信息后，人们可以进行预订，通过网上预订信息较为透明，支付比较方便。游客来到旅游目的地后，可以直接开展旅游活动，避免了排队购票、查阅信息等时间的浪费，可以尽情享受自己的个性化旅游。同时，通过智慧旅游系统发布的目的地、酒店、景区等相关信息，人们可以根据自己的需要选择性地开展旅游活动，可以避免景区的拥堵现象，实现人流疏导。

在旅游过程中，智慧旅游可以实现四个功能：导航、导游、导览和导购。第一，导航功能。导航是将位置服务嵌入旅游信息中，借助如全球定位系统（GPS）导航、基站定位、无线网络定位、RFID 定位和地标定位等技术，实现智能终端设备与网络和位置服务进行连接，游客可以通过智能终端设备为自己随时随地进行定位。基于此，在旅游过程中，游客可以随时获得自身位置信息，引导自身行为，从而有利于缓解游客在异地开展旅游活动时的陌生感和紧张的心理。通过位置服务，游客能够获得相关的路线图、距离和时间等信息，从而合理安排行程。

第二，导游功能。游客来到旅游目的地后，其旅游活动不仅限于旅游景区，同时还会参加一些其他的活动，如观看演出、逛街等，因此需要了解自身周边有哪些酒店、景区、旅行社、银行和邮政等信息。智慧旅游能够精确地为游客提供这些信息，从而便于游客做出决策，即智慧旅游不仅仅限于旅游活动，凡是与旅游相关的活动，都应当成为智慧旅游发展的重要内容。第三，导览功能。游客到达某一旅游目的地进行旅游活动，在某一个旅游景点需要了解相关资料时，如景点的内容，即导游在旅游活动中所讲解的内容，游客可以通过智能设备便捷地获得景点内容，从而实现设备导游而非现实中的人员导游。第四，导购功能。旅游消费的过程中，智慧旅游应当提供充分的信息，供游客进行选择。例如，游客在选择酒店时，需要知道酒店的星级、顾客评价、发展历史、价格、优惠政策等，这些信息应当与在实体酒店所了解到的是一样的，从而保证游客的知情权，进而使得交易能够正常进行。导航、导购、导游、导览的功能集成，能够真正实现游客在旅游过程中的自主化。

在旅游结束后，游客一般会进行信息反馈。就反馈信息的内容而言，可以分为两个方面。其一，旅游心得分享。游客会分享旅途中所遇到的新奇事件、获得的满意服务、看到的奇特景观。其分享的是一种愉快的、超乎寻常的体验，因而，能够将此正面信息传递给他人，使得旅游要素的品牌和形象得以强化，从而使旅游目的地吸引到更多的游客。其二，游客对旅游中存在的一些不满也会传播，这种传播将使更多的人得以知晓，旅游要素的形象也得以广而告之。因此，游客的分享实际上是一把双刃剑，把其中的满意因素公之于众，把其中的不满加以曝光。这在无形中会促使旅游企业提高服务质量，规范自身行为，由此逐步提升自身品牌形象，从而扩大知名度，提高美誉度。同时，反馈的信息也可能是一些投诉建议。智慧旅游作为一种系统、平台和渠道，既为旅游管理提供便利，也为游客权利保障提供法律和技术支撑。旅游主管部门应当充分利用智慧旅游的功能价值，解决旅游中的主体问题，从而优化智慧旅游的发展环境。

二是优化旅游企业经营方式。智慧旅游丰富了产品的形态。传统的旅游产品过于单一，其主要局限于一般的旅游线路产品，如观光旅游产品、度假旅游产品、旅游景区和旅游酒店等内容。这些产品基本上处于旅游的初级阶段，只能满足基本的需求，产品的形态不够丰富，人们的个性化需求不能得到有效满足。同时，在经营管理的过程中，出于成本利润的考虑，个性化和定制化的旅游产品并不多。智慧旅游的出现使得旅游景区、旅行社等对旅游产品的开发力度加大，产品形态逐渐丰富，人们借助智慧旅游更能使自身的需求得以满足，因而在一定程度上促进旅游产品的多向发展。同时，智慧旅游也拓宽了旅游的销售渠道。智慧旅游将旅游产品搬到线上进行销售，使游客更易获得。微博、微电影、空间等的出现以及智能设备的广泛应用使人们接触的新媒体增多，在新媒体上进行旅游产品的销售，并引入智慧旅游，可以极大地拓宽产品的销售渠道。

智慧旅游拉近了旅游企业与游客之间的距离，也为旅游企业展示形象提供了更好的平台。智慧旅游使旅游信息的发布更为快速和频繁，旅游企业可以通过产品来展示自身的形象，产品的多样化、个性化、人性化、标准化、人文化和科技化等成为旅游企业展示自身的一个重要途径。通过了解产品，人们可以了解旅游企业的经营方向和发展理念，形成对旅游企业的良好印象。旅游企业为游客提供优质的产品和服务，得到游客的赞赏，游客在游览后会将旅游中的感受分享给他人，通过滚雪球效应不断强化企业在人们心目中的美好形象。

臃肿的组织结构使得企业在经营的过程中成本增加，智慧旅游的应用能为企业节约成本。旅游企业能通过网络获得游客的信息和需求，进而根据需求制定产品、价格、促销和渠道策略，从而避免以往进行市场调查持续时间长、耗费人力多、成本开支大的弊端；在产品销售的过程中，通过网络进行智能化销售，从而节省人力资本；在信息的保存上，将企业信息进行云存储，由机器进行管理，易于保存，不易损坏，取用方便。既节省人力物力，又避免资源的浪费，同时还能实现企业的低碳化运营。发展智慧旅游还能降低资金成本。以往采购物质资源、交通等费用是企业一笔不小的开支，并且这种开支的发生频率高，而智慧旅游的应用将实现企业的虚拟化采购，从而极大地节约成本。

企业在管理过程中需要依托较多的技术和设施设备，传统管理的方法是粗放型的，企业管理起来困难而复杂。比较明显的例子是信息调用困难，如客户信息的管理、财务状况的记录，这些信息和资料通常以笔记的形式记录，储存量较大，修改、保存、查找和取用困难，调用一项信息或数据会花费较长时间，并且容易出错。智慧旅游运用云计算等技术，实现了企业数据集中管理，将存储和计算等网络化、系统化、实时化、智能化，实现了数据和信息应用的便捷化。这样既提高了企业的信息化水平，又提高了其经营运作效率，还推动了企业的标准化建设。

智慧旅游的建设将促进旅游业的转型升级。旅游市场由线下转变为线上线下相结合，智能设备与移动互联网的无缝对接使得人们更加便捷地利用智能设备，实现旅游产品的网上购买。此外，旅游产品的优化升级。传统的旅游产品只能满足游客的基本需求，随着智慧旅游的建设，旅游产品会向着科技化、人文化、个性化的方向发展。智慧旅游的发展将推动产业结构调整，从而促进旅游业的转型升级。

（2）社会价值

文化和旅游部明确了旅游信息化的重要作用，提倡运用现代信息技术来提升旅游业的发展水平。政府的支持能够促进智慧旅游的发展。同时，智慧旅游也能实现必要的社会功能。

旅游是一个复杂的综合体，涉及不同的行业，其发展有赖于资源的富集。单一行业如景区和旅行社等资源有限，在服务社会方面能力不足，并且不易与其他行业联动。旅游业则是一个综合性的行业，其发展涉及交通、餐饮、住宿、卫生、工商、公安等部门，只有具备了相关的信息和资源，旅游业才能健康发展。智慧旅游体系对这些部门的信息和资源进行整合，其具备的优势资源是服务公众的主要内容。

旅游活动的多样性决定了旅游行业的综合性，旅游业对信息的整合与传播具有较高的要求。大众旅游、自助游的兴起，使得人们对信息获取的需求增加，智慧旅游体系能够高效便捷地满足人们的信息需求。智慧旅游在服务社会的过程中，可以充分利用其完备的信息体系架构，实现信息的高效传播。高效的信息传播体系能够方便人们的生活，从而实现智慧旅游服务社会的功能。

智慧旅游服务社会主要在以下方面体现其优势，从经济发展的角度，旅游业是无烟工业，是现代服务业的范畴，其发展能够促进经济水平的提升；从文化传承的角度，智慧旅游发展能够促进社会先进文化的保护和传承；从生态保护的角度，智慧旅游发展是文明发展，能够促进生态环境的保护。智慧旅游从建设到运营的整个过程都体现着生态优势，就建设而言，基础设施和智能设备的建设和使用，能够有效地避免房屋、土地和空间等资源的浪费，减少其对生态环境的破坏；就运作而言，智慧旅游体系在建成后能够多次重复利用，通过运用现代技术可以使原本复杂困难的人力劳动由机器完成，从而减少行业运作中人、财、物的浪费，进而节约社会成本，实现低碳化发展，符合资源节约型和环境友好型社会的发展战略。将智慧旅游的生态优势加以运用，能够实现社会服务的可持续发展。

正是由于智慧旅游在社会服务方面，同其他要素相比具有政策优势、技术优势、传播优势和生态优势，所以智慧旅游得到了各地的认可，从而实现了快速发展。

（四）智慧旅游的应用建设对象与总体框架

1. 智慧旅游的应用建设对象

智慧旅游的应用对象主要有四类：第一类，以政府为代表的旅游公共管理部门与服务部门；第二类，游客；第三类，以景区为代表的旅游企业；第四类，目的地居民和目的地娱乐、购物、运输、餐饮、住宿商业企业等。智慧旅游是智慧城市的外延，不仅能使旅游管理、服务与目的地整体发展相融合，还能使游客与目的地居民和谐相处。

智慧旅游既需要满足四大类应用主体的主要功能要求，还需要满足各应用主体间的交互要求。智慧旅游最突出的表现就是技术上的智慧，借助物联网、云计算、移动通信、大数据、二维码、视频监控、计算机应用、AR 技术、人工智能等信息化技术，构建起智慧旅游所需要的技术支撑体系。信息化技术与旅游行业各主体应用需求之间的碰撞与融合将会迸发出模式创新的火花。

在智慧旅游体系的建设中，政府管理部门以提供旅游公共管理和公益服务为主；旅游企业主要包括旅游景区、旅行社、酒店、餐饮和乡村以及旅游网络营销、在线旅游电商等商业组织，以提供专业性商业服务为主；游客以分享智慧旅游体验、参与提供旅游信息为主；目的地居民以提供目的地旅游信息和辅助性旅游服务为主。游客和目的地居民在整个智慧旅游体系建设构成中，主要扮演在线信息共享、终端体验和展现的角色。

（1）政府部门

政府部门在智慧旅游建设中主要涉及三项内容，一是编制和规划智慧旅游建设纲要，从建设内容、组织计划、运营投资政策、技术要求规范和建设标准及服务准则等方面对智慧旅游进行指导；二是推动智慧旅游发展过程中的政府服务职能转变，通过旅游资讯宣传、旅游营销、综合性旅游信息公共服务平台以及旅游行业信息资源管理系统、信息监控应急指挥平台等平台的建设，完善智慧旅游建设的后台服务；三是进一步推进旅游电子政务建设，建立旅游行业管理平台，提高各级旅游管理部门的办公自动化水平，提高行政效率，降低行政成本。

政府部门通过智慧旅游的建设，将为公众提供畅通的旅游投诉和评价反馈的渠道，强化对旅游市场的运行监测，提升对旅游市场主体的服务和管理能力，确保在发生应急、突发、危险、紧急事件时能提供旅游应急指挥服务，并通过物联网、通信平台、运营商的支持和多种尖端信息技术实现对自然资源、文物资源的监控保护和智能化管理，提高旅游宏观决策的有效性和科学性。

（2）旅游企业

旅游企业是智慧旅游的信息提供者，是实现旅游信息化的重要来源。旅游企业将使用智慧旅游的建设成果，在向游客提供智慧旅游服务、接受政府行业监管的同时，不断提高企业运营水平、降低运营成本、提高企业经营绩效。

旅游企业还可以在传统旅游营销的基础上，通过渠道创新、方法创新和技术创新，全面增强旅游营销的效果，以更好地达到推广旅游资源、销售旅游产品的目的。旅游企业主要有智慧景区、智慧旅行社和智慧酒店。

第一，智慧景区。旅游景区是智慧旅游建设和发展的主要动力。旅游景区不单单需要考虑景区资源的建设管理，如建设开发、工程管理等，还需要考虑电子票务结算、客流引导服务、电子导览服务、虚拟实景的旅游应用、虚拟旅游体验式营销、基于无线位置服务、景区内部资源智能经营管理等系统的部署，这些系统的应用和实践将有助于景区服务能力的塑造、服务品牌的提升、服务内容的规范，从而实现旅游景区的智慧响应和管理。

智慧景区是更科学、可视化的创新型景区管理系统。智慧景区建设主要包括智慧博物馆类、智慧文物保护类和智慧风景名胜景区建设。

第二，智慧旅行社。在技术创新、服务创新和资本的驱动下，酒店和机票预订、旅游度假产品、租车、景区门票、签证等产品迅速在线化，在线旅游企业（OTA）不断丰富着旅游服务业的内涵，如行业垂直搜索引擎有去哪儿，工具类在路上、面包旅行，攻略社区类有蚂蜂窝、穷游等 OTA 典型业态。

建设智慧旅行社（ITA）是市场竞争的必然选择。智慧旅行社就是利用云端计算、物联网等新技术，通过互联网／移动互联网并借助便携的终端上网设备，将旅游资源的组织、游客的招揽和安排、旅游产品开发销售和旅游服务等旅行社各项业务及流程高度信息化、在线化和智能化，达到高效、快速、便捷和低成本规模化运行，使游客满意且旅行社企业盈利。

第三，智慧酒店。随着日趋激烈的竞争和不断攀升的客户期望，迫使酒店企业不断寻求扩大酒店销售、改进服务质量、降低管理成本和提升客户满意度的新法宝，以增强酒店的核心竞争力。其中最有效的手段就是大规模应用先进的信息化技术，开展智慧酒店建设，变革传统意义上的酒店业竞争方式和经营管理模式，进而赢得新的竞争优势。

酒店的竞争将主要在智能化、个性化和信息化方面展开，智慧酒店应运而生。智慧酒店集成酒店办公软件、信用卡收费、无线制卡等系统，应用物联网技术、云计算技术、计算机智能化信息处理、宽带交互式多媒体网络技术，形成酒店智能化解决方案，为游客提供周到、便捷、舒适、称心的服务，满足游客个性化、信息化服务的需要，同时通过智能控制系统将酒店物耗、能耗、人员成本降到最低，从而创造经济效益。

（3）智慧旅游建设服务商

智慧旅游建设服务商主要包括与智慧旅游相关的信息化服务商，包括移动、联通、电信等通信运营商，相关信息技术提供商、硬件设备提供商、软件开发商、智慧旅游规划机构、项目实施和系统集成商，以及负责技术支撑层面的云计算基础设施服务提供者和云计算应用服务提供者等。

2.智慧旅游的总体框架

旅游业是综合性服务业，智慧旅游不是旅游业涉及的某个行业能够完成的旅游，而是多个行业共同协作的一种旅游模式，表现为智慧旅游服务、智慧旅游管理和智慧旅游营销三大功能。智慧旅游通过采用新一代信息技术，整合旅游产业链，提高旅游业务的综合管理和运营能力，促进行业内部和不同行业之间的合作与交流，实现整个旅游产业链的智慧化，创建优质的旅游生态环境，提升旅游的服务品质，为游客提供高质量的旅游体验，进而推动地区旅游相关产业快速、健康发展。

智慧旅游的总体框架由四个功能层次——物联网感知层、网络通信层、数据中心层、智慧旅游融合应用层和四个支撑体系——智慧旅游标准规范体系、智慧旅游安全保障体系、智慧旅游建设管理体系、智慧旅游产业运行体系构成。物联感知层、网络通信层、数据中心层、智慧旅游融合应用层四个功能层次上下贯通，上层依赖下层，形成以物联网、网络通信基础设施为支撑，以数据信息资源共享为主线，以智慧应用服务为核心的功能框架。智慧旅游标准规范、智慧旅游安全保障体系、智慧旅游建设管理体系、智慧旅游产业运行体系四个支撑体系，构建了智慧旅游发展环境，保障了智慧旅游建设健康、快速、有序以及可持续地发展。

（1）物联网感知层

物联网是通信网和互联网的拓展应用和网络延伸，它利用感知技术与智能装置对物理世界进行感知识别，通过网络传输互联，实现人与物、物与物信息交互和无缝链接，达到对物理世界实时控制、精确管理和科学决策的目的。

物联网感知层不仅是智慧旅游体系中的神经末梢，还是智慧旅游的感知器官，它通过应用物联网条形码二维码识别终端、射频识别、红外感应器、全球定位系统、激光扫描器、摄像头、遥测遥感等传感设备和技术，按约定的协议把各类物品和互联网连接起来，实时采集旅游活动中各旅游活动对象的基本信息，为智慧旅游应用提供精准、有效的信息处理和相关决策依据。

智慧旅游系统需要感知层各种各样的感知技术和传输技术，实现人与人、人与机器、机器与机器的互联互通，满足了智慧旅游系统应用多样性、复杂性的要求。

1）物联网感知层方式

根据不同的信息类型和感知节点的特点，物联网感知层的感知方式主要分为四类。

一是身份感知。身份感知通过条形码、智能卡、信息终端等，对感知对象的地址、身份及静态特征等进行标识处理。

二是位置感知。位置感知利用定位系统或无线传感网络技术，对感知对象的绝对位置和相对位置进行感知处理。

三是多媒体感知。多媒体感知通过录音和摄像头等音／视频多媒体设备，对感知对象的表征及运动状态进行感知处理。

四是状态感知。状态感知利用各种传感器及传感网，对感知对象的状态（如温度、湿度等）等进行动态感知。

2）物联网感知层技术

物联网感知层技术包括资源寻址电子产品编码（EPC）技术、RFID 技术、传感器和无线传感器网络技术。

第一，资源寻址 EPC 技术和 RFID 技术。EPC 技术的最终目标是为每一个商品建立全球的、开放的编码标准，它统一了对世界范围内的商品标识编码的规则，并通过应用于 RFID 系统中，联合网络技术而组成了 EPC 系统。EPC 条形码将宽度不等的多个黑条和空白图形标识按照一定的编码规则排列，用来表达信息。条形码分成一维条形码和二维码，通过相应的扫描设备把其中的信息输入计算机处理。

RFID 技术，是一种非接触式自动识别技术，它利用射频信号，实现对目标对象的自动识别并获取相关数据。RFID 是物联网的关键技术之一，物联网需要感知各种物体，RFID 这种非接触式自动识别技术的出现很好地解决了这一问题，成为物品识别的最有效方式。

第二，传感器和传感网络。传感器是智慧旅游感知层获取信息的主要设备之一，主要包括温度传感器、压力传感器、湿度传感器、光传感器、霍尔磁性传感器、微机电传感器等。

无线传感器网络（WSN）是由大量传感器节点通过无线通信方式，感知、采集、传输和集成处理网络覆盖区域中的感知对象信息，包括温度、湿度、压力、速度等物理现象的网络。

第三，智能终端和多媒体信息采集。智能终端包括智能手机、平板电脑、手持终端、一体式终端、智能电视等；多媒体信息接入主要指通过音／视频等各种多媒体输入设备的信息采集，如各种摄像机、话筒等。

（2）网络通信层

网络通信层是智慧旅游系统的通信层，是在现有有线通信网的基础上，实现与互联网／移动互联网、4G/5G 无线宽带通信网、泛在网络及三网融合（电信网络、有线电视网络和计算机网络）的结合，将感知层采集的信息实时、准确地进行传输、汇总，实现旅游数据信息更为广泛的互联互通。

网络层所涉及的技术包括 IP（知识产权）宽带城域网、无线宽带通信网、三网融合及泛在网络等。

第一，IP 宽带城域网。IP 宽带城域网是覆盖整个城市区域内的宽带网络，从当前网络通信技术的发展趋势来看，多网络融合是不可改变的发展方向，IP 技术将作为下一代通信网络的主要倚靠技术，IP 城域网将成为各种通信领域的统一汇聚平台。

第二，无线宽带通信网。无线宽带通信网主要包括 4G/5G 移动通信系统、宽带无线接入网以及数字集群网络、移动卫星通信网络、短波通信网络、专业无线通信网络等。目前，利用宽带移动通信和无线局域网等宽带无线接入技术，已经可以确保全部公共场合、主要道路、景区内部的无线网络覆盖，使游客在景区内任何地点、任何时间、任何情况下都能连接上高品质的无线宽带网络，保障旅游移动终端和移动应用的顺利运作。

第三，三网融合。三网融合是指数字通信网、电信网、广播电视网三大网络相互连接、相互渗透、相互兼容，通过技术手段逐步整合成一个统一的通信网络平台，实现三大网络高层业务应用的融合互通，为用户提供包括语音、广播、电视、数据等综合业务。

第四，泛在网络。泛在网络是基于个人和社会的需求，实现人与物、物与物、人与人之间按需进行的信息获取、存储、传递、决策、认知、使用等服务，网络具有超强的环境感知、内容感知及智能性，为用户提供泛在的、无所不含的信息服务和应用。

（3）数据中心层

数据中心层是智慧旅游建设的核心内容，通过利用云计算、模糊识别等各种智能计算技术，对海量的数据和信息进行分类存储和处理分析，实现智慧旅游信息资源的聚合、共享、共用，并为各类智慧应用提供数据基础和服务支撑。

1）数据资源

智慧旅游数据资源包括旅游的基础信息资源、共享交换信息资源、应用领域信息资源和互联网信息资源。

第一，基础信息资源。整合现有信息资源来集中建设智慧旅游基础数据库，将现有分散在各部门及各行业的数据，如遥感（RS）数据、GIS 数据、GPS 数据、视频录像类多媒体数据，以及各相关业务信息数据，按照以对象为中心的原则进行整合、组织和利用，发挥数据资源的整体优势。

第二，共享交换信息资源。共享交换信息资源以基础数据库对象为主线，采用逻辑集中、物理分散的方式，利用数据共享交换平台，统一数据标准，建设信息资源目录，实现各部门和各行业业务数据的互联互通。

第三，应用领域信息资源。建设智慧旅游各类业务数据库，为各种行业应用提供一致性和权威性高的数据来源，提供面向政府、企业和游客的全方位、实时更新的基础信息服务。

第四，互联网信息资源。互联网覆盖整个智慧旅游大信息平台，支持对互联网承载信息高度智能化的整合处理，实现对资源的充分利用。

2）数据融合

智慧旅游要实现智慧运作，需要对分布的海量数据进行汇聚、处理、分析，从信息和管理方面保证数据访问、使用、交换、传输的安全性和可靠性，进一步对数据进行挖掘分析。数据融合是对数据资源的进一步处理和应用，包括海量数据汇聚与存储、数据融合与处理和智能挖掘分析、虚拟数据视图多个方面。

第一，海量数据汇聚与存储。智慧旅游要实现智慧运作，需要对分布的海量数据进行汇聚、处理、分析。因此，整个智慧旅游平台的数据系统必须能够高效地汇聚与存储大量的数据，要保证数据访问、使用交换、传输的安全性、可靠性和完整性。

第二，数据融合与处理。数据融合与处理是指通过对各种信息源给出的有用信息的采集、传输、综合、过滤、合成来处理和协调多信息源、多平台和多用户系统的数据信息，保证数据处理系统各单元与汇集中心间的连通性与及时通信。

第三，智能挖掘分析。智能挖掘分析是指对各种类型旅游系统数据进行自动分析、自动分类、自动汇总、自动发现和描述数据中的趋势、标记异常等，从而获取有用的信息和知识并应用。

第四，虚拟数据视图。当一个主体拥有的完整数据（信息）的总集合时，虚拟数据视图可以从不同的角度提取信息的子集，构成主体虚拟世界一个数字化映像，逐层构建出其他更加丰富的应用。这些应用可以从不同的角度来进行分类和构建，如围绕时间维度的应用、围绕空间维度的应用和围绕不同实体维度的应用等。

3）服务融合

通过面向服务的体系结构或面向服务架构（SOA）和云计算技术（将传统的数据中心的不同架构、不同品牌、不同型号的服务器进行整合，通过云操作系统的调度，向应用系统提供一个统一的运行支撑平台），实现硬件资源的统一整合和管理和资源的按需配置、快速配置，进行资源和服务的封装管理，为构建上层各类智慧旅游应用提供统一的支撑平台，为旅游企业、游客提供丰富的旅游产品创意平台。

（4）智慧旅游融合应用层

应用是智慧旅游建设的出发点和落脚点，智慧旅游融合应用层是智慧旅游建设的重点。在物联网感知层、网络通信层、数据中心层的基础上，提供各种直接面向游客、旅游企业、政府管理部门的应用系统。用户通过互联网电脑端、移动无线应用协议端、触摸屏等直接接入智慧旅游融合应用层，实现智慧旅游。

1）面向游客

游客是旅游活动中的主体，游客通过多种方式接入智慧旅游平台，解决行前、行中、行后的需求，实现与网络实时互动，享受全方位的旅游服务。面向游客的应用主要包括移动终端和目的地网站应用、虚拟旅游应用。

移动终端和目的地网站应用包括为游客提供住宿、餐饮、购物行业和娱乐场所的资讯信息查询与订购服务；列车时刻表及车票查询订购；航班时刻表及实时票价查询订购；市区公交地铁换乘、车展、驾车路线信息服务；电子门票购票、验票服务；定位、导航、导览服务；呼叫中心、报警求助服务；互动社交、医疗安防等配套保障信息服务；网上金融、手机支付服务；视频访问及资讯发布等旅游信息服务。

虚拟旅游应用使游客超越时空的限制，获得最佳的旅游体验，一方面，游客可以足不出户地在三维立体的虚拟环境中游览远在千里之外的、不同时间季节的最美山水风光及形象逼真、细致、生动的人文馆藏；另一方面，游客可以通过虚拟现实，流转时空，回到历史，去体验和感受不再存世的文物及历史人文景观。

2）面向旅游企业

旅游企业为游客提供资源信息和相关服务，同时也接受政府部门的监督管理。

智慧旅游建设将借助云计算平台，聚合信息技术资源与存储、计算能力，形成区域范围内的虚拟资源地，实现旅游企业信息化的集约建设、按需服务。面向企业的智慧旅游应用系统主要包括智慧景区系统、智慧酒店系统、智慧旅行社系统及智慧营销系统等。

智慧旅游通过供应链、企业资源管理、在线营销、在线预订等专业化服务系统，为旅游企业提供基于网络共享的软、硬件环境和按需使用的应用服务，有效降低中、小企业利用信息化开展经营活动的资源和技术壁垒，提升旅游信息化应用与服务效率。

智慧旅游帮助旅游企业在传统旅游营销的基础上，通过渠道创新、方法创新和技术创新，建立在线网络营销体系，充分利用和挖掘电子商务在旅游业中的应用潜能，全面提升旅游营销的效率和效果，更好地达到推广旅游资源、销售旅游产品的目的。

3）面向政府管理部门

旅游管理部门具有经济调节、市场监管、公共服务和社会管理的职能。面向政府管理部门的智慧旅游应用主要包括旅游云服务平台、旅游应急指挥平台、行业监管行政管理平台、游客流量监测与统计系统、旅游统计分析系统、旅游监控调度系统、舆情预报救援系统、旅游诚信管理系统、旅游团队服务系统、旅游行业联盟系统等。

智慧旅游信息云服务平台就是通过整合旅游景点、酒店、旅行社等海量旅游信息资源，通过物联网、通信平台、运营商的支持和多种尖端信息技术的汇聚及应用而构建的综合性旅游信息云服务平台。旅游应急指挥平台是为了保证在发生突发、危险、紧急事件状态下的旅游应急指挥服务。

智慧旅游的建设将进一步推进旅游电子政务建设，提高各级旅游管理部门的办公自动化水平，提高行政效率，降低行政成本；为公众提供畅通的旅游投诉和评价反馈的渠道，强化对旅游市场的运行监测，提升对旅游市场主体的服务和管理能力；实现对自然资源、文物资源的监控保护和智能化管理，提高旅游宏观决策的有效性和科学性。

（五）智慧旅游的发展意义和发展趋势

1. 智慧旅游的发展意义

互联网带来的旅游变革覆盖了旅游价值链中消费端和生产端的各个环节，渗透到旅游服务、管理、营销等方方面面，尤其在促进智慧城市建设、助推双创经济发展、应对旅游市场竞争、助推全域旅游发展、完善旅游发展体系方面具有重要意义。

（1）全方位促进智慧城市建设

作为智慧城市建设的重要组成部分，旅游业在信息技术的带动下向智慧化转型升级。文化和旅游部确立了国家智慧旅游服务中心，并提倡逐步提高精品旅游景区的数字化水平。同时鼓励旅游酒店、旅游车船公司、旅游购物公司在信息化建设方面大胆探索，不断提高对游客服务的智能化水平。

（2）高效度助推双创经济发展

随着互联网用户和在线交易覆盖总人数的不断增加，一方面，会进一步促进旅游业与互联网技术的深度融合，形成以“旅游＋互联网”为平台的产业创新发展和转型升级的新路径；另一方面，也必然进一步推动“旅游＋互联网”整合资源、整合市场能力的大幅度提升，推动旅游业在更大范围内跨界扩张、融合和渗透，使“旅游＋互联网”成为新常态背景下扩大内需、拉动投资、推动经济发展的新动能，高效助推双创经济。

（3）立体化应对旅游市场竞争

智慧旅游的竞争归根到底是科技的竞争。智慧旅游是运用新一代信息网络技术和装备，充分准确及时感知和使用各类旅游信息，从而实现旅游服务、旅游管理、旅游营销、旅游体验的智能化，促进旅游业态向综合性和融合型转型提升，是游客市场需求与现代信息技术驱动旅游业创新发展的新动力和新趋势，是全面提升旅游业发展水平、促进旅游业转型升级、提高旅游满意度的重要抓手，有助于立体化应对旅游市场竞争。

（4）加速度助推全域旅游发展

传统技术条件下未达到全域旅游发展阶段的一个重要原因就是缺乏整合各类资源的技术平台，仅靠个人、企业所能够整合应用的资源，在数量、范围、规模和广度、深度上都会受到很大限制。互联网以其广泛、深入、强大的数据融合挖掘能力，为整合旅游目的地以及旅游市场的全部资源提供新的手段和平台。就旅游投资开发来看，互联网使得众创、众筹成为新的模式选择，使资金、技术、开发建设、经营管理等各方面资源得到有机整合，打通了旅游、金融、互联网和资源环境、基础支撑、配套服务等各个方面，以及投融资、策划与规划设计、建设施工、经营管理、消费等各个环节，全面助推了全域旅游发展。

（5）立体化完善旅游发展体系

智慧旅游涉及游客、政府部门、旅行社、酒店、景点、交通服务商、旅游商品提供商及其他服务商等。智慧旅游能够深化旅游产业链，重构产业链形态，由单一价值链升级为多维价值网，增加产业附加价值。在线旅游产业链以互联网的信息制造及信息传输为载体，以旅游产品供应商、在线旅游中间商（代理商）、消费者为主体，涵盖旅游产品从供应商生产、代理商营销到消费者消费的一系列传递过程。智慧旅游体系的建成，将改变游客的行为模式、企业的经营模式和行政部门的管理模式，引领旅游进入触摸时代、定制时代和互动时代，从而逐步改变整个产业的运营模式，对实现精准掌握游客消费动态、系统反馈游客体验、全面制定营销策略、高效提升管理和服务水平、助力科学决策等目标产生重要影响，成为促进旅游整个行业健康发展的关键支撑。

2. 智慧旅游的发展趋势

（1）产业融合逐步推进

在“互联网 +”的大背景下，旅游业以其关联度高、产业链长、带动性大等特点，不断加深其与交通行业、通信行业、游戏行业等领域的交叉融合，催生着“摩拜单车”“旅游大数据”“虚拟旅游体验”等新业态，成为当下产业融合的典型行业领域，并将在新技术、新模式的氛围中，继续保持其产业融合性的高潮势头。

（2）技术支撑更为依赖

智慧旅游以高科技为基础，为旅游主管部门、游客、社区居民、旅游企业提供便捷的服务、管理及营销支撑，不断提升游客的体验质量，成为现代服务业与科技结合的典范，拥有广泛的应用前景，不仅引领着旅游的发展潮流，而且成为现代服务业与科技结合的典范。而要保证智慧旅游的全面健康可持续发展，就需要加强对云计算、物联网等新型信息技术的创新研究，加强对网络与信息安全的维护，为构建一个安全开放、自由有序的和谐智慧旅游体系提供坚实保证。

（3）系统研究成为方向

在研究方法方面，针对智慧旅游的现有研究以定性研究为主，侧重对智慧旅游理论、基本概念分析、内涵价值探讨、模式设计、特定地区智慧旅游建设思路和发展战略进行探讨，研究尚处于初级阶段，规范分析和演绎分析的运用尚未出现，缺乏体系化、数量化、规范化的理论研究成果。

在今后的研究中，应更注重定量分析方法的使用，以保证在量化分析的基础上为定性研究的观点提供有力的逻辑支持，使研究更严谨科学。此外，还应强化理论研究，完善相关理论体系建设，重视基础建设。学界对基础概念的定义关注较多，对其涵盖的内容、范畴研究较少，导致相关理论体系不完善。当前，应对智慧旅游的基本概念和原理进行更深入的探讨，并形成统一的理论体系，为智慧旅游应用提供有效指导。

（4）区域智慧旅游渐热

云平台对大数据的处理技术使得城市旅游的发展与区域旅游一体化的发展相契合。推动智慧旅游的发展能够使涉及旅游各要素的数据重新整合并获得高效利用，如建设富有特色的区域旅游环线、加快区域旅游一体化发展、提高区域旅游的竞争能力。

因此，智慧旅游能够依托城市群同城化的发展背景，整合一定区域的旅游资源，促进旅游和其他产业融合，加速区域内交通圈发展，形成旅游产业带动区域经济增进的新格局，同时又反向拉近城市群内城市间距离，带动城市群经济整体提升，推动城际交通圈的发展与完善，为实现城市群同城化、一体化起到助推作用。因此，区域一体化与智慧旅游一体化的融合将成为未来智慧旅游发展的一个重点。

二、景区智慧化管理

智慧景区是一个全新的命题，是大众旅游时代下的必然产物。它是物联网、云计算、下一代通信网络、高性能计算、数据挖掘、人工智能等技术在旅游体验、产业发展、行政管理等方面的应用，使旅游资源和信息资源得到高度系统化整合和深度开发激活，并服务于公众、企业、政府等。智慧景区的本质是实现旅游产业的转型升级。智慧景区是通过智能网络，对景区地理事物、自然资源、游客行为、景区工作人员行迹、景区基础设施和服务设施进行全面、透彻、及时的感知，对游客、景区工作人员实现可视化管理，同旅游产业上下游企业形成战略联盟，实现景区环境、社会和经济的全面、协调和可持续发展。

景区智慧化管理是运用电子计算机和现代通信设备进行信息处理和信息传输，并在此基础上为景区管理者提供决策信息服务，还能进行各种旅游管理系统的收集、传输、存储、加工、维护和使用。这一概念较为完整地呈现了智慧化管理的实现过程，但对新技术的陈述较为笼统，旅游服务功能体现不足。另有研究指出，景区智慧化管理是以物联网、云计算、安全防范技术等为依托，将现代信息技术与景区管理、保护、发展等工作紧密融合，搭建了自动办公系统、资源管理系统、安全监控系统、电子门票系统等多种系统口。这一概念更加明确了景区智慧化管理的目的，也尝试对系统进行了进一步分类。

景区智慧化管理应该解决管理模式的优化问题，以提高管理效率、优化管理决策，这一定义主要侧重景区管理人员在智慧化管理实践过程中的主要目的，对于提高景区效益、提升景区服务、促进景区未来发展等方面则未提及。实现旅游景区智能化是景区智慧化管理的终极目标，也是智慧化管理在景区管理工作中充分而具体的应用，该定义主要强调景区管理应实现自适应、自协调的功能。相比于技术导向的系统思维，从功能价值角度对景区智慧化管理的论述更反映了旅游景区的诉求。景区智慧管理是将景区资源与数据库技术、移动互联、现代传媒等充分融合，对景区的各类资源、数据进行深度的加工组合，在促进景区现代化发展的同时，为景区管理者提供决策依据，提高景区形象传播、网络营销效果，提升景区经营效益和服务效益。但是景区智慧化管理不仅能实现管理资源数字化和信息化，还能在景区管理人员与智慧管理系统之间实现人机交互，从而达到景区智慧化管理的最终目标。景区智慧化管理指充分利用景区内外部资源，将信息技术应用于景区的建设、经营、管理、服务等环节，建立与信息技术相融合的组织模式，以提高景区经营管理能力、服务创新能力。该定义较为创造性地提出了通过现代信息技术在管理中的应用来建立相应的管理组织模式，体现出景区智慧化管理与景区传统管理的组织结构存在不同。

可以看出，国内对景区智慧化管理的内涵暂时还未形成统一的认知。不同学者对景区智慧化管理内涵阐述侧重各有不同，但基本达成一个共识：景区智慧化管理是以现代电子信息技术为依托，以现代传播为媒介，以期提高景区经营管理能力、提升服务效率与经营效益的一种现代化管理模式。传统的景区管理模式是否仍然适应新环境、是否需要新的组织模式等问题仍需在景区智慧化管理过程中进行探索。因此，在未来研究中可以更关注景区智慧化管理理论体系的建设，只有正确把握景区智慧化管理的内涵，才能逐步形成统一的景区智慧化管理的概念，构建完善的景区智慧化管理研究的理论体系，以期为实践提供科学的理论指导。

景区智慧化管理是现代信息技术不断发展带来的一场变革。一些学者探讨了具体技术在景区智慧化管理中的应用，其中物联网技术在景区智慧化管理中的应用受到学者广泛关注。依托物联网技术搭建智慧景区管理系统有助于景区针对客户特点及偏好等进行分类，采取精准化营销，并根据客户意见反馈，有针对性地提升景区服务质量。此外，基于物联网支持，可以帮助景区更好地进行门票、游客等智慧化管理。景区智慧化管理系统会收集大量游客的游览轨迹、游玩偏好等数据信息，依托大数据技术，从景区资源保护的精明化、业务管理的精细化、大众服务的精准化等多个维度提出景区智慧管理的发展趋势。

移动互联技术则在提升游客体验质量方面有较好的应用。基于移动互联网技术，景区可以提供社交网络服务及位置服务，以加强用户粘性与体验感受，为用户提供增值体验。而在优化景区运营方面，可通过人工智能技术与物联网技术对景区的管理服务全流程进行赋能，降低数据获取成本，从全新的角度优化景区经营方案。在对人工智能在景区规划管理中的应用现状与发展方向进行初步分析的基础上，探索规划决策的新规则与新模型，以构建更为完善的景区智慧管理体系。

综上，景区智慧化管理是信息高度集中且对现代信息技术依赖较高的管理系统。目前，我国学者对景区智慧化管理的技术支撑研究较为广泛，但研究方向各有侧重，研究多偏向某一现代信息技术在景区智慧管理中的实际应用，或是探讨现代信息技术对景区智慧化管理的作用。对于明确景区智慧化管理的技术支撑、依托现代信息技术的景区智慧管理模式的构建以及区分景区智慧化管理与景区传统管理的依据等方面需要进一步深入研究。

总体来看，我国景区智慧化建设紧跟时代发展，但景区智慧化管理理论研究明显滞后于实践。景区智慧化管理研究在我国仍处于起步阶段，难以为景区智慧化管理建设提供强大的理论支撑。因此，需要对景区智慧化管理进一步深入探索，建立完善的理论体系框架，为景区智慧化管理建设探寻更好的发展方向，实现景区可持续发展。

第三节　景区智慧化管理的目标与内容

一、景区智慧化管理的目标

（一）实现智慧管理

建立景区综合管理平台，通过信息化系统实现售票管理、验票管理、自助售验票管理、会员年卡管理、工作人员出入考勤管理、商品纪念品售卖管理、景区设施计时租赁管理、财务管理等。系统提供的强大数据统计分析功能和远程报表、手机报表功能，使管理者能够直观、及时地掌握运营数据，实现科学决策和科学管理。

（二）实现智慧运营

建立景区官网服务展示平台、微信官网服务展示平台，让游客出发前就可以和景区进行沟通交流。便捷的网上购票支付流程让游客摆脱了窗口排队购票的烦恼，游客网上购票后可通过手机二维码或身份证直接验票进入景区，线上到线下（O2O）的服务模式可以让游客在整个旅游过程中都能感受到智慧服务。

（三）实现智慧营销

建立景区企业对企业（B2B）分销管理平台，通过信息化系统管理自身渠道和对接第三方分销渠道，用系统报表对账和网上支付结算的方式取代传统的手工对账结算方式。建立景区官网企业对消费者（B2C）电子商务平台、景区微信官网B2C电子商务平台，充分利用新媒体传播特性吸引游客主动参与景区的传播和营销，并通过积累游客数据和旅游产品消费数据，逐步形成自媒体营销平台。

二、景区智慧化管理的内容

（一）票务管理

智慧票务系统为景区提供了售检票一体化解决方案，有效杜绝了逃票、买卖黄牛票等行为。通过智慧票务系统，游客不只可以从景区公众号、小程序、短视频平台等渠道购票，还可以从景区线下窗口或线下扫码购票。购票以后，游客无需取票和换票，直接抵达景区就可以核验入园，支持闸机、手持验票机、人脸核验设备等方式核验门票。

（二）停车管理

停车管理是指对景区游客的停车行为进行智慧管理，建立智能停车场，无人值守，游客自主停车缴费。

（三）资源管理

景观资源管理是利用现代信息技术对景区的建筑、水文、生物、自然景观等旅游资源进行登记、监管、维护；商业经营资源管理是对景区的入驻商户、商品经营、交通运输车辆等进行管理。

（四）行政管理

行政管理是对景区的人事、行政、财务工作，景区合作项目，供应商和客户关系等进行智慧管理，并建立事务协同办公系统，利用数据分析辅助决策制定。

（五）舆情监管

舆情监管是对客户反馈信息以及社交媒体上的景区相关资讯做出监管，捕捉负面词汇，如有舆情发生及时干预处理，消除游客不满，维护景区口碑与品牌形象。

（六）大数据管理

智慧化景区系统可以打通各系统数据接口，形成数据融通，再通过数据筛选、清洗，集成景区大数据。以客观数据为基础，为景区经营管理活动及营销策略的制定提供有力支撑。

（七）营销管理

对景区营销的各个环节进行监管，收集并分析营销数据，可视化地呈现分析结果，方便景区制定针对性的营销策略。

智慧化景区管理从多角度入手提高景区管理效率，使各系统集于统一大平台，信息传递更加迅速，有利于景区一体化智慧运行，并实现降本增效，提升竞争力。

第三章　信息化背景下旅游景区智慧管理的技术基础

本章为信息化背景下旅游景区智慧管理的技术基础，分别从互联网技术、物联网技术、云计算技术、虚拟现实技术、GIS 和基于位置的服务、人工智能技术六个方面展开论述。

第一节　互联网技术

互联网是 20 世纪最伟大的发明之一，它已成为信息化的平台、工具以及重要组成部分，也是旅游信息化、智慧旅游的重要技术基础。

一、互联网技术概述

互联网又被称为国际网路，人们常说的因特网就是全球规模最大的互联网，其各个节点之间通过一组国际通用的协议相互连接，从逻辑上形成单一且巨大的国际网络。这个全球网络始于美国国防部高级研究计划署于 1968 年建立的阿帕网，它由大大小小不同拓扑结构的网络，通过成千上万个路由器及各种通信线路连接而成。

互联网技术是指在计算机技术的基础上开发建立的以计算机硬件、软件创新作为支撑，通过数据存储、传输和处理，实现计算机互联和资源共享、对人类交往方式、思维逻辑产生影响的信息技术。①

互联网技术有三层含义，分别指硬件、软件和应用。

① 上海市互联网经济咨询中心．互联网经济 [M]. 上海：上海远东出版社，2014.

第一层为硬件，主要包括对数据进行传输、处理及存储的主机和网络通信设备。

第二层是指软件，包括可用来搜集、存储、检索、分析、应用、评估信息的各种软件，它既包括我们通常所指的企业资源计划（ERP）、客户关系管理（CRM）、供应链管理（SCM）等商用管理软件，也包括用来加强流程管理的工作流（WF）管理软件、辅助分析的数据仓库和数据挖掘（DW/DM）软件等。

第三层是指应用，指搜集、存储、检索、分析、应用、评估使用各种信息，包括应用 ERP、CRM、SCM 等软件直接辅助决策，也包括利用其他决策分析模型或借助 DW/DM 等技术手段来进一步提高分析的质量，辅助决策者做决策（只是辅助而不是替代人决策）。

二、基于互联网技术的旅游信息化管理

随着互联网技术和移动应用在旅游领域的发展，游客的出行越来越便捷。在出行前和旅游行程中，游客都可以通过以智能手机为代表的移动终端或个人计算机完成交通票务、酒店住宿、餐饮娱乐项目及景区门票的预订、支付等工作，进行旅游信息咨询、旅游线路规划、应急求助、投诉、分享等，获得更好的旅游体验。

随着时代的发展和科技的进步，现如今已经进入信息化时代，在信息化的背景下，景区在智能化管理的过程中利用互联网技术，将现代移动通信技术和二维码编码技术应用到传统的票务领域，实现二维码电子门票的应用。通过生成包含景点名称、日期、场次、座位号及票价等信息的二维码，这些信息被公示在各种媒介上。消费者在手机上完成结算后，可以通过网络下载或以彩信等方式直接将电子票凭据发送到手机上。游客只需使用手机上的电子票进行验票，即可进入景区。这种电子票具有环保、便捷、方便携带和高防伪性的特点。此外，旅游企业也无需承担纸质票据的打印和配送成本。

智能导游是通过移动设备自动感知游客所在位置，并实时提供相关景点的信息以及个性化服务，从而让游客享受到自主和专业化的导游服务。在信息化的背景下，景区智慧化管理采用互联网技术，当游客进入景点区域时，智能导游便能通过特定技术自动感知游客的当前位置，并将该景点的各种文字描述、图片、视

频、音频以及附近区域的相关服务信息自动推送到手机终端，游客可以随时查看这些信息。这样一来，整个旅游过程变得更加轻松愉快，从而提升了旅游体验的整体质量。当前，如成都武侯祠、杜甫草堂等景点已推出了具有智能导游功能的App，游客只需在移动终端下载安装景区 App，即可在景区移动热点（Wi-Fi）覆盖范围内使用智能导游功能。

第二节　物联网技术

从技术的角度来说，互联网实现了人与人之间便捷的联系与对话，而物联网是互联网的延伸和发展，它通过 RFID、红外线感应器、全球定位系统等，按照约定的协议把物品与互联网联结起来，实现人与物、物与物之间的“对话”。

一、物联网技术的概念与特征

（一）物联网技术的概念

物联网可以被理解为物品之间相互连接的互联网。它具有两层核心含义：第一，物联网的基础和核心仍然是互联网，它通过扩展和延伸计算机网络而形成；第二，物联网的用户端设备可以延伸并连接到各种物品之间，从而进行数据交换和通信，实现许多全新的系统功能。

物联网技术是通过特定协议，利用 RFID、红外感应器、全球定位系统、激光扫描器等信息传感技术或设备，将各种物品以有线和无线的方式与互联网连接，进行通信和信息互换，以实现智能化识别、定位、追踪、监控和管理的一种网络技术。

物联网技术是信息技术领域的重要组成部分，它利用各种信息采集设备与互联网构建了一个庞大的网络，实现了各种物品的智能化管理。物联网也称为传感网，其核心是通过射频识别、红外感应、全球定位系统、激光扫描等技术进行信息交换和通信。物联网的出现融合了计算机、通信、网络、智能计算、传感器、嵌入式系统和微电子等多个学科，推动了信息产业的创新发展。大量的传感器组成自治的网络，可以动态感知物理世界的变化。物联网时代的未来将更加智能化，如当驾驶人出现操作失误时汽车会自动报警，公文包会“提醒”主人忘带了什么东西，衣服会“告诉”洗衣机对颜色和水温的要求等等。

物联网是互联网通过无线连接接入成千上万物品的巨大网络，通过 RFID 和智能计算等技术实现全世界设备互连。世界上所有物体都可以通过因特网主动进行交换。2008 年，国际商业机器公司提出“互联网 + 物联网 = 智慧地球”的概念，其将传感器设备安装到电网、铁路、桥梁、隧道、供水系统、大坝、油气管道等各种物体中，并形成一个普遍连接的网络，即所谓的物联网。

虽然我国的物联网技术相较于国外起步较晚，且在核心技术掌握上稍逊于发达国家，但中国科学院自 1999 年开始便已着手研究传感网技术，并取得了一系列科研成果。自 2009 年起，国内出现了集中研究物联网技术的热潮；2010 年，物联网被写入政府工作报告，其发展提升至战略高度；在“十二五”期间，我国在物联网技术发展政策环境、技术研发、标准研制、产业培育以及行业应用方面取得了显著成绩，物联网技术应用推广进入实质阶段，示范效应明显；“十三五”规划纲要明确提出发展物联网开环应用，致力于加强通用协议和标准的研究，推动物联网技术在不同行业、不同领域应用间的互联互通、资源共享和应用协同。随着我国 5G 时代的到来，窄带物联网在全球范围内引领发展，其主导权不断提高。在“十四五”开局之年，得益于国家政策的大力支持以及技术的逐渐成熟，物联网产业的发展动力愈发强劲，发展势头日益向好。目前，物联网技术的建设和发展已进入产业系统平台开发和产业应用创新阶段，各领域也正积极研究开发、探索试验，抢占物联网技术建设和数字经济发展高地。未来在“互联网 +”等战略带动下，物联网产业将呈现蓬勃生机。

（二）物联网技术的特征

物联网技术进一步实现了人与物体的交流互通和物体与物体相互间的信息共享传递等，从而创造出一批自动化程度更高、反应更灵敏、功能更强大、更适应各种内外环境、耐受性更强、对各产业领域拉动力更大的应用系统。物联网技术的基本特征包含三个方面。

1. 全面感知

物联网技术是各种感知技术的综合，即利用RFID、传感器、二维码以及未来可能的其他类型传感器，及时采集物体的动态信息，其接入对象更为广泛，获取信息更加丰富。

物联网中部署了多种不同类型的传感器，每个传感器都作为一个独立的信息源，能够捕获不同类型和格式的信息。这些传感器按照一定的规律和频率进行环境信息的采集，并不断刷新数据，确保所获取的数据具有实时性。在物联网中，获取和处理的信息不仅包括人类社会的相关信息，而且还涵盖了大量有关物理世界的信息，包括长度、压力、温度、湿度、体积、重量以及密度等方面的数据。

2. 可靠传递

物联网是互联网的一种扩展和延伸，利用各种有线和无线网络与互联网进行融合，实现物体的信息实时、准确、无误传输。要保障数据的正确性和及时性，就必须适应各种不同的网络协议和结构。未来的物联网不仅需要完善的基础设施，更需要随时随地的网络覆盖和接入性，信息共享、互动以及远程操作都要达到较高的水平，同时信息的安全机制和权限管理也需要更高层次的监管和技术保障。

3. 智能处理

物联网可以通过云计算、模糊识别等智能计算技术，对大量数据和信息进行深度分析和处理，实现物体间的智能互联和沟通。这种智能互联不仅可以提升人类的工作效率，优化工作流程，而且还可以通过云计算和科学模型的运用，采用数据挖掘等技术，实现数据的全面整合和深入分析，为解决问题提供更为系统、新颖和全面的视角和方法。

二、物联网的技术体系

物联网技术的具体应用要实现全面感知、可靠传输、智能处理、自动控制四个方面的要求，涉及较多的技术，技术体系比较复杂。从功能上讲，可以将物联网主要技术划分成三个层次，如表3-2-1所示。

表 3-2-1　物联网的技术体系

层次	技术	具体技术
感知层	感知与识别技术	RFID、传感器
网络层	通信与网络技术	短距离无线通信
应用层	信息处理与服务技术	云储存、云服务

（一）感知层——感知与识别技术

物联网的感知层是发展和应用其功能的基础，也是实现全面感知的核心机制。我们可以利用各种感知与识别技术来感知和识别物体，这些技术包括但不限于 RFID 技术、GPS 定位技术、红外感应技术、声音及视觉识别技术以及生物特征识别技术等。通过识别装置与被识别物品之间的互动，我们可以自动获取相关的物品信息，然后提供给后台的计算机处理系统以完成后续的处理过程。以下是 RFID 技术和传感器技术的运作机制。

1.RFID 技术

射频识别是一种非接触式的自动识别技术，它运用射频信号进行无接触的双向通信，通过利用信号的空间耦合和传输特性实现对静止或移动目标物体的自动识别以及数据交换。RFID 由标签、读写器、天线三个基本部分组成，如图 3-2-1 所示。

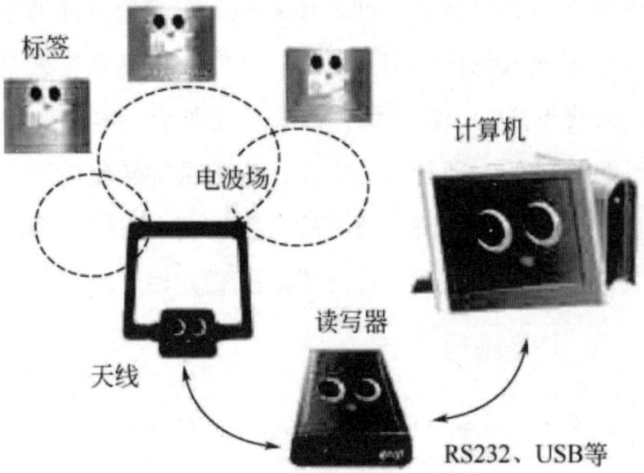

图 3-2-1　RFID 的组成示意图

RFID 系统数据存储在射频标签中，其能量供应及与读写器之间的数据交换不是通过电流而是通过磁场或电磁场进行的。标签由相互连接的组件和芯片构成，每个标签都拥有独特的电子编码。这些标签会被粘贴或附着在特定的产品或物品上，用于明确标识目标对象。

读写器由耦合模块、收发模块、控制模块和接口模块单元组成，用来读取（有时还可以写入）标签中的数据信息，通常为手持式或固定式设备。

在一套完整的 RFID 系统中，天线在标签和读写器间传递射频信号。当标签进入磁场后，天线接收读写器发出的射频信号，通过感应电流生成的能量将芯片中存储的产品信息发送出去，这些信息由被动标签（无源标签）或主动标签（有源标签）发送。读写器读取并解码这些信息，然后将它们送到中央信息系统进行数据处理。

RFID 具有识读距离远、识读速度快、不受环境限制、可读性好、能同时识读多个物品等优点。日常生活中普遍存在的 RFID 相关应用有公交月票卡、电子交通无人收费系统、各类银行卡、物流与供应链管理、农牧渔产品溯源、工业生产控制等。

2. 传感器技术

传感器技术是一种横跨多个学科的高新技术，包括物理学、化学、生物学、材料科学、电子学、通信与网络技术等。传感器是用来探测和感知外界各种物理量、化学量和生物量等自然参量的物理装置。目前，传感器技术正与无线网络技术深度融合，通过结合传感器技术、纳米技术、分布式信息处理技术和无线通信技术等实现微型传感器嵌入物体并相互协作。这些传感器负责采集和监测区域的信息并实时监测，最终形成一个集感知、传输、处理于一体的终端末梢网络。

传感器将物理世界中的物理量、化学量、生物量等转化成能够处理的数字信号，一般需要将自然感知的模拟信号通过放大器放大，由模 / 数转换器转换成数字信号，从而被物联网识别和处理。传感器由敏感元件、转换元件和其他转换电源构成，如图 3-2-2 所示。

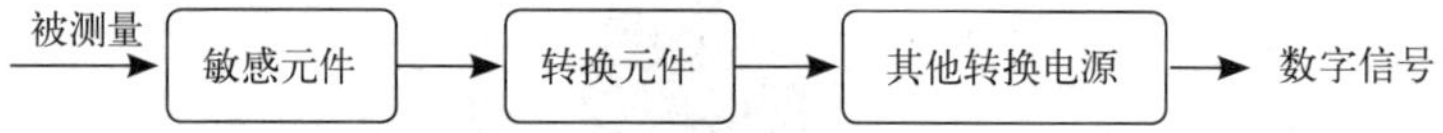

图 3-2-2　传感器的组成示意图

敏感元件是指传感器中能直接感受（或响应）的被测量部分；转换元件指传感器中能将敏感元件感受（或响应）的被测量转换成电信号的部分；其他转换电路将转换元件输出的电信号进一步放大，经过整形、滤波、模／数转换等变换后，成为可识别的数字信号。

目前，传感器在被检测量类型、精度、稳定性、可靠性、低成本和低耗能方面还没有达到规模应用水平，是物联网产业发展的瓶颈之一。

（二）网络层——通信与网络技术

网络层是物联网信息传递和服务支持的基础，物联网需要综合各种有线及无线通信技术、组网技术实现物与物的连接。物联网中的网络形式多种多样，包括有线网络和无线网络、短距离网络和长距离网络、企业专用网络和公共网络、局域网和互联网等。

物联网被认为是互联网的最后一公里，也称为末梢网络，其通信距离通常在几厘米到几百米之间。主要的通信技术包括 Wi-Fi、蓝牙、RFID、近距离无线通讯（NFC）和无线载波通信（UWB）等技术。这些技术各具特点，可以根据实际应用需求进行选择。例如，在物流领域，RFID 技术因其低成本而占据核心地位；在高清摄像的安防应用中，利用 Wi-Fi 直接连接到互联网可能是唯一的选择。

许多物联网应用如较为分散的野外监测站、市政管道的分散监测站点、农业大棚的监测信息汇聚点、无线网关以及移动监测物体（如汽车），都需要远距离无线通信技术的支持。一些常用的远距离通信技术主要包括 4G/5G 移动通信、卫星通信等技术。

虽然长距离无线通信的能耗通常高于短距离无线通信，但是其移动性和远距离通信的特性使得物联网拥有更大的监测空间，也展现出更多具有吸引力的应用特点。

（三）应用层——信息处理与服务技术

应用层的主要职责是利用所收集的感知数据信息进行智能化的决策和控制，以便实现高效的管理和服务。物联网的核心理念在于对大量信息的感知和高效计算处理，这是推动物联网应用发展的关键因素，也是其最终价值的体现。

信息处理与服务技术主要用于处理与感知数据相关的任务，包括储存数据、检索信息和使用数据。此外，这些技术还致力于防范数据滥用的问题。

物联网的核心在于智能处理信息。除了收集物体的信息，物联网还需要利用这些信息来管理物体。因此，信息处理技术是提供服务与应用的重要组成部分，需要研究关键技术，包括数据融合、高效存储、语义集成、并行处理、知识发现和数据挖掘等。此外，还需要攻克物联网和云计算中的虚拟化、网格计算、服务化和智能化技术。

三、基于物联网技术的智慧景区管理

目前，全国各地的旅游景区都在进行着数字化的探索。数字景区指的是景区管理者运用信息技术和现代管理科学理论，建立一个能对景区生态环境、社会和经济进行综合协调的信息化管理平台。数字景区是我国旅游业发展最快的方式之一，如九寨沟管理局在几年前就已经实现了旅游管理的数字化，并在此基础上建立了一套包括门票系统、在线营销系统、视频监控系统等在内的多个数字景区管理系统，极大地提升了景区的服务质量。为了满足全球旅游业可持续发展的客观需求，我们需要进一步挖掘数字景区建设资源，研究如何基于时空变化特征进行游客分流导航。

物联网突破了人们的思维定式。随着数字地球到智慧地球的转变，智慧景区也随之产生。智慧景区指的是以全面数字化为基础，以可视化智能管理和运营为手段，建立起智能化管理平台与决策支撑平台。利用物联网技术可以将数字景区建设成果与物联网技术相结合，从而达到信息共享的目的，并以此为切入点，通过对游客数量、人流方向等基本数据的收集与监测以及景区游客饱和度等信息的实时推送，达到各个管理部门之间的信息互通，从而为智慧景区建设提供一种全新的思路。

在物联网技术的基础上，智慧景区建设的核心需求是：遵循“统一规划、统一管理、分步实施”的原则，在服务导向架构的基础上，最大限度地实现信息的共享，并提供以游客满意度为目标的优质服务。主要需求有，第一，开发一个以服务为导向的系统架构，实现一个统一的整合用户界面，整合从门票数据到景区实时游客信息，再到游客时空分流规则等所有的服务。第二，建设风景名胜区数据中心，对分散存储的数据进行统一登记和管理。第三，建设以数据共享与交换为中心的管理与服务平台，实现空间数据、业务数据、应用等方面的数据共享。第四，以标准化为基础，以开放性的标准与技术为支撑，保障各系统之间的整合。第五，对该系统进行 IP 化改造，并逐步采用监控摄像头、环境感应器等技术，使其在物联网基础上对智慧景区进行全方位管理。第六，技术方法的可视性得到了进一步提高，由数字地图发展为可测量的真实图像。第七，管理的时效性更强，更精细和更智能化，真正做到了准时。第八，市场推广由原来的“票务”转变为“一体化”，同时建立了一个支持不同语言的网络平台。

随着国家大力推进工业化和信息化的深度融合，物联网已经成为产业实现信息化的重要突破口。物联网技术的运用使人与人、人与机器、机器与机器相互连接起来。只有把需要进行远距离交互的各种设备、物件全部接入网络，才能实现资源共享。但也存在着针对智能感知与智能控制网络的智能安全问题。

在信息化的背景下，本书设计了基于物联网技术的智慧景区架构。智慧景区设备层作为智慧景区的感知前端，通过各类传感器节点、射频标签、监控探头等设备，负责采集景区内各类环境参数信息。智慧景区的基础网络支撑层由无线传感网、网格计算网和云计算网络等多项泛在融合的网络通信技术构成，为整个智慧景区提供了坚实的网络通信保障。智慧景区的基础设施网络层指的是遍布景区的无线局域网和 5G 等移动通信网络。智慧景区的应用层包括景区内移动执法、地表监测、应急调度以及远程监控等多项应用。

物联网技术能够将各种传感器与现有的网络进行无缝衔接，并利用射频传感器、位置传感器、能耗传感器、速度传感器、热敏传感器、湿敏传感器、气敏传感器、生物传感器等设备来实现对数据的智能化识别和管理。在此基础上，进一步扩展智慧景区的信息化体系，使其能够在景区内部人与人、人与物、物与物之间，按需获取、传递和存储信息。当各种传感器嵌入到景区设施中时，这些设施就能够通过自组织的方式实现对环境的感知和自动控制，从而实时获取有关景区居民、游客、工作人员、基础设施和服务设施以及自然灾害等各种信息，最终实现景区智能化管理。

数据中心可以注册来自各类传感器和数据的数据服务，这些数据服务可以基于产生的功能性应用开发成功能服务，并采用面向服务的模型来提供服务。将数据与信息的处理能力分别封装为数据与功能的服务，然后在注册表中登记，以便其他用户可以访问。功能服务可以是一个简单的、独立的、较复杂的、较高层次的、包含了许多功能服务以及数据服务的集合体。服务管理者负责对注册中心所登记的服务及其访问权限进行管理与控制。在智慧景区中，所有的服务都是由注册中心来管理的，使用者只需要登记即可存取在他们的权限范围之内的数据与功能。

应用程序开发人员是服务的调用方，他们按照自己的业务系统需要从注册库和目录服务系统中获取所需要的服务。用户通过在服务目录中所提供的信息对所提供的服务进行评价，以确定其与自己的需要是否相匹配。当需要得到满足时，就可以利用注册表和目录服务系统所提供的存取方法来存取和调用，最后完成业务系统的应用开发。

在物联网技术的支持下，智慧景区的电子显示屏、游客携带的有 RFID 的门票、IP 摄像头以及管理者所佩戴的 5G 智能终端等设备都发挥着重要的作用。以游客随身携带的射频识别感应器为实例，在旅游高峰时段，可以为游客提供智能分流服务。

在数字地球向智慧地球转型的过程中，基于物联网技术的智慧景区应运而生，这是对数字景区的进一步发展和提升。实现可持续发展战略目标的客观要求和旅游业发展的需求，都促使智慧景区管理得以实现。本节旨在设计和实现基于物联网技术和面向服务架构的景区智能化管理，并探讨以服务游客为中心的管理模式。利用物联网传感器收集游客的信息，并将其传输到数据中心，再利用网络向景区的电子屏幕上发布指引信息，可以实现对景区旅游服务相关资源的最优配置。

第三节　云计算技术

一、云计算技术概述

从 20 世纪 60 年代开始，因特网逐步发展起来，那时因特网主要用于军队、大公司等机构间的纯文本电邮和新闻集合。从 20 世纪 90 年代起，因特网走进了千家万户，而在此之后，因特网和电子商务的兴起，更使得因特网变成了人们生活中不可缺少的一部分。云计算这个概念最早是在2006年8月的一次搜索引擎大会中被提出来的，这也是互联网历史上的第三次巨变。云计算也正在逐步成为信息技术行业的重要战略方向，全世界的信息技术公司都在争先恐后地将自己的业务转移到云计算上。每一家公司都要进行数据信息化，通过存储相关运营数据进行产品管理、人员管理、财务管理等，而计算机就是这些数据管理的基础设备。对一个公司而言，单个电脑的处理能力远不能满足公司对数据处理的要求，所以公司必须购买具有较高处理能力的电脑（也就是服务器）。如果是大型企业，单台服务器的计算能力还是不够的，这就需要购买多台服务器或者是搭建一个由多台服务器构成的数据中心，而服务器的数量将会对数据中心的业务处理能力产生直接的影响。除了前期高昂的造价，电脑运行的电费、电脑和网络的维护费也中小企业难以承受的，所以才有了云计算这个概念。

云计算服务主要可以划分为三种类型，即基础设施即服务、平台即服务以及软件即服务，这三种服务也被称作云计算堆栈。基础设施即服务是为个人或者机构提供虚拟机、存储、网络以及操作系统等计算资源的一种主流服务类型。平台即服务是一个让开发者能够在世界范围内的因特网上建立应用和服务的平台。软件即服务是一种通过因特网提供软件应用的服务模式，它可以承载并管理软件，让它的用户可以在世界范围内的因特网上与之相连，也可以在因特网上使用。

要使计算机云计算成为可能，就需要创建与之相适应的环境和条件。首先，该系统需要具有一定的智能性与自主性，在此基础上引入自动控制技术，降低人为干预，达到对平台的智能化反应要求。其次，为了适应不断变化的需求和信号，云系统必须具有一定的灵活性，这就需要云计算体系结构能够满足灵活性的要求。最后，云计算在服务水平、业务规模、业务规模等方面都在发生着巨大的改变，而嵌入式集群与虚拟化技术正是解决这一问题的有效途径。

云计算平台的体系结构由用户界面、服务目录、管理系统、部署工具、监控和服务器集群组成，用户界面主要用于云用户传递信息，是双方互动的界面；服务目录是提供用户选择的列表；管理系统指的是主要对应用价值较高的资源进行管理；部署工具能够根据用户请求对资源进行有效的部署与匹配；监控主要对云系统上的资源进行管理与控制并制定措施；服务器集群包括虚拟服务器与物理服务器，隶属管理系统。

云计算是建立在先进的互联网技术基础之上的，其实现形式众多，主要通过以下形式完成：第一，软件即服务。通常用户发出服务需求，云系统通过浏览器向用户提供资源和程序。值得一提的是，利用浏览器应用传递服务信息不花费任何费用，供应商亦是如此，只要做好应用程序的维护工作即可。第二，网络服务。开发者能够在应用程序编程接口的基础上不断改进，开发出新的应用产品，大大提高单机程序中的操作性能。第三，平台服务。一般服务于开发环节，协助中间商对程序进行升级与研发，同时完善用户下载功能，用户可通过互联网下载，具有快捷、高效的特点。第四，互联网整合。当互联网发出指令时，云系统会根据终端用户需求匹配相适应的服务。第五，商业服务平台。构建商业服务平台的目的是给用户和提供商提供一个沟通平台，从而需要管理服务和软件即服务搭配应用。第六，管理服务提供商。此种应用模式常服务于信息技术行业，常见服务内容有扫描邮件病毒、监控应用程序环境等。

随着时代的进步，交易可以在云计算的虚拟环境中进行，交易双方在网络平台上交换信息。然而，网络交易存在严重的安全风险，不法分子可以通过云计算窃取网络用户的信息，有时甚至可以在用户与商家进行交易时窃取双方的信息。当有目的的人在云计算平台上窃取信息后，他们可以使用技术手段破解并分析信息，以便获取用户的更多隐私信息。

云计算环境具有虚拟性，用户在网络操作时需要确保双方信息安全，这是因为云计算中存储的信息众多且环境复杂，数据存在被滥用的风险。这种风险会影响用户信息安全，甚至导致不法分子利用被盗信息欺骗用户的亲人或进行非法交易，使云计算用户的经济安全受到威胁。

在云计算环境中，黑客攻击是一种常见的安全威胁。这种攻击指的是黑客利用不合法的手段进入云计算安全系统，对其造成一定的破坏。一旦黑客成功侵入云计算环境，可能会篡改操作，增加不可预测性，并造成严重的损失。相对于病毒感染，黑客攻击对云计算的危害更大。此外，黑客的攻击速度通常超过了安全评估和安全系统的更新速度，一旦黑客侵入电脑，可能会给云计算带来巨大的损失。目前的技术还无法有效预防黑客攻击，这也是云计算安全性面临的主要问题之一。

当云计算出现异常时，会有病毒滋生，这些病毒会致使云计算及计算机无法正常运行，并且它们可以自我复制并通过各种方式传播，最终导致计算机死机。由于互联网的传播速度极快，一旦云计算或计算机被病毒侵入，这些病毒会迅速传播并产生很大的攻击力。

现如今的互联网服务中，简单的云计算技术已经广泛运用于网络搜索引擎和网络邮箱等常见服务。例如，谷歌和百度搜索引擎可以随时随地通过移动终端获取所需的资源，实现云端数据共享。云计算和网络技术的发展也推动了电子邮件系统的进步，现在只要在网络环境下，就能实现实时发送邮件，方便快捷。云计算技术已经深入到现代社会的日常生活中。

云计算的应用主要包括以下多个层面。首先，云存储是一种在云计算技术基础上发展起来的新型存储技术。云存储以数据存储和管理为核心，用户能将本地资源上传至云端，不管在任何地方只需接入互联网就能获取云端资源。全球知名的网络公司如谷歌和微软均提供云存储服务，百度云和微云则是我国市场占有率最大的云存储服务商。云存储提供了各种服务，如存储容器、备份、归档以及记录管理等，方便了用户对资源的管理。

其次，医疗云结合了云计算、移动技术、多媒体、4G 通信、大数据以及物联网等新技术，并与医疗技术结合，构建医疗健康服务云平台，实现医疗资源的共享和医疗范围的扩大。医疗云运用云计算技术提高医疗机构的效率，方便居民就医。例如，预约挂号、电子病历和医保等都是云计算与医疗领域的结合产物。医疗云还具有数据安全、信息共享、动态扩展以及布局全国的优势。

再次，金融云采用云计算模式，将信息、财务、服务等多个业务环节通过由众多分支机构组成的“云”实现对银行、保险、基金等金融机构的信息处理与运营，进而实现网络资源的共享。如今，只要用一部移动电话，就可以在银行存钱、买保险、买基金。目前，阿里巴巴、苏宁金融、腾讯等公司都已经发布了自己的金融云计算业务。

最后，从本质来看，教育云计算是一种教育信息化。教育云可以将需要的教育硬件资源虚拟化，并传输到网络上，为学校和教师提供一个便捷、快速的平台。现在很受欢迎的慕课就是其中一个应用。

目前，云计算是由厂商提供的，厂商必须根据使用者的需求状况设置适当的接入权限，这样才能保证资讯的安全性。在一个开放性的网络环境下，提供商不但要对网络的接入进行设定，还要对网络资源进行最优的共享与利用。此外，还要加强对数据的加密，从厂商到使用者都要加强对数据的保护和对网络的安全建设，只有这样才能更好地保护使用者。为此，云计算技术发展需要关注安全技术系统，合理设置访问权限，加强对数据的保护。首先，由于云计算资源分散分布于不同的云系统，所以应保障其数据的完整性，提升其使用价值。其次，要大力推进存储技术创新，尤其是在大数据环境下，要大力推进云计算的发展，更要注重存储技术创新的建设。最后，要对计算机网络云技术的发展环境进行优化，通过技术创新和理念创新，使其更好地与新的发展环境相适应，提升其应用价值。

云计算是一种新兴的、以互联网为代表的、以信息为核心的、以数据为中心的、以网络为核心的信息技术。为更好地规范市场发展，加强对供应商、用户等行为的规范与管理，有必要建立健全的法律制度，从而推动计算机网络云计算技术的健康发展。除此之外，使用者还需要加强自己的安全保护意识，在获得信息资源时要遵守相关的法律和法规，并且要对其进行规范的操作，这样才能避免由于信息安全问题而导致的重大经济损失。因此，在新的时代背景下，云计算技术的发展只有立足于现实，从法律和制度层面上不断健全，才能为云计算技术的发展创造有利的条件。

云计算平台的安全问题涵盖了两个主要方面。第一个方面，数据的保密性和安全性。这是因为云计算平台，尤其是公共云计算平台的开放性特征，使得各种应用被整合在一个平台上，这就引发了对于数据泄露和数据完整性的担忧，需要通过软件和应用规划来解决。第二个方面，数据平台上的软硬件安全性。无论是软件错误还是硬件崩溃导致应用数据丢失都会降低云计算平台的效率。因此，需要采用可靠的系统监控和灾难恢复机制以确保软硬件系统的安全运行。

对于一些组织或企业而言，管理云支出已经超越了安全问题，成为云计算的首要挑战。如今，组织或企业越来越关注云计算支出，部分原因是组织或企业对云计算资源的采用越来越多。为避免超支，组织或企业必须认识到优化云计算支出是一个涉及人员、流程和技术的持续过程。治理和管理云计算支出是周期性的，这是一个连续的过程，需要四个步骤来协调，即规划、跟踪、优化、减少。

作为规划过程的一部分，检查组织企业目标并确定如何使用云计算资源来满足和支持它们是十分必要的。如果组织或企业不熟悉云计算，或者处在将工作负载从内部部署迁移到云计算的早期阶段，应对其当前的环境进行评估，此评估将帮助组织或企业确定哪些应用程序最适合云计算。此外，通过评估这种性质，组织或企业会发现许多资源可以减少或摒弃，从而在将任何业务移动到云计算之前节省成本。了解云计算计划也可以清理和摒弃以前采购和未使用的资源。如果资源没有得到充分利用，那么，在采取任何行动之前，需要将这些资源进行优化，而将问题转移到云端并不会使这些问题消失。如果评估云计算资源可行性较为困难，还让有信誉的第三方参与，通过评估组织或企业当前的资产和迁移到云计算的可行性，指导其云计算。在规划阶段要考虑的另一个步骤是从实施第一天起就应该建立一种责任。在组织或企业采购和提供最佳配置时，为这些云计算资源集确定利益相关方和预算，并确保利益相关方获得有关其预算和支出的信息。组织或企业可以根据需求使用最佳的云计算资源。

企业需要实施跟踪机制来监控云计算的使用情况和支出，尤其是那些刚刚将本地工作负载转移到云端的企业。由于云计算使用“现收现付”模式，因此，企业应始终跟踪云计算使用情况。这些消费水平会随着云计算环境的扩展和缩减而频繁变化，最终对企业的账单产生巨大的影响。在追踪云计算资源使用情况时，要具有主动性。在规划阶段，企业可以通过界定利益相关者和确定预算建立相关规范。当企业要让所有利益相关方知道所需要的预算，并向他们通报在预算上的花费时，跟踪预算支出是很重要的，其中，可以根据支出轨迹和历史趋势估计预期支出。

优化资源和减少成本是携手并进的。在组织或企业拥有人员、流程和技术后，可以有效地优化资源。组织或企业在已经计划好预算，并确定了利益相关者之后，还可以追踪支出，并主动向利益相关方通报其预算位置。利益相关者需要有一个挖掘利用率和配置信息的过程，以确定支出何时超出预算。根据利用率信息主动采取措施，如关闭孤立的资源（未使用的测试／开发环境）或根据性能要求更改为更加优化的配置。

计划、跟踪、减少和优化是组织或企业需要具备的关键项目，以更好地治理和管理多云环境的预算和支出。虽然云计算在国内得到了广泛宣传并出现了一些典型的用户和案例，但企业和用户对云计算仍然缺乏深入的了解和认识，特别是对云计算在具体业务和应用方面可能带来的变革和收益尚不清晰。在这种情况下，云计算要真正成功应用将面临诸多困难。因此，只有从应用和业务角度进行市场推广和用户教育，才能使云计算更具有可操作性，而非仅限于理论和概念。

云计算服务提供商的管理规范程度、合同履行情况、安全界面划分以及连续服务能力直接影响到企业用户应用和数据的安全。如果云计算服务提供商对用户的登记核查不严谨，就可能会给恶意用户可乘之机，威胁企业用户数据安全。此外，若云计算服务提供商内部人员，特别是高级管理人员出现问题，将给企业数据安全带来巨大风险。云计算服务提供商在对外服务的同时，也可能间接接受其他云计算服务提供商的服务，这样企业和个人用户所接受的服务可能涉及多个云计算服务提供商，无疑增加了安全风险，对企业数据安全构成潜在威胁。虽然正常情况下云计算服务提供商能够持续运营，但企业和用户仍需要保持警惕，避免损失。

在信息安全保障系统的构建过程中，法律环境的构建是至关重要的。云计算的虚拟特性和国际性特征引发了许多法律问题。由于云计算应用不受地域限制，信息流动大，因此信息服务和用户数据可能遍布全球。各地政府在信息安全监督等方面的法律可能存在差异，同时不同国家的司法体系也有所不同，这些因素都可能增加信息流动的法律风险。

管理多云环境时，面临比较大的挑战是其治理和合规性。每个云平台都配备了自己独特的管理和报告工具集，它们都能够收集大量的日志数据。这就要求组织或企业仔细检查信息以确定正确的行动方案。尽管自动化可以提供某种程度的帮助，但组织或企业还必须完全了解其自身的工作量和要求，以衡量并根据适当的指标采取行动。

近年来，我国云计算企业急速增加，在全球市场上占比逐渐扩大。随着云计算的持续成熟，云计算在产业界的虹吸效应开始显现，并对软件架构、融合新技术、算力服务、管理模式、安全体系、数字化转型等带来了深刻变革。

二、云计算技术的概念与特征

（一）云计算技术的概念

“云”是提供资源的网络。“云”是网络和互联网的一种形象说法，它通常是由大型服务器集群构成，包括计算服务器、存储服务器和宽带资源等。通常用“云端”来代表电信网，后来也被用来形象地表示互联网和底层基础设施的抽象概念。

“云”是一种信息技术基础设施的交付与使用模式，通过网络以按需、易扩展的方式，像获取水电一样获取所需的硬件、平台、软件资源。“云”中的资源在使用者眼中是可以无限制扩展的，使用者可以随时获取、按需使用、随时扩展并且按照使用情况进行付费。

广义的“云”概念是基于信息技术基础设施的，对平台、应用软件和服务交付及使用模式进行拓展。通过网络，以按需、易扩展的方式获取所需服务，这些服务既可以包括信息技术软件，也可以是其他类型的服务。这种服务模式意味着计算能力可以作为一种商品通过网络进行流通。

云计算是一种基于互联网的增加、使用和交付相关服务的计算模式，它由一个动态扩展的虚拟化共享资源池组成，该资源池提供网络、服务器、存储、应用软件、服务等多种硬件和软件资源，具有自我管理能力，用户只需少量参与就可以从连接的设备和位置来方便、快捷地按需获取资源。

云计算中的“云”是网络和互联网的一种比喻说法，在云计算中，可能有数量众多的电脑和服务器连接成为一片“电脑云”，而云计算提供的运算能力可能达到万亿次的速度，能够实现按需求提供运算。之所以称为“云”，是因为它具有现实中“云”的特性：“云”的大小通常较大；“云”的规模可以动态伸缩，它的边缘较为模糊；“云”在空中飘忽不定，无法也无须确定它的具体位置，但它的确存在于某处。除此之外，亚马逊公司是云计算的始祖之一，他们将网格计算命名为“弹性计算云”，并取得了商业成功。

云计算技术通过集中计算资源并使用专门软件实现自动管理，无须人为干预。用户可以动态申请部分资源来支持各种应用程序的运行，无需担心烦琐的细节。这使得用户可以更加专注于自己的业务，从而提高效率、降低成本并促进技术创新。

云计算的核心概念是资源池，这与2002年提出的网格计算池概念非常相似。这种计算池的规模可以动态扩展，分配给用户的处理能力也可以动态回收并重新配置，能够大大提高资源的利用率，并提升平台的服务质量。

（二）云计算技术的特征

云计算引入了一系列具有相同核心特征的全新商业模式集合，使得云计算在信息技术资源与软件服务交付模式上有了变革。云计算具有如下特征。

1. 按需自动获取服务

消费者能够按其需要自动获取如服务器时间或网络存储一类的计算能力。云平台的信息技术基础设施资源可以理解为一个庞大的信息技术资源池，这些资源与服务可以量化并以按需计费的方式提供，即可以像水、电、煤气那样按量计费，方便用户根据自身需求按需购买。

用户可以根据实际的使用需求，通过网络完成各种信息技术资源的申请、配置和发布，同时，云平台还能够及时进行资源的回收和再分配。这种服务模式极大地方便了云计算服务的提供者，也方便了云计算服务的用户。

2. 泛网络接入

云计算通过标准网络和互联网设备来访问云计算资源，包括移动平台，用户不需要部署复杂的软硬件基础设施和应用软件，直接通过互联网或企业专网访问，即可获得“云”中的各种信息技术资源和服务。

网络服务通常被理解为一种应用编程接口，它可以通过网络接入来执行远程系统操作，是软件提供商向用户交付软件的重要渠道，有助于不同软件接口之间的标准化发展。

3. 位置无关的资源池

计算资源可以根据用户需求，动态分配不同的虚拟资源，用户无须知道计算资源的位置。云平台可以将物理硬件和软件资源以分布式的共享方式部署，通过多租户模式服务多个用户，最终在逻辑上以单一的整体形式呈现给每个最终用户。信息技术资源被集中管理并被多个应用程序或者用户共享是云计算十分显著的特点。

4. 快速可弹性

云计算资源能够迅速组织起来，增加或减少以满足用户需求的变化。由于云计算平台的信息技术基础设施资源支持线性扩容，并且无须复杂的系统配置和数据迁移，因此其技术和存储能力可以动态伸缩，满足应用和用户规模增长的各种需要。

云平台的技术能力能够快速且弹性地实现共赢，根据服务的负荷增减相应的信息技术资源（包括计算、存储、网络和软件资源），使得信息技术资源的规模得以动态伸缩，适配用户与业务量的快速变化。该特点对于业务量具有较大波动的公司十分具有吸引力，如业务量随季节变化或者无规律变动的公司，在业务量急剧上升时使用较大的计算资源，在业务量下降时减少计算资源。

5. 按量计费

云平台可根据资源或服务的类型提供相应的计量方式，并以用户实际的使用量（如资源使用量或服务使用时长）进行服务收费。信息技术资源的使用量可被精确计算，并以此使用量进行计费。该收费模式相较于传统的计费模式，收费更加低廉。

三、基于云计算技术的智慧景区管理

智慧景区利用互联网等空间传感技术，对景区的规划、管理和发展进行信息化精细管理，包括技术设施建立、风险规避、环境整合等。在科技快速发展的时代，各行各业利用网络技术整合信息资源来提高行业规划准确性和可靠性。智慧景区建设是社会现代化发展的必然趋势，也是旅游景区发展的必要途径。通过智慧景区的构建，我国景区服务质量能够不断提高，可以推动景区可持续发展。

推动信息化建设需要预先进行全面规划。首先，各地景区应根据自身实际情况，包括内部环境、地理位置、工作人员、技术设备、服务设施和游客活动等因素，制定详细合理的发展规划。通过互联网整合信息，使相关数据更加透明，以便迅速做出响应。其次，利用互联网将景区信息与政府、社会信息紧密联系在一起，实现更广泛的互联与信息交流。此外，还应提升景区管理的智能化水平，使数据检索更加快捷方便，同时加大问题监管力度。在信息基础设施建设方面，除了传统的有线光缆和电缆，还须增强无线网络覆盖，使游客在景区各处都能方便地接收景区服务信息，满足现代游客对信息传播速度的需求。同时，需要管理和更新网络基础设施，确保无线网络的稳定运行。再次，构建自然资源智慧应用体系，全面涵盖地质信息并建立相应的自然资源风险防御体系，以规避和处理自然灾害风险，如森林火灾等。复次，在景区内部构建全面的业务管理智慧应用体系，包括停车位、门禁、水电等环节，提升景区管理的现代化水平。最后，应建立景区应急系统，针对易发生自然灾害的景区构建地质灾害监管系统；对靠近水库、海边的景区，应构建相应的灾害预警系统。

智慧景区中的云计算技术涉及景区管理的各个方面，包括地质信息和游客浏览信息等，都与大数据紧密相连。景区的时空大数据不仅包含建筑和历史数据，还涉及游客浏览、实时游客统计和游客网络应用等数据，这些数据的云计算处理具备时效性和空间性，有助于景区的精准化管理。

智慧景区云计算涉及多种数据类型，包括空间、属性、静态和动态数据等四大类，涵盖景区的环境监测、网络、自然资源和人口等数据，这些数据有助于对景区进行智慧管理，提高景区的管理效率和品质。

景区云计算数据具有多元性的特点，从景区的不同角度来看，数据来源多种多样，这一点可以从本书所讨论的大数据类型中得到体现。此外，这些数据具有客观性，因为它们的来源是统计景区内外的实时数据信息，并未经过人为加工。这些数据还具有一定的时效性，能够随时反映出景区的实时情况，包括安全状况和游客流量等，这使得景区的管理可以做到及时而准确。

智慧景区的建设要将云计算技术的优势充分发挥出来，运用大数据来对景区内进行信息整合，以保证有效信息能及时地提供给景区管理人员，促进景区的可持续发展。为了提高景区信息平台上的云计算大数据分析效率，需要对有效信息进行科学的分析和管理，并针对不同的景区数据类型，建立不同的管理体系，使资源保护更加精细化。

景区的业务管理已不再只是涉及景区资源的管理，而是扩展到全面的业务发展，包括景区资源、人员、交通、服务等多方面。为了有效应对复杂多样的景区业务管理内容，我们应该积极构建景区业务信息管理系统，依托大数据平台和云计算技术进行精益化的业务管理。

景区大众服务也不再仅仅面向进入景区的游客，还涵盖了对潜在游客的服务。随着智慧景区的建设和发展，云计算技术可以将已进入景区的游客和潜在游客进行分类，及时分析出两者之间的需求差异，从而使景区能够提供更精准的信息服务。

总的来说，智慧景区的建立是社会现代化和信息化发展的产物。在信息化的时代背景下，通过构建景区时空数据应用平台和运用云计算技术以及景区智慧应用体系，对景区时空大数据的优势特征进行总结和分析，可以使景区的服务和管理更加精细，这对于推动智慧景区的可持续发展具有重要意义。

第四节　虚拟现实技术

一、虚拟现实技术概述

（一）虚拟现实技术的概念

VR 是一种能够创造和体验虚拟世界的计算机仿真系统。它通过计算机产生一个三维空间的虚拟环境，为用户提供视觉、听觉和触觉等感官的模拟，让用户有一种身临其境的感觉，可以使用户即时、无限制地对虚拟空间中的物体进行观察。

一个典型的虚拟现实系统包括五个部分：虚拟世界、电脑环境、虚拟现实软件、输入设备与输出设备。虚拟世界是一种由模型构造、机械与物理限制、光照与碰撞探测等组成的具有交互性的虚拟空间；电脑环境包括处理器的组态、输入输出通道和即时作业系统；虚拟现实软件的首要责任就是为使用者提供即时建构与参与虚拟现实的能力，其中包含模拟与实体模拟的功能；输入设备与输出设备主要是用来观测与操纵虚拟世界的，包括追踪系统、影像显示、声音互动与触感回馈。

虚拟现实技术包括仿真环境、感知、自然技能、感知装置。仿真环境是用电脑制作的、具有真实效果的、实时的、动态的、立体的、立体的、逼真的影像；感知指的是 VR 应该拥有人类的全部感知，除了由计算机图形技术所生成的视觉感知，它还包括了听觉、触觉、力觉、运动等感知，甚至是嗅觉和味觉也被包括在其中，这被称为多感知；自然技能包括头部转动、眼神转动、手势等肢体动作，而电脑则会根据使用者的动作进行分析，并根据使用者的指令进行即时反应，向使用者的知觉传递回馈；感知装置是指三维互动装置。

虚拟现实技术致力于将传统计算机转变为一个由计算机创造的人工环境，人们可以通过感官、语言和手势等自然方式与计算机进行交互和对话。这将从根本上改变人们需要适应计算机的局面，而是让计算机来适应人们的需求。人们无须经过专门训练就可以在不知不觉中使用计算机，使计算机渗透到人们工作、学习和生活的各个领域。虚拟现实技术是一种综合计算机图形学、多媒体技术、人机接口技术、图像处理与模式识别、多传感技术、人工智能、高性能计算机系统、并行实时计算技术、语音处理与音响技术、仿真技术等多种学科而发展起来的技术，它通过模拟方式为用户创建一个实时反映实体对象变化和交互的三维图像世界，使用户可以在视觉、听觉、触觉和嗅觉等感知方面得到逼真的体验。参与者可以直接探索和交互虚拟对象，并体验到虚拟环境中的沉浸感。

近年来，VR 成为发展很快且非常活跃的最新技术，掀起了一系列“R 技术”热潮，将人类带入了“三维”信息视角，彻底颠覆了大众信息获取、产生、交互、生产等诸多方式。

1.VR

VR 利用计算设备创造出一个三维的虚拟环境，为用户提供视觉、听觉等多方面的感知模拟，有十足的沉浸感与临场感，但看到的一切都是虚拟的。VR 消费类设备现可分为三类：需要配合电脑的头戴式设备，投射手机内容的 VR 转换支架，自带主机无须电脑、手机等外设的 VR 一体机。

VR 技术尚处于初级阶段，内容和应用匮乏、佩戴舒适度、人机交互等问题依然是难点。

2.AR

增强现实（AR）技术将虚拟资讯加入实际生活场景，字面解释为现实就在这里，但是它被增强了。实际上，智能手机上有很多应用都属于 AR，如一些基于地理位置的服务应用，打开应用后，把手机摄像头对着某幢大厦，手机屏幕上便会浮现大厦的名称、楼层等相关信息。车载系统在其挡风玻璃上投射虚拟图像，用意是让驾驶者不需要低头查看仪表的显示与资料，始终保持抬头的姿态，降低低头与抬头期间忽略外界环境的快速变化，以及眼睛焦距需要不断调整产生的延迟与不适，帮助驾驶者更好地感知路况信息，提高驾驶安全性。例如，谷歌眼镜允许使用者与周围环境交互时，通过眼镜上的微型投影仪把虚拟图像直接投射到使用者的视网膜，使用者可以看到叠加过虚拟图像的现实世界。

3.MR

混合现实（MR）技术包含 AR 以及增强虚拟（AV），它将真实世界和虚拟世界混合在一起，产生新的可视化环境，环境中同时包含了物理实体与虚拟信息，并且是实时的。

MR 是将虚拟世界与真实世界混合在一起，产生全新的视觉化环境。现实－虚拟区间向左至无穷表示现实环境，向右至无穷表示虚拟环境。从现实环境依次向右为 AR、AV，直到虚拟环境，混合现实则包含了增强现实与增强虚拟。用户眼睛所见到的环境同时包含了现实的物理实体以及虚拟信息，且可以实时呈现。

4.CR

影像现实（CR）是美国增强现实公司（Magic Leap）曾提出的概念，指的是可以让虚拟实境效果呈现出宛如电影特效的逼真效果，但后期 Magic Leap 常用 MR 来归类自家产品，再加上要实现 CR 效果会充满更多现实中的挑战，所以相关探讨并不多。

（二）虚拟现实技术的特征

虚拟现实技术本质上是一种先进的计算机用户接口，它通过提供直观、自然的实时感知交互手段，如视觉、听觉和触觉等，可以最大限度地方便用户操作，减轻用户负担，并提高整个系统的工作效率。

虚拟现实技术具有三种特性，即交互性、沉浸感和构想性。

1.交互性

交互性是指参与者对虚拟环境中的物体进行操作的程度，以及从环境中获得自然反馈的程度。使用者必须能够与虚拟场景进行交互，以产生参与感。这种交互主要借助各种专门的三维交互设备（头盔显示器、数据手套等），这些设备使人们能够与虚拟环境中的对象进行交互，就像在真实环境中一样。

2.沉浸感

沉浸感又称浸没感、临场感、存在感、投入感，指用户感到作为主角存在于模拟环境中的真实程度。沉浸感必须存在一个由计算机产生的虚拟场景，这个虚拟场景能令使用者暂时脱离现实世界，产生一种现场感，理想的模拟环境应该达到使用户难辨真假的程度。沉浸感包括以下两个方面。

（1）多感知性

多感知性也被称为感受性、全息性或真实性，它指的是除了计算机技术的视觉感知，还包含了听觉、力觉、触觉、运动感知甚至包括味觉和嗅觉感知等。理想的虚拟现实技术应该具备人类所有的感知功能。然而，由于相关技术的限制，特别是传感技术的限制，目前虚拟现实技术所具备的感知功能仅限于视觉、听觉、力觉、触觉、运动等几种，无论从感知范围还是从感知的精确程度都尚无法与人类相比。

（2）自主性

自主性是指虚拟环境中的物体根据物理定律进行动作的程度。例如，当物体受到力的推动时，它会朝着力的方向移动，或者可能会翻倒，或者从桌面跌落到地面等。

3. 构想性

构想性又称想象性，是指虚拟现实技术具有广阔的可想象空间，不但可以再现真实存在的环境，而且可以构想客观上不存在的甚至不可能发生的环境。

人类在许多领域面临着前所未有的挑战，如载人航天、核试验、核反应堆维护、新武器设计以及气象、自然灾害预报、医疗手术模拟与训练、多兵种联合训练等。通过利用 VR 技术，人类可以从虚拟环境中获得定性和定量的综合认识，深化概念并产生新的构想。

二、基于虚拟现实技术的智慧景区管理

虚拟现实以及相关科技产品已成为当今最热门的话题，并且有席卷旅游行业之势。人们能够通过虚拟现实体验一趟海滨之旅，或者夜访博物馆之行，或通过虚拟现实设备直接体验一家酒店、一个饭店或一个景区等。

虚拟旅游是通过互联网与虚拟现实技术，在现实旅游的基础上，将三维实景和电子地图等多种技术相结合，将旅游景观生动地呈现在游客面前，让游客根据自己的需求来选择游览路线，足不出户就可以遍览千里之外的自然风光、人文历史资源等，在虚拟世界中获取现实世界的旅游体验。虚拟旅游可以分为狭义和广义两种。狭义的虚拟旅游是指通过互联网或其他设备在虚拟景观中进行浏览和漫游。而广义的虚拟旅游相对于现实旅游，不仅包括在虚拟景观中的漫游和与旅游景观要素的交互，还涵盖了与其他参与者在虚拟社区平台上的互动，以及借助旅游电子商务购买旅游纪念品等。虚拟旅游平台既是传统旅游的有益补充，又可以更加深入地挖掘旅游业务市场，从而拓宽旅游市场。通过虚拟旅游，游客以虚拟

游客的身份进入虚拟旅游景区，享受高仿真度的景区场景，使用多种嵌入式的旅游服务并完全沉浸到交互体验中。游客通过对虚拟旅的体验，在家里身临其境般地游览远在异国他乡的著名景点，进行旅游线路的规划，将旅游需求变为现实旅游。虚拟旅游也是保护重要旅游资源的良好途径。它将旅游遗产数字化，可以永久保存，支持人们远程浏览和欣赏易损的高价值旅游资源，有助于缓解旅游业对环境造成的压力。特别是我国一些珍贵的历史文化遗产和自然生态遗产，很多只残存了一小部分或是全部消失，通过高科技进行加工制作的虚拟景观可真实还原这些珍贵资源的历史风貌，在一定程度上弥补了游客的遗憾。

虚拟旅游包括多维信息空间，融合了人类的各种感官体验，如触觉、视觉等，使游客能够在虚拟旅游环境中获得沉浸式的体验。虚拟旅游的特点包括沉浸性、交互性、超越时空、经济性、高技术性等，它可以不受时间、空间、经济条件和环境条件的限制，满足游客的游览和审美需求，同时提供更强的互动性和趣味性。游客通过图像、声音、文字等多种感知方式沉浸到计算机创造出的虚拟世界中，身临其境地体验虚拟旅游。利用各类传感设备，如感觉、视觉、听觉、触觉等传感器，增加游客与虚拟世界之间的沟通手段，使游客与虚拟的信息环境发生交互。虚拟旅行的互动特性主要有两个方面：一方面，虚拟游客能够与虚拟环境进行互动，在虚拟旅游的过程中，虚拟游客并不是被动地接受空间信息，他们还能够对虚拟景点中的物品进行操控，虚拟旅游系统会根据虚拟游客的操作，实时地做出反馈；另一方面，游客也能和导游进行互动。虚拟旅游产品不仅仅是对真实景点的“虚拟”，它还能为人们提供一个曾经存在、但却没有在现实生活中出现过的风景，创造出一种不受限于时空的虚拟旅游产品，它能在任何时候将被破坏的古代建筑、文物等历史遗址展现给虚拟游客，还能展现出一个可以预见的未来世界。它能跨越时空，使虚拟游客不仅能从一个地方到另一个地方，还能到一个微小的地方，如一个原子，或者像宇宙一样，在更大的地方旅行。虚拟旅游为虚拟游客提供了多种的感官享受，具体包括了视觉、听觉、触觉、嗅觉和味觉，它最大程度地模拟了真实世界，让虚拟旅游者沉浸其中。

全景虚拟现实是通过 360 度相机，环拍一组或者多组真实的场景照片，并拼接成一个全景图像，再利用计算机技术实现全方位欣赏真实场景的技术。通过这种技术可以在智慧管理的过程中对场景中的游览路线、角度和游览速度进行自由控制，让用户更加自由地选择，具有较强的互动参与性，使游览过程不受时间、天气的影响，游客可以随意更换观察点，多角度细致地游览，满足其想要体验的多种需求。例如，虚拟紫禁城、成都文化文物应用展示平台等都是利用了 360 度三维实景技术，虚拟了故宫以及成都多个景点。

虚拟现实技术能让科学家建立一个全新的古代建筑、古迹景观仿真世界，将破毁损坏的珍贵古建筑和文明古迹呈现给游客。景区在智慧管理的过程中借助虚拟现实技术再现的古代遗迹风貌，除了能让游客领略感受古代文化气息，还能真实地再现历史上的建筑。游客只需要佩戴特制的传感设备，就能“漫步”古代。

信息化背景下的景区在智慧管理的过程中利用虚拟现实技术可以对待开发的旅游景点进行合理的规划设计与系统建模，生成虚拟场景。规划人员可以交互式地观察和体验虚拟景点，在真正实施规划方案之前判断其优劣，改进不足，验证实施效果，并在选定方案的实施过程中起到有效的辅助决策作用。

第五节　GIS 和基于位置的服务

一、GIS

（一）GIS 概述

1. GIS 的概念

1963 年，加拿大学者首先提出了地理信息系统的概念，并开发出世界上第一个地理信息系统（CGIS）。加拿大土地统计局应用 CGIS，使用 1 ∶ 50000 的比例尺收集存储土壤、农业、休闲、野生动物、水禽、林业和土地利用的地理信息，分析确定加拿大农村的土地能力。

地理信息系统中的地理一词并不是狭义的地理学，而是广义地指地理坐标参照系统中的空间数据、属性数据以及在此基础上得到的相关数据。GIS 是一种技术系统，它可以在计算机硬件和软件系统的支持下，对整个或部分地球表面（包括大气层）空间中的地理分布数据进行采集、存储、管理、运算、分析、显示和描述。简言之，GIS 是用于综合处理和分析地理空间数据的技术系统，它以测绘测量为基础，以数据库作为数据存储和使用的数据源，并依赖于计算机编程技术的全球空间即时分析系统。

GIS 处理和管理的对象包括多种地理空间实体数据及其关系，如空间定位数据、图形数据、遥感图像数据和属性数据等。这些数据用于分析和处理在特定地理区域内分布的各种现象和过程，以解决复杂的规划、决策和管理问题。

GIS 有丰富的内涵，可以从几个方面来审视 GIS 的含义。

第一，GIS 的物理结构是计算机化的技术系统，它由多个相互关联的子系统构成，如数据采集、数据管理、数据处理和分析、图像处理、数据产品输出等。这些子系统的性能、构造直接影响着 GIS 的硬件平台、功能、效率、数据处理模式以及产品输出的类型。

第二，GIS 的操作对象是空间数据，即包含三维要素的地理实体，如点、线、面和体。通常使用图层来存储和区分不同专题的空间信息数据，即每个图层存储一个专题或一类信息，并与一组特定的数据文件关联。这些图层既可以单独处理，也可以同时对几个图层进行操作。空间数据的根本特征是每个数据都根据统一的地理坐标进行编码，从而实现对其定位，并对其进行定性和定量的描述。这是 GIS 区别于其他类型信息系统的根本标志，也是其技术的难点所在。

第三，GIS 的技术优势在于其综合数据、模拟和分析评价的能力，这使得它能够得出常规方法或普通信息系统难以获取的重要信息，进而实现地理空间过程演化的模拟和预测。

第四，GIS 与测绘学和地理学关系密切。大地测量、工程测量、矿山测量、地籍测量、航空摄影测量和遥感技术为 GIS 中的空间实体提供不同比例尺和精度的定位数据。电子速测仪、GPS 全球定位技术、解析或数字摄影测量工作站、遥感图像处理系统等现代测绘技术的使用，可以快速、直接和自动地获取空间目标的数字信息产品，为 GIS 提供丰富、实时的信息源，促使 GIS 向更高层次发展。

地理信息系统与其他信息系统的区别在于它存储和处理的信息是按照统一的地理坐标进行编码的，这使得人们可以通过地理位置以及与该位置相关的地物属性信息来进行信息检索。作为地理学、地质学、地图学和测量学等传统科学同 RS、GPS、计算机科学等现代科学技术相结合的产物，GIS 正逐渐发展成为处理空间数据的多学科综合应用技术，广泛应用于资源调查、统计、公共设施管理、交通运输、城市规划、灾害预测、环境评估、邮电通信、水利电力、军事公安、农林牧业、国土管理、商业金融等领域。

2.GIS 软件体系结构

随着计算机软、硬件和通信技术的不断进步，地理信息系统的理论和技术方法在最近的 30 多年内取得了惊人的发展，地理信息系统正在从一个单纯的应用系统发展为一个完整的技术系统和理论体系。

随着计算机系统性能的日益提升，地理信息系统 GIS 的应用正变得越来越普遍。GIS 应用普遍采用较为成熟的三层软件体系结构。

GIS 系统功能划分为三个独立“层”，分别为数据层、应用逻辑层和表现层。其中，数据层负责提供独立于具体软件技术的数据管理功能；应用逻辑层则负责提供不同功能的地理信息服务（可以通过工作流服务进行定制）；表现层负责实现系统的用户接口、显示地图和提供一些基本的客户端功能。

GIS 技术的发展，在软件模式上经历了 GIS 功能模块、集成式 GIS、模块化 GIS、核心式 GIS，从而发展到组件式 GIS 和网络地理信息系统网络地理信息系统（Web GIS）的过程。

基于构件技术的理念，将软件系统看作是一组共同工作的对象，在这组对象中，每一对象都会提供一种特定的服务，发出一种特定的信息，并将这些信息以一种标准的格式公布出来，以供其它对象理解和调用。构件之间的界面由独立于平台的界面定义语言（IDL）所定义，并且是二进制兼容的，这样用户就可以通过对执行模块的直接访问来获取对象所提供的服务。构件技术被充分地包装并易于使用，它能被用于多种开发语言和环境，而不仅仅是像 C++ 这样的语言。集成地理信息系统的基本思路就是把地理信息系统的主要功能分解成若干个独立的组成部分，每一个组成部分都具有各自的功能。各个 GIS 组件之间，GIS 组件与其他非 GIS 组件之间，都可以通过可视化软件开发工具，方便地集成，从而形成最终的 GIS 基础平台和应用系统。

组件式 GIS 开发平台通常可设计为三级结构。

（1）基础组件——面向空间数据管理

位于平台最底层的是整个系统的基石，主要负责管理空间数据，提供基本的交互流程，并能够以灵活的方式与数据库系统进行连接。

（2）高级通用组件——面向通用功能

高级通用组件是在基本组件的基础上构建出来的，这些组件以一般的功能为目标，如显示工具组件、选择工具组件、编辑工具组件、属性浏览器组件等，从而简化了用户的开发过程。将各模块间的协作控制信息进行了封装，便于二次开发。例如，在设计一个编辑查询系统的时候，如果采用基本的开发平台，那么要写很多的代码，而采用高阶的通用组件，只需寥寥数行代码即可。

（3）行业性组件——抽象出行业应用的特定算法

以全球定位系统监视为例，在全球定位系统监视系统中，除了常规的地图显示、资讯查询等 GIS 功能，全球定位系统还必须具备一些特殊的应用功能，如动态目标显示、目标定位及航迹显示等。把这些 GPS 产业应用程序的功能元件包装好之后，只要设定目标显示的图例、轨迹显示的颜色、锁定的目标、呼叫与接受的方式等，就可以大大简化工作流程。

传统的 GIS 系统是一种以文件共享为基础的分布式体系结构，在服务器端存储数据。该系统所面临的主要问题有：系统的数据处理功能完全依靠客户机，效率低；客户机的操作要求将服务器文件从远端拷贝到本地，操作烦琐；当多个用户同时进行操作时，数据的完整性很难得到保证；数据传输的频率过高，导致网络出现“瓶颈”。

随着万维网的发展，各行各业已经广泛渗透和应用，提供了越来越多的信息。由于人们对于 GIS 应用的需求日益增长，利用万维网发布空间数据已成为 GIS 发展的必然趋势。在 GIS 不断发展的过程中，一种新的 Web GIS 应运而生。Web GIS 使得用户可以从万维网上的任意一个节点，通过浏览器浏览站点中的空间数据，制作专题图，以及进行各种空间检索和分析。它甚至还可以进行全球范围内的 GIS 数据更新，从而真正让 GIS 进入千家万户。

万维网是一种常见的分布式应用架构，每次信息交流都涉及客户端和服务端的应用程序。Web GIS 的主要技术方案包括服务器端策略、客户端策略、复合型策略以及客户端和服务器端的技术。万维网客户端的主要任务是展示信息内容，它所使用的技术主要包括超文本标记语言（HTML）、脚本程序、层叠样式表、计算机系统函数、插件技术以及虚拟现实建模语言技术。至于万维网服务端开发的各项技术，主要包括服务器技术、公共网关接口（CGI）、超文本预处理器等。

万维网技术极大地优化了传统 GIS 系统的架构、性能和开发方式，使得人们能够利用多种技术来扩展万维网的功能。

第一，HTML 语言实现 Web GIS 系统。在万维网上，HTML 是 B/S 体系结构的基础，而作为用户的浏览器，它所使用的文件也是 HTML 文件的主要格式。以前的 HTML 只能显示数据，现在的可扩展标记语言格式除了显示数据，还能对数据进行处理，但不能产生动态的信息且缺少交互。HTML 技术的问世，使互联网上的服务器可以直接在网络上发布地理信息和地图，这是 GIS 技术第一次得到了广泛应用。这一时期的网络 GIS 系统从功能上看，主要是以单纯的 HTML 为技术手段，从整体上来看，还处在网络 GIS 的初级阶段。

第二，CGI 实现 Web GIS 系统。CGI 是一种将应用软件与万维网服务器连接的标准技术，同时也是 HTML 的功能扩展。应用程序编程接口（API）技术与 CGI 技术类似，都是 Web GIS 早期采用的开发技术。在这种应用模式下，服务器端不需要预先生成静态地图，客户端就可以获取动态的、交互式的地图操作。

CGI/ 应用程序接口服务器（API Server）的执行方式是用户通过浏览器向万维网服务器发送请求，服务器通过 CGI 将此请求转发给后台运行的 GIS 应用程序。应用程序生成结果并返回给服务器，最后由万维网服务器将结果传送到客户端进行展示。这种方式的一大缺点是每次请求都需要重新启动 GIS 应用程序，导致系统响应速度下降。目前，大部分 Web GIS 系统采用的是 CGI/API Server 方法，通过使用 Server API，服务器在请求后端 GIS 应用程序时无需重新启动该程序。

第三，脚本语言实现 Web GIS 系统。脚本语言是 HTML 的一种扩展，它使数据在显示时可以被简单地处理。从程序设计的角度来看，这两种语言都是一种特定的程序设计语言。

在现实生活中，经常会将脚本语言和构件技术相结合。客户机的指令码可以用来对使用者的输入进行确认，而服务器的指令码可以用来连结资料库和使用元件来进行地理资料处理。在此基础上，提出了一种基于 HTML 的数据结构和数据结构的数据结构。在服务端使用动态服务器页面技术，使用可视化软件对 GIS 构件进行设计，实现了对 GIS 的整体应用逻辑的定制。然而，由于客户机提交的都是一些简单的超文本传输协议格式，使得客户机的交互性较差，无法满足多个用户的并行查询要求。这种模型是一种基于对象的客户端／服务器间的交互，它可以按照应用需求、网络状态等因素，将对象分散到客户端，也可以分散到不同的服务器。客户机与服务器的物件为执行特定的工作而合作。

第四，Java 和 ActiveX 实现 Web GIS 系统。为提高客户端浏览器的性能，可以将 GIS 插件安装到浏览器中，从而提高浏览器的数据处理能力，降低网络通信开销，尤其是在多媒体应用方面。但是，与传统的应用程序一样，在使用过程中，也会出现不同版本间的不兼容、版本管理等问题。因特网程序设计语言正是为了解决这些问题而产生的。

1995 年，美国斯坦福大学网络公司推出计算机编程语言（Java），该语言是基于网络应用开发、面向对象的新一代计算机编程语言。目前最普及的互联网程序语言是 Java 和控件（ActiveX）。

目前 Java 和 Actirex 技术又有了新的发展，即组件式特性和分布式特性。

组件式特性意味着在软件开发与维护过程中，可以采用分层的方式进行，并且有很高的复用性。软件的开发使用了一种有别于传统线性编程的层次化编程方法，也就是在设计完成后，并不是一个最终产品，而是可以无缝地引入一个控件，在外围进行新的开发，添加新的功能，生成一个新的控件。Java 语言还提供了构件化的开发，也就是 Java 中的接口、类和对象的开发。

分布式特性是指在进行组件式开发时，组件可以调用位于远程位置的组件的方法，这一特性对于减轻服务器负载、实现网络负载平衡具有显著优势。在 Java 编程中我们使用远程方法调用机制；而在 ActiveX 中，由于其支持分布式组件对象模型标准，因此可以实现远程过程调用。

（二）基于 GIS 的智慧景区管理

旅游业具有和地理位置极其密切的关系，旅游景点的分布、旅游服务设施的位置、道路信息等都基于相应的地理坐标和属性。在旅游领域采用 GPS、GIS 技术是旅游业发展的必然需求。GIS 应用非常广泛，如 2014 青岛世界园艺博览会地理信息综合管理平台，旅游管理者通过平台可以清楚地观测到园区游客的分布状态，为旅游组织管理提供基本决策依据。

旅游地理信息系统（TGIS）是以旅游地理信息数据库为基础，综合、动态地获取、存储、管理、分析和应用旅游地理信息的多媒体信息系统。TGIS 在计算机硬、软件支持下，充分利用 GIS、GPS、RS、可视化等技术手段，具备高效管理地理空间数据、多媒体数据和旅游要素属性数据的能力，能够运用系统工程和信息科学的理论与方法，满足用户（游客及行业管理者）对旅游信息数据直观性、生动性和丰富性的特殊要求，实现旅游咨询、智能导游、旅游信息分析、旅游管理等辅助决策功能。

信息网络正以全球化、数字化的方式和姿态渗透到人们的生活、学习、休闲、医疗等各种社会经济文化活动中，正在悄无声息地推动世界经济乃至社会的全面发展。在这样一种社会信息化浪潮中，信息化成为把控旅游行业命脉的关键因素，GIS 技术在智慧景区管理中也得到快速的发展。

信息化背景下，景区在智慧管理的过程中借助 GIS 的可视化地图、空间数据库、空间分析工具以及辅助决策等技术手段，为纷繁复杂的旅游信息处理、应用提供了新的技术手段。信息化时代，景区基于 GIS 在智慧管理中将电子地图、WebGIS 等技术相结合，用来呈现旅游资源，可以对地图进行分层显示，通过对道路、行政区划、重要景点、宾馆酒店、餐馆等多个图层进行叠加使游客及时掌握景区的情况。GIS 具有数据存储、处理和管理功能，该功能可以为景区在智慧管理的过程和规划中提供基础数据支持。同时，GIS 还具有空间分析功能，利用 GIS 的拓扑叠加功能，通过环境层（地形、地质、气候、交通等）与旅游资源评价图叠加来分析优先规划开发区域。

二、基于位置的服务

基于位置的服务（LBS）是指通过电信、移动运营商的无线电通信网络或外部定位方式来获取移动终端用户的位置信息，在 GIS 平台的支持下，使用地理信息为移动终端使用者提供相应服务的一种增值服务。

LBS 首先是通过定位移动设备或用户的地理位置，然后提供与该位置相关的各类信息服务。这意味着，借助互联网或无线网络，LBS 能够在固定用户或移动用户之间完成定位和服务两大主要功能。

同云计算、大数据和物联网一样，LBS 已经深入人类生活的各个领域，所有的服务都以位置信息为基础。人们逛街购物、娱乐游戏、工作学习、旅游出行、健康医疗、教育学习等行为都与地理位置紧密相关。

从历史上来看，以地理位置为基础的资讯观念并不是什么新鲜事。随着移动终端的普及，用户对信息的获取主要表现为被动和单向。地理位置服务的兴起使得用户和服务提供商之间能够进行双向沟通与互动。用户将其地点信息通知给服务提供商，而服务提供商基于地点信息将所需要的有关信息提供给用户。在网络上，用户既能了解到与事件有关的信息，又能了解到特定的地理位置（如餐厅、车站、酒店等），地理位置服务为用户提供了地理位置信息。

（一）典型的 LBS 系统框架

一个完整的 LBS 系统包含如下几个部分：位置服务平台、内容及地图服务平台、通信网络、移动信息终端。

1. 位置服务平台

位置服务平台从定位设备获取定位信息，并将定位信息与其他相关信息（如地理信息）相结合提供一种基于位置的综合信息。位置服务平台在对接入的服务提供商进行管理的同时，还包含非位置服务应用，它是整个定位信息服务的一个关键环节。

2. 内容及地图服务平台

内容及地图服务平台主要包含空间数据库、黄页数据库、交通数据库等其他数据库，它主要为定位信息服务提供与位置相关的信息内容，包含地图、地名、地址、交通路况等各个方面的信息，是整个定位信息服务的主体内容。

3. 通信网络

通信网络由移动通信网络和计算机网络结合构成，两个网络之间通过网关实现交互。移动通信网络主要负责为移动信息终端与服务中心提供链路连接，它是定位信息服务的信息载体与通道，同时也是移动定位的关键组成部分。

4. 移动信息终端

移动信息终端指各种能接入移动通信网络当中的信息终端，包括移动电话、个人数字助理、手持计算机、车载终端等，也可以是通过互联网通信的台式计算机。

（二）LBS 系统的关键技术

LBS 系统建立在 GIS 基础平台之上，提供定位和服务功能，涉及的技术范围非常广泛，如GPS定位、基站定位、加速度传感器、网络通信、增强现实、地理坐标转换、移动操作系统等，下面对定位技术和加速度传感技术做简单介绍。

1. 定位技术

GPS是目前全球应用最广的定位技术。定位技术是实现LBS系统应用的关键技术，主要包括蜂窝基站定位和Wi-Fi定位技术，不同的技术适用于不同的信号环境。蜂窝基站定位技术定位的基本原理是通过天线发送信号，寻求离它最近的4～5个基站，进行定位，定位结果并不精确。Wi-Fi定位技术是美国一家软件定位公司发布的信息定位服务，其基本原理是Wi-Fi热点位置固定，通过采集Wi-Fi热点定位，与Wi-Fi物理地址绑定，系统接入无线信号，获取定位信息。

Wi-Fi是室内定位的主要技术。如果一个用户曾经接入过某个Wi-Fi热点，那么当他再次经过时便可直接接入，即变相告知商家"我出现在这里"。一些互联网公司和运营商已经建立了规模可观的Wi-Fi热点具体地址数据库，通过Wi-Fi热点名称即可查到具体位置。

2. 加速度传感器技术

加速度传感器是一种能够测量加速力的电子设备。加速力是物体加速过程中作用在物体上的力，与地球引力（重力）类似。加速力可以是常量，也可以是变量。通过测量由于重力引起的加速度，可以计算出设备相对于水平面的倾斜角度；通过分析动态加速度，可以分析出设备移动的方式。

在一些特殊的场合和地貌，如隧道、高楼林立的城市、丛林地带，GPS信号会变弱甚至完全消失，即所谓的死角。通过加装加速度传感器及通用的惯性导航，可以进行系统死区的测量。对加速度传感器进行一次积分，可以得到单位时间里的速度变化量，从而监测在死区内物体的移动。

例如，在智能手机中广泛内置的三轴陀螺仪，可以测定在空间坐标系三个方向轴上的加速度分量，进而通过三个方向的加速度积分计算出三维速度和位置，我们便可以知道自己在哪儿和去哪儿。

（三）基于LBS的智慧景区管理

2010年前后曾出现一波LBS创业热潮，以签到为核心的产品应运而生，这一个阶段的 LBS 创业更多是从商家精准营销的目标出发，未能抓住用户刚需，现在大都已难觅踪迹。2011 年，以陌陌为代表、以微信附近的人跟进的 LBS+ 社会性网络服务的应用开始出现，并最终走向成功，娱乐和社交成为 LBS 最成熟的应用。

到了今天，LBS 的应用维度逐渐扩大到社交、出行、物流、资讯、智能硬件等领域，很多 App 都需要读取用户位置信息，如新闻客户端需要根据用户位置推送本地新闻，酒店 App 需要根据用户位置搜索附近酒店，团购 App 需要告诉用户附近优惠，打车 App 需要知道用户所在的位置，手机游戏需要结合定位做一些线下交互等。

随着通信基础设施、智能终端和位置传感器功能的加强以及移动互联、云计算和大数据技术的提高，越来越多的本地化 App 通过接通地图厂商提供的 API 实现定位、导航等服务。例如高德开放平台作为高德地图面向企业客户提供的地理位置服务，目前已与多个 O2O 项目应用合作，神州专车、河狸家、达达、回家吃饭、滴滴出行、58 到家等多款 App 都嵌入在高德地图的开放平台上。

在智慧景区管理过程中借助移动电子导游将会为游客带来更好的旅游体验。移动电子导游通过智能移动终端定位获得游客在景区的位置数据后，根据游客所在时间点和空间点，除了帮助游客自动获得景点讲解和一些增强现实的景区景点信息，还能给出游客下一步行动的建议和选择方案，如附近哪里有电影院，将放映什么电影是游客可能感兴趣的，哪里有游客喜欢的书，哪里有游客喜欢吃的菜，机场会不会晚点，如果已经晚点，下一班是几点……提醒通知、行程时间管控、即时预定、当地推荐通知及商家打折促销信息、支付与电子检票等游客在景区旅游过程中的所有问题都可以通过移动电子导游系统来实现。

旅游具有明显的移动特性和地理属性，信息化背景下的景区在智慧管理的过程中与地理信息系统和 LBS 的结合非常切合，“LBS+ 团购”“LBS+ 社会性网络服务”“LBS+ 点评”等形式的服务与营销应用不断推陈出新，作为基于地理信息系统和基于位置服务的移动电子导游旅游服务正在加速智慧景区旅游的建设进程。

第六节　人工智能技术

一、人工智能的概念与核心技术

（一）人工智能的概念

1956 年夏季，在美国达特茅斯学院的研讨会上首次提出人工智能（AI）的概念，并将人工智能定义为创造具有智慧的机器的科学和工程。人工智能是模拟、延伸和扩展人的智能理论、方法、技术及应用系统的技术科学，它由机器学习、计算机视觉、数据挖掘、专家系统、自然语言处理、语音处理、知识库系统、神经网络、遗传算法等不同的领域组成，涵盖由机器、系统实现的与人类智能有关的各种行为及思维活动，如判断、推理、证明、识别、感知、理解、设计、思考、规划、学习等。人工智能目标之一是使机器能够胜任甚至超越一些通常需要人类才能完成的复杂工作。从 20 世纪 50 年代 AI 诞生至今，不同的时代、不同的人对这种“复杂工作”的理解是不同的。今天的携程、去哪儿、穷游、蚂蜂窝等在线旅游公司提供的是信息工具，即通过互联网为用户聚合了大量旅游信息，通过网络进行查询、比价、预订等复杂工作。去哪儿曾经推出了一款大数据预测类机票产品——智惠飞，这款产品采用了与阿尔法围棋类似的人工智能技术，可以预测航班未来可能出现低价。

从不同的角度来看，人工智能有多种不同的解释。从人工智能实现的功能角度来看，人工智能指的是智能机器所执行的人类智能相关的功能，如判断、推理、证明、识别、学习和问题解决等思维过程。从实用的观点出发，人工智能是一门知识工程学，它以知识为目标，研究知识的获取、知识表示方法以及知识应用。从能力角度来说，人工智能指的是采用人工方法在计算机等机器上实现的智能化。从学科角度来说，人工智能是一门研究如何构建智能机器或智能系统的学科，从而能够模拟、延伸和扩展人类智能。

上述说法均反映了人工智能的基本思想和基本内容，即像人一样思考的系统，具有理智思维的系统；像人一样行动的系统，具有理智行为的系统。

（二）人工智能的核心技术

人工智能技术研究如何让计算机完成以往需要人的智力才能胜任的工作，也就是研究如何应用计算机来模拟人类某些智能行为的基本理论、方法和技术，涵盖语言的学习与处理、知识表现、智能搜索、推理、规划、机器学习、知识获取、组合调度问题、感知问题、模式识别、逻辑程序设计、软计算、不精确和不确定的管理、人工生命、神经网络、复杂系统、遗传算法、人类思维方式、机器的自主创造性思维能力的塑造与提升等多个技术领域。

1. 专家系统

专家系统是一种基于人类专家已有知识而建立的计算机智能程序系统，具备专门领域内的丰富知识与经验。通过采用人工智能的推理技术，能够求解和模拟通常需要专家才能解决的复杂问题，其水平已经达到了甚至超越人类专家的水平。

专家系统的核心在于表达和运用专家知识，专家知识指的是来自专业人士的有用信息和解决问题的步骤，已被证实可在特定领域内解决常见问题。

尽管不同领域和不同类型的专家系统的体系结构和功能有所不同，但它们的构成基本一致。通常情况下，专家系统主要包括以下六个部分：人机交互界面、知识库及其管理系统、推理机、知识获取机构、综合数据库及其管理系统和解释器。

（1）人机交互界面

人机交互界面是系统与用户进行交互的界面，用户通过该界面输入基本数据、回应系统提出的相关问题，而系统也通过该界面展示推理结果及相关的解析。

（2）知识库及其管理系统

知识库中存储着求解问题时需要使用到的基本事实、规则以及其他与问题求解有关的信息。知识是一种以框架、规则和语义网络为代表的知识，在此基础上，提出了一种基于领域专家的知识库设计方法。在专家系统中，知识库和应用程序之间是相互独立的，使用者可以通过对知识库中的知识进行修改和完善，从而达到改进的目的。

（3）推理机

推理机是求解问题的中心机制，其作用是对已有的知识进行推理，并按照某种策略对其进行推理，将推理结果存储在动态数据库中。推理机的编程不依赖于特定的知识库，也就是说，推理机与知识库是相互独立的。这种方法的优势在于，在不改变推理机的情况下，可以直接对知识库进行修改。

（4）知识获取机构

知识获取是实现知识库创建、更新和扩充的一个重要步骤，是把专家或其他知识资源中的大量专门知识和经验转换成知识库的一个关键步骤。知识的获取有人工获取、半自动和自动化两种途径。

（5）综合数据库及其管理系统

综合数据库又称动态图书馆或工作内存，是一种能够反映当前问题解决情况的信息收集。综合数据库主要是用来存放在系统操作过程中产生的各种信息和所需要的原始数据，其中包括使用者的输入信息、推理的中间结果、推理过程的记录等等。由各种事实、命题、关系构成的合成库，不仅为推理机提供了知识选择的基础，而且还为解释机制提供了一个新的思路。

（6）解释器

解释器被用来说明解决方案的流程，并对用户提出的“为什么”“怎么样”等关键问题给予解答。说明机制是一种与程序透明相关的功能，它可以让使用者明白程序在做什么，为何要这么做，为使用者打开一扇窗户。在许多场合，解释机制起着至关重要的作用，要想得出一个结论，往往要通过对动态数据库中存储的推理过程进行逆向跟踪，将其转化为用户可以看懂的语言。

不同于传统的计算机程序，专家系统强调的是知识而非方法，以知识库和推理机为中心。专家系统的构建依赖于知识库和推理机。许多问题的解决方案可能并不基于算法，或者算法过于复杂，因此可以利用人类专家的丰富知识来模拟专家思维，从而解决问题。

2. 机器学习

人工智能从以推理为重点到以知识为重点，再到以学习为重点，有一条自然、清晰的脉络。学习是一个旨在获取特定知识的过程，其内部表现为不断构建和修正新知识，外部表现为性能的改进。从本质上讲，机器学习过程是学习系统将导师（或专家）提供的信息转换为系统可理解并应用的形式的过程。机器学习在现实生活中的很多方面都有应用。机器学习应用在数据分析领域就是数据挖掘，如识别垃圾邮件、购物网站的推荐系统等；机器学习应用在图像处理领域就是机器视觉，如自动驾驶汽车、人脸识别等。

机器学习使用计算机模拟或实现人类的学习活动，是使机器具有智能的根本途径。机器学习系统通过获取知识、积累经验、发现规律来提升系统性能，实现自我完善和自适应环境。

不同的是监督型的系统训练数据可能需要人工干预，非监督型的系统不需要人工干预，即将一批训练数据给机器学习模型进行学习，得到一个预测模型，然后对新的未知数据进行预测。机器学习可以进一步细化为五个基本流程。

①收集数据：收集训练模型所需要的相关数据。

②准备和清理数据：保证收集数据的质量，处理一些数据的问题，如缺失值和极端值。

③训练模型：选择适当的算法构建模型，将数据分为想训练集、交叉集和测试集。

④评估模型：利用交叉集来评估模型的质量，利用测试集来评估模型的通用性。

⑤优化模型性能。

其中，模型的选择、评估和优化对于找出一个好的模型来说是十分必要的，每种机器学习算法都有它们的应用范围，需要针对不同的情况加以区分和选择。模型的优化和评估对于提高模型的准确度有很大的帮助。

3. 模式识别

模式识别是对事物或现象的各种形式信息（包括数值、文字和逻辑关系）进行处理和分析的过程，目的在于描述、辨认、分类和解释这些信息。它是信息科学和人工智能的重要组成部分。

首先，使用各种传感器把客观对象的各种物理变量转换为计算机可以接受的数字或符号集合，采集客观对象的信息特征，如指纹、人脸、语音等生物信息。依照采集生物信息特征源的不同，模式识别传感器可分为指纹采集器、人脸采集摄像头、语音采集麦克风等。

其次，对传感器采集的信息进行消除噪声，排除不相干的信号，抽取出对识别有效的信息，实现特征数据的数值表示。

最后，根据建立的模式识别模板，进行模式识别比对，即把模式识别特征采样的样板与模板比较，输出识别的结果。按模式识别信息的采集方式，可以把模式识别分为两类：直接采集生物信息特征的模式识别只需要使用普通传感器就可以进行，如指纹、人脸、语音的生物信息特征模式识别。间接采集生物信息特征的模式识别需要使用特殊的传感器，甚至还需要化验技术才可以进行，如DNA图谱识别。

4. 人工神经网络

人工神经网络是一种基于人脑与神经系统的研究启发所开发的信息处理技术，它具有人脑学习、记忆和归纳的基本特性。人脑的学习系统是由相互连接的神经元组成的异常复杂的网络，人工神经网络与人脑大体相似，也是由一系列简单的单元相互密集连接构成的。而神经网络中的一个神经元只是一个极其简单的数学函数，它只能获取生物神经元复杂性中极小的一部分。

整个神经网络包含一系列基本的神经元，通过权重相互连接的节点层组成，单个节点被称为感知器。在多层感知器（MLP）中，感知器按层级排布，层与层之间互相连接。

在MLP中有三种类型的层，即输入层、隐藏层和输出层。输入层用于接收输入；输出层是神经网络的决策层，包含一个分类列表或输入模式映射的输出信号；隐藏层用于提取输入数据中的显著特征，调整输入的权重直到将神经网络的预测误差降至最小。隐藏层一般为1～2层，而深度神经网络具有大量隐藏层。多层深度学习算法直接影响了神经网络的学习效率，好的学习算法可以有效降低神经网络的传递误差，加速收敛。

人工神经网络以建立数值结构（含加权值的网络）来学习，通过“学习循环”持续修正类神经网络神经元权重，使输出值越来越接近真值。深度学习技术被广泛使用在不同的系统中，苹果智能个人助手以及谷歌街景的地址识别系统。

人工神经网络的学习能力使其能够不依赖专家的判断，而是自动从实验数据中总结规律。因此，人工神经网络擅长处理复杂多维的非线性问题，不仅可以解决定性问题，还可以解决定量问题。此外，它还具有大规模并行处理和分布式信息存储能力，具有良好的自适应性、自组织性以及强大的学习、联想、容错能力和可靠性。

二、基于人工智能技术的智慧景区管理

用机器替代人工是各个行业的必然趋势。人工智能技术在智慧景区管理中有着广泛的应用前景，游客在使用手机预订或者做旅游度假计划时，会使用地图导航、搜索餐厅、目的地活动和酒店等，旅游企业和品牌广告商在合适的时机，可以向游客展示与其搜索内容相关的个性化广告，并运用动态展示广告和创意优化更好地提升广告效果。例如，“携程”已经在呼叫中心逐步应用人工智能技术，利用机器与客人沟通交流，帮助客人解决问题；北京新新人类机器人公司推出了五款酒店专用机器人——大堂迎宾机器人、酒店前台自助机器人、楼层运送物品机器人、客房交互机器人、大堂问询及翻译机器人，为酒店行业解决招人难、用人难、人工成本高的问题。

在信息化的背景下，首先，景区运用人工智能中的模式识别和自然语言处理技术对旅游活动中的各类事物信息以及图片、语言信息进行收集；其次，再运用智能推理的搜索和计算机视觉功能，对信息展开对比分析；最后，利用数据挖掘、智能控制等方法，实现对游客的精确定位，从而为游客提供个性化的旅行方案。

随着信息化时代的到来，景区在智慧管理的过程中利用人工智能技术，将旅游目的地的基本信息、游客目的地评价信息、游客个性化行程安排信息和游客旅途中交通服务信息等全面收集，对信息进行排名，再通过大数据分析掌握游客个性需求的基础上，根据游客的具体情况综合考虑机票酒店信息及推荐原则、城市顺序及天数安排、景点及顺序、多种类型交通、商品方案组合等，在多个百万级别的分类数据里以毫秒级时间向游客推荐最优方案。另外，也可通过人工智能技术，向游客推送与游客所在地和其搜索活动相关度极高的广告服务信息，实现旅游的精准营销。

随着自然语言处理、模式识别等技术的不断进步，计算机能够更好地在知识层面上理解信息，从而为游客提供基于知识的全面服务，尤其在景区智慧管理中，旅游解说系统的促进作用更加明显。首先，以自然语言处理和语音处理为基础的在线翻译、拍照翻译、语音翻译、增强现实翻译等多功能翻译软件，特别是移动语音翻译软件，为游客提供了更多便利。网易有道全新推出的有道翻译官 2.2.0 版本新增了多语种的语音翻译和拍照翻译，在旅游过程中，游客打开手机后，只需将摄像头对准外文路标、广告牌、指示语、菜单等，有道翻译官就会立即完成

主动识别和翻译文字，并利用增强现实技术将翻译出来的内容完全覆盖在原有文字上，而其他场景不会发生任何变化。其次，自助导览程序可以取代导游的引导和讲解工作。人工智能不仅可以传播广泛的知识信息，还可以为游客提供多种自助导览系统。最后，它可以帮助游客选择当地人钟爱的餐馆、演出活动，显示商店的营业时间、交通等各类信息。通过计算机视觉和增强现实技术，可以精确无误地进行导航和互动。

人工智能技术在智慧景区管理上具有显著的优势，能有效地收集、比对和处理分析信息。神经网络模型和智能调度等人工智能技术对于旅游业的监管调度和突发事件预警起着至关重要的作用。特别是结合物联网技术和云计算技术，这些技术对于景区环境监测、森林火灾预警以及区域旅游可持续发展具有重大意义。信息技术全面的进步对提高旅游景区的智能化管理效率起到了重要的推动作用。

第四章　大数据在旅游景区管理中的应用

本章为大数据在旅游景区管理中的应用，主要包括三个方面的内容，分别是旅游大数据的采集与分析、基于大数据分析的景区客流量预测、基于大数据分析的景区游客时空分流导航管理。

第一节　旅游大数据的采集与分析

旅游作为旅行和游览活动早已经存在，它是社会经济实力和人们收入水平发展到一定阶段的产物。一方面，社会生产力的发展和社会分工的扩大为旅游活动的扩大奠定了物质基础，创造了旅游供给要素条件，如交通工具、食宿设施等；另一方面，国家经济的增长以及人民生活水平的提升，增加了人们的可自由支配收入和闲暇时间，为旅游活动创造了需求。旅游是人们欣赏自然风景和人文景观的旅行活动，包括观赏风景、增长知识、体育锻炼、度假疗养、娱乐消遣、探险猎奇、考察研究、购物纪念、品尝美食以及探亲访友等临时移居活动。从经济学的角度来看，旅游是一种高级的新型消费形式，它是社会经济实力和人们收入水平发展到一定阶段的产物。旅游是指人们为休闲、商务或其他目的，离开他们惯常环境，而去它处并在那里逗留连续不超过一年的活动。在这个定义中有三个要点：第一，规定了外出目的，包括休闲、商务、娱乐、度假、探亲访友、专业访问、健康、医疗、体育等；第二，离开其惯常环境到其他地方的旅行；第三，在外连续停留时间不超过一年。旅游通常可以划分为国内游、出境游和入境游等不同类型。根据旅游的性质和目的，还可以分为休闲旅游、商务会展旅游、体育赛事旅游、探险体验旅游、邮轮度假旅游、生态探险旅游、主题乐园旅游、文化遗址旅游和健康养生旅游等多种形式。另外，按照参与旅游活动的人数，还可以分为团队游、散客游、自助游和互助游等不同类型。

如今，激发人们旅游的动机和体验要素越来越多，如商、养、学、闲、情、奇。其中，商是指商务旅游，包括商务旅游、会议会展、奖励旅游等；养是指养生旅游，包括养生、养老、养心、体育健身等健康旅游新需求；学是指研学旅游，包括修学旅游、采风、摄影、科学考察、拓展训练、培训、各种夏令营及冬令营等活动；闲是指休闲度假，包括都市休闲、乡村休闲、度假等各类休闲旅游新产品，是未来旅游发展的方向和主体；情是指情感旅游，包括婚庆、婚恋、纪念日旅游、宗教朝觐等各类精神和情感的旅游新业态；奇是指探奇，包括探索、探险、探秘、游乐、新奇体验等探索性的旅游新产品。旅游业是生活性服务业，以旅游资源为依托，以旅游相关基础设施与服务设施为凭借，提供各种有形及无形产品以满足旅游者旅游需要，从而获取经济效益的一系列企业的集合。任何组成旅游业的单个行业，如交通、食宿都不是旅游业，旅游产业的特点就在于它的组合。旅游产业与制造业不同，它不是严格意义上的生产相同产品企业的集合。围绕着游客的旅游需求，旅游产品由多个产业中的部分产品和劳务进行组合，呈现跨产业、跨行业、跨部门的综合性特点。旅游业吸引游客、运送游客、向游客提供住处，为游客提供从其离开居住地到目的地再返回其居住地整个过程中的所需产品和服务，具体涉及宾馆酒店业、餐饮业、运输业、文化业、娱乐业、体育业、保健美容业、疗养业、博彩业、会展业、生态与观光农业、加工工业和技术产业等独立产业。归根结底，旅游产业就是将多个要素所代表的有关部门进行融合，共同为旅游活动和服务提供支持的各部门的集合。

在改革开放初期，我国经济发展急需外汇，旅游业以发展入境旅游为主，进行创汇。后来，随着国民经济的良好发展，国民有了出游的条件，国内旅游开始兴起，入境旅游市场和国内旅游市场并驾齐驱。再后来，随着我国国民经济的发展、人均国内生产总值（GDP）的不断上升，出境游也开始起步，规模不断扩大，同时，国内旅游收入占的比重彻底反超入境旅游收入占总外汇收入的比重，成为我国旅游业第一市场。近年来，国内旅游业进一步发展，确立了其在产业中的核心地位。旅游消费在居民消费中的占比持续上升，对于扩大内需战略起到了重要的推动作用，确保了我国旅游业的稳定快速发展。旅游已经成为人民群众日常生活中不可或缺的一部分，有力地推动了人民素质的提高和生活品质的提升。经过多年的发展，我国旅游业已经具备了较大的产业规模和较为完善的产业体系。

2013 年，我国出台了《中华人民共和国旅游法》《国民旅游休闲纲要》，把旅游业定位成战略性的支柱产业和现代服务业来加以培育，旅游业对经济和社会的作用越来越突出。在全球经济发展总体乏力，国内经济进入增长换挡期、结构调整阵痛期、前期政策刺激消化期的新常态下旅游经济保持了持续、快速的增长，成为国民经济增长的新动力，并充当结构调整的主力军。

2022 年，文化和旅游部持续优化跨省旅游管理政策，及时调整了活动、场所、人员等管理措施，及时对公共图书馆和文化馆（站）、旅游景区、旅行社、互联网上网服务营业场所、娱乐场所、剧院等演出场所、剧本娱乐经营场所、社会艺术水平考级现场考级活动等 8 项行业防控指南展开了修订。与相关部门联合起来，从减税降费、稳岗拓岗、社保缓缴、金融支持、房租减免等方面，提出了一系列有针对性的举措来支持文化和旅游行业的发展。在全国范围内，开展了“文化和旅游企业服务月”活动，在全省范围内，集中推出了 800 多条惠民政策措施。文化和旅游部持续优化营商环境，推行“一张清单”“一网通办”“延期办”“好差评”机制。对相关部门规章、行政规范性文件进行了修改，对演出经纪人员、营业性演出、娱乐场所、乡村民宿、剧本娱乐活动等进行了持续的规范。出台了《导游职业素质研培要点》《景区文明引导工作指南》《星级酒店员工三年培养方案》《国家高级导游考核》等一系列政策文件。到 2022 年底，全国有 32603 家旅行社。根据旅游行业的官方报告，2022 年，我国的旅游企业实现了 1601.56 亿元的总收入和 68.87 亿元的经营利润。截至 2022 年底，已有 8365 家星级酒店，已有 7337 家酒店的经营指标已通过省级文旅局审核；我国星级酒店的营业收入达到了 1177.68 亿元，酒店的平均房间价格达到了 318.48 元，酒店的平均出租率达到了 38.35%。[①] 文化和旅游部将强化规划与制度引导，持续丰富高质量的旅游产品供给，有 23 个省（区、市）对旅游资源进行了普查，对 12 家国家 5A 级旅游景区、15 家国家级旅游度假区、54 家国家级旅游休闲街区进行了新的评定，并将首批 53 家国家工业旅游示范基地、12 家国家级滑雪旅游度假地、14 家体育旅游示范基地公布出来。为提高乡村旅游质量，公布了第 4 批国家乡村旅游重点乡镇 298 个，推出了 369 条乡村旅游精品线路。例如，广西的大寨村、重庆的荆

① 文化和旅游部．中华人民共和国文化和旅游部 2022 年文化和旅游发展统计公报[R/OL].(2023-07-13) [2023-07-20].https://www.gov.cn/lianbo/bumen/202307/content_6891772.htm.

竹村也在此次评选中被评为“最美的乡村”，以长城为主题的国家旅游线路已开通 8 条。在旅游宣传上进行了创新，推出了《正大综艺—不看不知道，山河真美妙》《山水间的家》栏目，开展“美丽中国 · 美好生活”“跟随四季游中国”“城市巡游记”等专题宣传，组织第二次全国旅游公益广告评选。在此基础上，制订了《智慧旅游场景应用指南（试行）》，并在全国范围内开展“上云、用数、赋智”的智慧旅游项目。到 2022 年底，全国有 14917 个 A 级旅游景点，有 147 万名游客，接待游客 26.3 亿，实现了 1818.5 亿元的旅游收入，国内旅游总人次 25.3 亿，较上年同期下降 22.1%。国内旅游业总收入为 2.04 万亿元，较上年同期下降了 30.0%。①

无论是在转型的早期（这时的旅游业是劳动密集型产业）还是转型的后期（随后的发展为技术密集型产业）都需要贴近人口的终端，这种与人口增长成线性相关的产业特征，决定了其对劳动力和人力资本的吸收能力很强。当前，世界旅游业的重心正在逐渐转向亚太地区，越来越多的国家选择了将中国作为旅游目的地，我国已经成为世界上最安全、最有吸引力的旅游目的地。我国旅游业的供给侧结构调整为旅游业提供了新的发展契机，同时也为旅游业的发展提供了新的契机。供给侧结构性改革，强调依靠改革创新培育发展新动能、改造提升传统功能。其中，实施创新驱动发展战略，深入开展“大众创业，万众创新”具有重大意义。恩格尔系数是衡量一个家庭或国家生活水平、消费结构的重要指标。随着城乡居民收入水平的提高和生活质量需求的提升，尤其是中等收入阶层不断扩大，旅游消费预期将得到极大释放，游客的规模也将迅速扩大。

旅游消费是综合消费、最终消费、多层次消费和可持续消费，在扩大内需，特别是扩大消费需求、拉动经济增长中有着不可替代的作用。全国有 30 个省份将旅游业定位为战略性支柱产业、主导产业、先导产业或龙头产业，并予以优先发展，出台了一系列促进旅游业发展的政策措施。多数省（区、市）已建立起综合协调机制，部委办局联动，共同促进旅游业发展，许多大型企业集团进军旅游领域归根结底是由于人民群众参与旅游的热情。例如，四川省强调要加快建设成为旅游经济强省，推动旅游业与三次产业深度融合发展，发展智慧旅游，构建现

① 文化和旅游部．中华人民共和国文化和旅游部 2022 年文化和旅游发展统计公报[R/OL].(2023-07-13) [2023-07-20].https://www.gov.cn/lianbo/bumen/202307/content_6891772.htm.

代化旅游产业体系。优化旅游发展布局，推进四川藏区、彝区全域旅游发展，打造川藏旅游经济带和长江旅游经济带，加强与川滇藏、川甘青、川陕甘、川渝黔等区域的旅游合作。加强旅游资源的开发和品牌营销，积极发展休闲度假旅游、乡村旅游、红色旅游、生态旅游。拓展入境旅游市场，提升旅游精品区国际影响力，创建世界级旅游目的地。

按照主流的经济增长理论，推动经济增长的只有三类引擎：要素引擎（投资和消费以及出口三驾马车都属于这类引擎）、技术引擎（激发创新的技术和知识）和制度引擎（改变资源配置方式的规则和文化力量）。工业化阶段靠要素积累式增长引擎，后工业化阶段要靠技术创新引擎，制度引擎对两个阶段都重要。未来，我国要进入以服务业为主、旨在提高生活质量的后工业阶段，就需要从要素引擎换挡到技术引擎。明确提出加快建立中国特色“大众创业、万众创新”的国家创新体系，提出了“互联网 +”的重要创新创业思想。“互联网 +”就是“创新 +”“技术引擎 +”的意思，是新经济、新技术进行不断创新的结果，也是正在不断创新的技术本身。互联网技术不断地创新，旅游行业快速发展，互联网和旅游两大领域深度融合和创新发展，催生了一大批新技术、新产品、新业态和新模式，成为新常态下扩大内需、推动经济发展的新动能。

基于信息化技术的智慧旅游服务成为当前旅游投资的热门和重点。火热的市场背后是旺盛的需求，旅游正在变得可定量、可预测、可监控、可定制、可管理、可引导、可节约、可思考，这都在为中国旅游产业经济发展埋下驱动未来的芯片。分享经济，又被称作共享经济，主要包括产品分享、空间分享、劳务分享、知识技能分享、资金分享、生产能力分享等。分享经济的基本特征包括技术层面——基于互联网特别是移动互联网技术及其平台；主体层面——大众参与；客体层面——闲置资源；效益层面——资源利用效率最大化；效果层面——注重提升用户体验。

旅游业是一个信息密集型的产业，信息是其生存和运作的基础，并贯穿于旅游活动的整个过程。对于旅游，从吃、住、行、游、购、娱传统六要素来看，除去“购”要素，其他五个要素分别属于餐饮业产业链、住宿业产业链、交通运输业产业链、观光游览业产业链、娱乐业产业链，这些产业链各自对应相关管理部门。在消费环节除了旅游商品，即“购”环节有售后服务，其他五个要素都没有售后服务，属于即时现场服务类消费。随着数字化、网络化、智能化的深入发展，客观上催生了客源市场对旅游信息化的更高层次需求，也为旅游业与信息技术产业的融合发展提供了契机和基础。可以这样认为，旅游过程中的现场服务仅仅是原有产业链的延伸，旅游只做了信息综合服务。以云计算、物联网、人工智能等应用技术为代表的新一轮技术革命的到来，信息技术必然会向旅游业的各个环节渗透，得到比在其他领域更加广泛的普及和应用。

传统时代，游客的需求仅有线下的吃、住、行、游、购、娱六要素。在互联网时代，随着信息化的进步，游客的需求开始逐渐转变，发展为线上线下融合的N要素，即在原有旅游六要素的基础上增加了分享、咨询、投诉等线上要素。相对于传统商业模式，旅游消费者在互联网时代表现出个性化、精准性、互动性、分享性和便捷性的特征。作为“自媒体”的游客也不再满足于浏览官方发布或别人发布的信息，而是对创造信息和沟通交流产生了更浓厚的兴趣。互联网带给人们更多可供选择的获取信息的途径以及更为丰富的信息，游客可以通过搜索引擎、门户网站、社区论坛等各种方式找到自己感兴趣的信息，从而使人们的购买决策习惯发生转变。网友们对于旅游目的地的体验分享，以及对旅游目的地资源和服务的评点，也成为影响游客目的地选择的一个决定因素。信息的传递和获取贯穿了游客旅游活动全过程。

随着信息爆炸性的增长，消费行为主导性向消费者一方偏移，虽然旅游产品对人们的吸引力还是起主要作用，但是如何从众多旅游目的地中脱颖而出、捕获游客的心已经成为众多旅游景区和旅游服务企业共同关注的问题。对于旅游企业而言，不管是提供实体服务还是信息服务，将游客的需求放在首位，是互联网时代旅游企业发展的良策之一。满足游客需要，根据人们获取信息的新习惯，定制更为多样化、个性化的旅游服务和信息服务，探索在新技术条件下如何进行企业管理创新、服务创新、营销创新，整合旅游企业的内部和外部资源，构建一个游客与旅游企业之间知识共享、增进交流与交互平台的网络化运营新模式，是新时代的必然选择。

对于互联网时代的各级旅游行政管理部门来说，为了能够迅速应对国内外旅游市场经济贸易活动的变化，必须充分利用现代科技，加速提升管理手段的信息化水平。由于网络的客观环境和相关信息量的激增，需要政府部门注重公共信息资讯的安全保障及质量监管，形成舆论监测机制，为游客构建健康有序的旅游互动资讯平台，发布公共信息服务，提供投诉建议渠道。同时，开通专门的官方网站作为窗口，使旅游目的地形象宣传整体化。在服务领域，政府部门应借助互联网时代的信息技术及其发展演化，构建旅游服务平台，积极运用新媒体平台，建立旅游资讯网站体系。另外，通过官方网站与在线旅游网络运营商合作，推动当地旅游商务平台建设，从而为游客的新需求提供全面的信息服务。在营销领域，政府部门应充分利用互联网功能，树立旅游目的地的整体形象。注重整合营销和事件驱动，做到传统媒体与新媒体相结合、活动策划与网络传播相结合，实现线上线下互动、境内与境外传播。

随着信息技术的进步和我国旅游业的快速发展，旅游行业发生了巨大变化，行业规模不断扩大导致旅游数据爆炸性增长，形成了海量信息空间。智慧旅游需要依靠大数据提供有利资源，并有效地收集、挖掘和分析数据，这样旅游业才能实现智慧发展。如何充分利用海量的旅游原始数据快速、准确、方便地挖掘和分析旅客信息数据，已经成为智慧旅游大数据应用的重要内容。

移动互联网的发展使旅游业的数据持续增长。目前，在线旅行网站、旅游微博、微信、视频分享网站和社交网站等产生了大量的数据，包括用户在旅游预订网站上的预订频率和价格、用户对旅游攻略网站中酒店环境的评价以及对旅游景点和公共服务设施的描述，还有景区、酒店内部管理所有的信息系统、视频监控系统、感知系统等产生的数字、文字、视频数据。虽然大数据被视为一座“金矿”，并且在旅游行业的应用前景非常广阔，但是整个行业在大数据应用方面仍存在很大的障碍。这些障碍主要来自数据的收集，以及如何有效分析和挖掘这些数据。只有充分地从海量旅游数据中抽取出有用的旅游信息，旅游行业的发展才会更加智慧，从而实现智慧旅游的建设目标。

旅游大数据是旅游行业的从业者、消费者等旅游活动参与者所产生的数据。[①] 旅游大数据是智慧旅游建设实施的基础。旅游大数据收集的来源主要有两个：一是企业内部获取的各类数据，其中包括了用户在与企业互动过程中的交易、评价、轨迹、调研以及企业的管理营销等数据；二是外部数据，其中企业可以通过购买的方式从第三方机构获取相关数据。另外，企业也可以通过数据软件采集的方式

① 李裔辉．大数据背景下智慧景区创新模式研究[M]．哈尔滨：北方文艺出版社，2021．

获得相关旅游数据。例如，利用相关的数据，抓取软件和数据拥有方提供的接口来进行数据收集，其中常用的数据收集软件有火车采集器、网络矿工采集器等。

数据收集的来源渠道较多，具体包括以下几种：一是公共移动热点是性价比较高的游客信息采集渠道，能获取游客的手机号码、游客微调研问卷以及了解游客的具体位置数据。二是旅游一卡通是最佳游客行为数据采集措施，能够获取旅游消费清单数据、游客旅游消费轨迹数据。三是旅游手机应用是高性价比的游客行为采集渠道，能获取游客信息关注行为数据、采集游客旅行轨迹数据以及获取游客满意度调研与反馈数据。四是旅游资讯网是采集潜在消费者信息的渠道，可采集消费者旅游信息关注数据、旅游网络营销效果评估数据以及获取智慧化的旅游信息服务数据。五是旅游呼叫中心是采集高价值游客信息的渠道，可收集游客需求数据、旅游客户关系管理软件等。六是在线旅游企业的用户使用数据获取是比较热门的渠道，如携程、去哪儿、途牛等企业，在此类网站上积累了大量的用户数据，包括酒店、机票、景区门票、旅行社的交易数据。七是智慧旅游类系统或平台数据，即城市、景区、酒店、旅行社等信息库统计和记录下了相关数据，可通过这些智慧数据库收集到具体的运营和监管数据，包括旅游出入境及本地游客数量、海陆空各交通枢纽游客流量、饭店入住人数、景区入园人数、各旅游景区游客分布与拥挤状况、旅游经济与环境现状等特征数据。

旅游行业作为一项社会活动，旅游大数据庞大、复杂且碎片化。每个旅游业的参与者都会有自己的会员和消费数据记录，这些记录是大数据的基础信息，在一堆数字和消费者行为中分析处理并得出结论的具体措施如下。

一是结构化数据分析。结构化数据是指在固定字段集合中存放的数据，如关系数据和电子表格数据，属于传统的数据技术。结构化数据的分析处理相对简单，如将现在的数字与上一年同期做比较，或直接计算占比等。

二是非结构化数据分析。非结构化数据是指难以用数据库二维逻辑表现的数据，包括文本数据以及未标记的视频、音频和图像数据等。处理非结构化数据时，首先要看懂消费者行为，包括浏览、预订、出行等整个过程。比如，现在很多游客会在 OTA 上比价和预订酒店，其搜索的关键词和浏览痕迹会体现在 OTA 的记录里，如果客人浏览过这家酒店的页面却并未下订单，则可以通过这个记录分析该客人不下单的原因，当这个客人通过价格、品牌、区域等关键词排序查找酒店信息后，其留下的浏览记录则可以统计出人们是对于价格敏感还是品牌敏感。此外，针对互联网上的旅游评论，大数据还可采用非结构化的方式对评论内容的情感心理偏好做出判断。

三是半结构化数据分析。是用标签和其他标志划分数据元素的数据，可扩展标记语言和超文本标记语言都属于半结构化数据。

大数据是庞大、复杂且碎片化的，大数据分析的目的就是要把隐藏在一大批看起来杂乱无章的数据中的信息提炼出来，以便找出研究对象的内在规律。要快速挖掘出数据的价值，寻找到隐藏在沙里的“金子”，第一步就是去除不需要的石头和沙砾，在大数据分析过程中，这个过程叫数据清洗，也可以理解为数据的预分析，这对数据挖掘的方向有重要影响。数据挖掘可称为数据的知识发现，是从大量不完全的、模糊的、有噪声的随机数据中提取隐含在数据中的有价值的信息，并通过统计、在线分析处理、情报检索、机器学习、专家系统和模式识别等众多方法实现数据分析的目标，通常与计算机科学有关。它是一个基于机器学习、人工智能、数据库、模式识别等的决策支持过程，可以自动分析大量数据，做出归纳性推理，并从中挖掘出潜在模式，为用户提供决策性支持。大数据挖掘技术主要包括关联分析、序列模式、分类、聚类和异常检测等方法。在旅游大数据挖掘分析应用中，可以使用关联分析进行旅游数据搜索，找出出现概率较高的模式，或者通过数据的聚类与分类分析旅游数据的相似性，将相似的数据放在一起，为决策者提供决策支持。

通过分析游客浏览旅游网站的日志，利用数据挖掘技术发现用户常见的浏览行为，或通过游客游记、评论等内容中涉及的旅游活动安排来掌握游客感兴趣的旅游目标和信息。针对这些内容的数据挖掘可帮助旅游企业和管理部门进一步优化旅游产品的线路组合策略，提升旅游管理服务，甚至发现新的旅游项目与旅游目的地。例如，通过数据分析发现某游客在访问张家界国家森林公园网页的同时，也浏览了凤凰古城网页。这表明该游客在游览完张家界后，很有可能会选择继续前往凤凰古城游玩。因此，旅游管理部门可以在两个景区之间增设旅游大巴，或者在张家界国家森林公园的官方网页上推荐凤凰古城的链接，以方便游客前往凤凰古城游玩。针对游客的旅游爱好与需求可提供个性化的旅游建议和推荐旅游线路，协助游客做出相应的旅游计划。例如，携程等在线旅游企业开发的定制旅游服务，通过分析客户提交的个人信息，根据客户特征来推荐（或者说定制）更适合、更舒适的旅游线路。

旅游数据挖掘可以用来发现潜在的旅游客户，主要采用数据聚类和分析方法。对于初次来访的游客，通过对他们的访问记录进行聚类和分析，可以识别出潜在的旅游客户，并推荐他们感兴趣的旅游活动。比如，用户虽然并未明确浏览过旅游网站信息，但经常浏览非登录地的住宿信息，则该用户很可能是位经常出差的商务人士，可以在住宿页面推荐当地特色休闲旅游动态。大数据可以帮助预测特定旅游产品的需求，使企业管理人员掌握并了解旅游行业潜在的市场需求。通过大数据分析，企业可以了解未来一段时间内每个细分市场的产品销售量和价格走势，从而通过价格杠杆来调节市场供需平衡。此外，企业还可以针对不同的细分市场实施动态定价和差别定价策略。通过定位到的潜在旅游市场群体，旅游营销可以更加准确地定位到那些已经搜索和预订的旅行者细分市场，将营销嵌入整个旅行环节内部并实现精准营销。

在微博、微信、论坛、评论版等平台随处可见网友在旅游目的地的游玩点评，点评内容涉及住宿、餐饮、景区景点、服务人员、休闲设施等各个方面。通过收集网上旅游行业的评论数据、建立网评大数据库来分析消费者的消费行为、价值趣向、评论中体现的新消费需求和企业产品质量问题，进而改进和创新产品，量化产品价值，制订合理的价格，提高服务质量，获取更大的收益。

将分析模型与结果储存起来作为数据工具，可使开发人员能够快速进行旅游数据挖掘应用。数据分析模型通常被开发人员用作数据分析工具，通过合理的算法模型分析数据后，可以快速进行旅游数据挖掘应用。旅游行业是一个高度复杂、高度关联的行业，旅游部门对大数据的分析内容包括旅游市场需求预测、旅游景区和旅游供应商销售预测、旅游产品优化、资源库存管理、多渠道市场营销方案优化、旅游税收流失分析等。旅游部门和企业需要整合并分析来自不同渠道的数据源，如在线门户网站和旅游运营商的数据，使用不同参数来提高销售和市场营销的有效性。社交媒体上的非结构性数据是研究游客行为模式的最佳资料。社交媒体还提供了丰富的群体情感信息，帮助政府和企业分析市场趋势和游客偏好，提出细分市场的销售战略，识别潜在的市场风险。

在信息化迅速发展的今天，智慧旅游的建设与发展离不开大数据，只有依托对海量数据的分析和挖掘，才能使旅游行业的管理与服务智慧起来。因此，利用大数据收集和分析技术与旅游产业进行有效对接，挖掘旅游大数据蕴含的商业价值至关重要。目前，大数据技术在旅游消费者需求调查、旅游市场开发、旅游产业管理、旅游商业模式运行等方面具有较大的商业需求，较为成熟的大数据存储分析和处理技术在商业应用中发挥了重要作用，如旅行团队行程报表生成与查询，旅行大数据挖掘、分析与建模预测以及景区景点数据的可视化等均已经产生重要的商业价值。

旅游大数据中的关联数据较多，旅游信息往往隐含在旅游相关的互联网企业和电信运营商网络平台中。旅游运营商需要长期、充分地挖掘和分析游客及其旅游活动轨迹，发现其中的商业价值，实施精准营销，改善旅游用户体验，并为中小旅游企业或更多需要旅游大数据信息的旅游关联部门和行业提供服务，这是旅游大数据商业化的基础。

旅游行政主管部门是旅游市场稳定与健康繁荣发展的主导力量，肩负着合理分配、充分利用和保护旅游资源，加强旅游基础与服务设施的建设，提高旅游从业人员素质，维护游客权益，确保旅游市场的平稳运行，促进旅游产业蓬勃发展的历史使命与责任。

政府可以通过旅游大数据分析结果准确预知旅游市场的现状与未来发展趋势，进而采取相应的措施，加强目的地宣传与促销，开发游客喜欢的旅游产品，并适时推出游客需要的公共旅游产品和公共旅游服务，进而改进与提高政府旅游公共服务的能力，为促进旅游市场繁荣创造条件。实时、高效、互联、互通的可视化大数据分析结果为旅游行政主管部门的旅游市场决策提供了重要的辅助工具。大数据对政府旅游行政主管部门的作用还体现在旅游行政监管的有效性上。传统的旅游行政监管由于技术手段落后只能进行事前预防与事后监管，对于旅游市场出现的问题不能进行及时、准确且科学的管理。大数据应用可以全面、实时地监控旅游市场与旅游企业服务质量与服务水平，并能及时、全面地对旅游决策管理措施进行效益与效果分析，对国家和地方旅游经济效益进行评估。大数据还可以广泛应用于政府旅游主管部门对旅游交通状况和天气状况的实时把握中，解决旅途拥堵、旅游突发事件处理，最大限度地降低旅游风险所带来的影响。

旅游企业是旅游产品与服务的创造者与实施者。对于旅游企业而言，为旅游细分市场提供最佳的旅游产品与服务、采取最佳的营销策略是创造综合旅游经济效益的前提。利用旅游大数据对数据进行收集和分析，结合人工智能技术与相关的大数据管理系统可以为旅游企业进行旅游市场决策提供更加精确与快速的技术支持服务。最主要的成果就是精细化运营，即根据游客偏好推送个性化的内容。大数据平台会根据游客日常旅游信息搜索习惯推送广告信息，同时根据其搜索关键词，精准推送同类型旅游产品服务。此外，旅游大数据还可以直接或间接为旅游企业提供商业咨询与服务。旅游大数据运营商将收集到的数据进行整合处理，逐步存储旅游数据信息文件，分项逐步扩展到旅游大数据聚合平台，提取客流与旅游时空分布特征大数据分析结果，实时评估旅游服务水平和服务质量，为旅游景区提供景点与服务场所选址决策参考，为缓解并快速响应景区拥堵、提升游客旅游体验提供解决方案。

游客是旅游市场的主体，也是旅游产品品质与服务的最终检验者。现代旅游企业可以通过旅游大数据平台更好地对游客进行旅游消费行为与习惯的大数据分析，为游客量身定制旅游消费以及旅游保险产品服务。比较好的例子是旅游网站上的个性化推荐，即个性化定制服务，如果一个游客在网站上搜索古镇资讯，那网站就会自动向该游客推荐其他相关的古镇资讯供游客比价选择。游客可以利用旅游企业与行业主管部门提供的旅游网络平台，及时获得旅游产品、价格、消费、环境、交通等信息和服务。游客在前往旅游目的地时，可通过景区提供的大数据资讯实时了解景区内部的客流量及交通等信息，及时调整和安排行程，真正实现便捷、个性化旅游活动安排，享受想走就走、想玩就玩的个性化旅游。

在信息化时代，大数据收集和分析正在快速从商业智能向用户智能发展。随着更多的旅游企业大数据业务的增加，游客从中可以获得更多更好更完善的旅游消费体验。

第二节　基于大数据分析的景区客流量预测

一、景区客流量的影响因素及特点

（一）景区客流量的影响因素

1. 历史客流量

现代社会是一个信息社会，在现代市场经济中获取反映市场供求状况信息的能力是衡量经营者素质的重要方面，也直接关系到企业的命运。旅游业是综合性比较强的产业，它要受多方面因素的影响，因此必须对景区客流量进行考虑。

随着时间的推移，历史客流量的影响程度也会逐渐加深。因此，通过分析历史数据可以看出历史客流量，可以解释交通需求变化，可以用来进行短时交通流量预测。利用历史客流量数据进行短期用电负荷的预测是一种可行的方法。在交通需求预测中，人们往往利用历史节假日客流数据进行分析，可以得到不同时间段内各城市或地区出行人数及相应的高峰小时值等参数。此外，对于那些拥有独特自然景观，如日出的景区而言，为了预测每日客流量，游客数量在某一时刻前成为一个至关重要的参考指标，这是因为在某一时刻前，游客数量与当日客流量之间存在着极为密切的相关性。因此，应结合以上两种情况，建立一种基于日客流量时间序列模型的预测方法，该方法可以根据不同时段内各指标之间的相互联系及变化趋势，确定出当天或次日的最佳预测值。

2. 人体舒适度指数

一般而言，气温是影响客流量最为重要的因素之一。因此，人们往往会在一定程度上将高温与低温作为衡量出行舒适度的依据之一。随着外部环境的不断变化，单一的温度高低并不能成为人们外出旅游的唯一衡量标准。因为不同人对于外界冷暖有不同的感受程度，在选择旅行方式时就需要考虑这一点。除了温度，人体对外界温度的感知还受到空气相对湿度、风速等多种因素的影响。在一定范围内，环境温度越高，相对湿度越小，人就会感到更加凉爽。即便气温较高，当相对湿度较低、风速较大时，人们也不会感受到过于酷热的氛围。在气温较低的情况下，只要保持湿度和风速的适宜，人体也会感觉舒适。相反，当温度和湿度增大时，人就会感到不舒服。因此，人体的舒适度指数成为预测短期旅游客流量的另一个重要因素。人体舒适度指数主要用于对旅游季节性客流进行分析和预测，从而确定出最佳游览时间，避免旅途中出现身体不适现象，保证游客身心愉悦。

随着信息技术的飞速发展，人们在踏上旅途之前，已经不再仅仅关注气温的高低，而是会综合多种气象信息，并根据天气对身体的舒适度等多方面因素进行调整。因此，人们在选择出行方式时也越来越注重人体舒适度。

3. 旅游突发事件

随着信息技术的不断发展，各种旅游突发事件都会对短期游客流量产生影响。因此，分析旅游突发事件的发生机理及其影响具有重要意义。旅游突发事件的成因结构涵盖了产业的内在风险和外在风险，二者相互交织，形成了复杂的风险网络。因此，旅游突发事件与旅游突发事件之间存在着相互影响和制约的作用，并由此形成了一个复杂的相互作用体系。① 旅游突发事件既包括自然事件，也包括公共卫生事件，这些都是旅游突发事件发生时可能导致人们生命财产安全受到损害的直接原因或间接原因。对于旅游业而言，旅游突发事件是一种异常特殊的影响因素。由于这些特殊影响因素的存在旅游目的地的游客可能面临着比其他地区更大的风险。因此，对于游客来说，要想使自己获得满意的旅游体验就必须了解和掌握旅游突发事件。

在信息时代，旅游突发事件对客流量的影响主要源于两个方面：第一，由于极端天气和地震等会给交通带来极大的不便，甚至威胁到人们的生命安全；第二，公共性的卫生事件和禽流感等疾病会引发人们的心理恐慌，从而限制了他们的旅游行为，减少了出游的频率。尽管旅游突发事件的发生概率较小，但其对游客数量的影响不容忽视。

（二）景区客流量的特点

景区客流量呈现出一定的非线性、季节性、随机性特征。同时，受游客自身心理活动以及其他社会经济因素等综合作用的影响，景区客流量也会出现波动性变化。因此，如何科学地预测景区客流量，对提高游客服务质量具有重要意义。

① 黄倩，谢朝武．旅游地脆弱性对旅游突发事件的影响机制研究[M]. 北京：中国旅游出版社，2022.

1. 非线性

旅游地和旅游业普遍存在着客流量时间分布的不均匀性，这种不均匀性导致了短期客流量在正常情况下呈现出非线性的显著特征。从客流的时空变化看，其主要表现为季节性波动和周期性变化两种形式，其中季节性波动与其他周期性波动相比更具有复杂性和随机性。旅游业的非线性特性源于其季节性和易受外界干扰的脆弱性，这两者相互作用，形成了一种复杂的生态系统。自然条件、气候等外界规律性因素的影响，使得一些山岳风景区和海滨型景区的客流量呈现出明显的淡旺季差异，这是非线性特征所致。随着旅游经济和信息化的不断推进，旅游景区的客流量呈现出持续增长的趋势，在很多情况下呈现出非线性的特征。

2. 季节性

人们的旅游活动呈现出季节性的时间特征导致短期内的客流量呈现出明显的季节性波动。季节性的变化既受到自然条件和社会制度的双重影响，也受到制度季节性的制约。制度季节性也就是由社会经济因素造成的人为季节变动，它包括了自然环境对旅游业发展所产生的直接影响和间接影响两个部分。在我国，自然现象的变化呈现出一定的规律性，尤其是那些与全年气候的周期性变化密切相关的自然现象，主要表现为年内和年际季节性两个方面的变化。年内季节是指一年中不同月份之间相对应的时间差，即一个完整的年度周期；年际季节是指季节和月份的变化，包括春、夏、秋、冬四个季节的交替，这些变化在不同的季节中呈现出不同的特征和规律。

每年固定的假期制度、学校的假期以及职工的带薪假期等制度季节性变化也在一定程度上形成了季节性的规律。由于制度季节性对客流产生了很大的影响，因此研究其变化特点是非常必要的。我国的节假日休假制度呈现出明显的季节性变化，这种变化导致了人们对旅游需求的集中释放，从而带来了客流量的显著变化。同时，制度季节性还表现出时间间隔较长、持续时间相对较短的特点。因为受到自然季节性和制度季节性的复合影响，短期内的客流量波动幅度显著高于平常的日子，这种周期性波动不仅增加了景区运营成本，还会导致安全事故频发，严重时可能引发群体性事件甚至社会动荡。

3. 随机性

随着信息时代的到来，旅游突发事件的突发性和不可预测性导致客流量在短时间内发生了剧烈波动，从而打破了原有的客流量模式，减弱了非线性和季节性特点，同时更加凸显了随机性的趋势。传统的统计方法无法描述其特性，而通过建立数学模型分析客流变化规律则能更好地反映出实际状况。在这种随机的趋势中，既有非线性的特征，也有一些线性的特征，两者交织在一起，缺乏固定的规律性。此外，随着客流量研究观测尺度的减小，其随机性也随之增强，并成为一个突出的因素。因此，客流量的变化规律具有复杂性和不确定性。近年来，随着洪灾、雪灾以及一些政治事件等突发事件的发生，客流量的波动呈现出了随机性的特征。

二、基于大数据分析的景区客流量预测方法

（一）平常日客流量预测方法

人们越来越开始注重精神需求，旅游就是一项不可忽视的重要活动，一方面，可以开阔自己的视野，看一看祖国的大好河山；另一方面，可以趁闲暇之余，调整工作状态。但是近年来，景区踩踏事件层出不穷，景区的容客量是非常有限的，过多的游客既会给景区带来压力，同时也不能完全保障游客的安全。信息化背景下，可以通过利用这些数据及时地对景区客流量做出预测，限制游客数量，保障游客安全，缓解景区压力。需要注意的是，为了能够精准地预测客流量，不符合规范的民宿也应该考虑进去。同时，本地游客及自驾游游客也是不容忽视的，可以利用以往的游客接待量减去住宿人数得到本地游客以及自驾游的游客数量。通过一些数学模型分析出景区客流量与这些不同游客类型人数之间的潜在关系，便于及时、高效地预测景区客流量。

目前，对于景区平常日客流量的预测已经有很多深度学习模型，最重要的是收集相关数据，数据量尽可能详细完备是获得一个好模型的前提。客流量预测的主要目标是期望利用以往的游客接待数据对景区的客流量做出较准确的预测，从而限制游客数量、保障游客安全、缓解景区压力。模型的可扩展性代表它不仅只适用于某一特定的旅游景点，而是期望将其应用于所有具有相似数据结构的景区。数据结构不相同的原因有以下几个方面：第一，景区的地势条件将会影响游客出行工具的选择，所以可能会导致一部分数据有效性下降；第二，不同景区的民宿数量往往不同，这时如果仅从住宿游客来考虑，也会使预测的准确率下降；第三，

季节的影响也是不容忽视的。从理想状态来看，景区客流量可以由不同游客类型的数量线性相加而得。同时不同类型数据之间的潜在关系也应该加以考虑。例如，用以往的游客接待量减去住宿人数，可以一定程度上反映本地游客以及自驾游的游客数量。

由于景区客流具有连续性的特征，所以考虑使用时间序列模型来对景区客流量做出预测。信息化背景下，在智慧景区管理的过程当中，平常日客流量预测方法可以通过以下方法研究。

在线性时间序列分析模型中，自回归模型被认为是最为简单的一种。它是一种在统计上比较精确的非线性数学模型。可以通过分析前半部分数据与后半部分数据之间的自相关关系来构建回归方程，进而实现数据的预测和分析。由于它不需要事先假定变量之间有确定的函数关系或数学模型，因此具有较好的应用价值。

自回归移动平均模型是由自回归模型和移动平均模型两个部分构成的，它是一种非线性时间序列分析方法，可以被表示为 ARMA（p，q）。自回归移动平均模型融合了两种模型的独特性质，其中，自回归模型能够处理当前数据与未来数据的交互，而移动平均模型则有助于处理随机变化，即噪声问题。

大数据背景下景区智慧管理可应用于景区客流控制报警系统，不仅可以根据景区要求设定人数限制，增加报警灯等预警措施，还可应用于计算景点经过人数、景区区域人数、景点内部人数等。景区管理部门可以根据报表进行后期数据分析，找出规律，找到景区客流的管理方案。大数据背景下的景区智慧管理通过景区平常日流量统计系统可进行查询功能，根据不同时段的查找就可实时了解某段时间内游客进出的人流量的变化。通过实时人流量统计数据和历史数据分析预测客流的变化，一旦滞留发生，就可以根据实时跟踪客流变化进行安全疏导，保障游客的安全，防止拥挤踩踏事件的发生。

（二）突发事件客流量预测方法

随着我国经济实力的增强以及人民生活水平的提高，游客数量逐年增加，游客出行次数也不断增多。旅游业受到自然环境和社会环境变化的影响较大，自然灾害和人为灾害等突发事件会给旅游业造成严重冲击。因此，研究旅游突发事件下客流量的变化规律具有重要意义。在突发事件期间，客流量作为旅游系统的一个完整组成部分，呈现出一种内在的非线性、线性相结合的复杂和混沌的动态系统特征。这种混合了不同特征的预测方法使得旅游突发事件的客流量比平常日和节假日更加缺乏规律性。

旅游行业的特殊性决定了旅游突发事件的特殊含义。从本质上讲，旅游突发事件也可以称为旅游风险事件。任何一次旅游突发事件都会给旅游行业带来巨大的冲击，这些突发事件通常以人类和自然的灾难形式发生，但并不完全。在这些灾害中，最常见的就是旅游突发事件。尽管发生旅游突发事件的概率不高，但旅游业作为一个脆弱的行业，其运作条件和发展背景可能会受到任何突发事件的影响，导致当地旅游的可进入性降低，从而对旅游业的稳定性产生负面影响。

当前，针对旅游突发事件的客流量研究主要聚焦于应急管理方面，而对于突发事件客流量的预测研究则相对较为匮乏。在旅游业发展迅速的今天，客流量预测是一个重要课题。近年来，研究文献主要聚焦于一些突发事件，这些事件对客流量产生了直接的冲击，如亚洲金融危机等。随着时间序列分析方法的发展，越来越多的学者将其应用到旅游突发事件客流的预测中来，并取得了不错的效果。

组合预测是一种将不同的预测模型相互融合，利用各种预测方法将所提供的信息通过适当的加权平均方式得出组合预测方法的高级技术。组合预测不仅能充分利用各单个模型的优点，而且能够避免单个模型存在不足。在组合预测中，最受关注的问题在于如何计算加权平均系数，以提高预测的准确性和效率。传统的组合预测通常采用线性回归法、灰色关联度分析法等进行分析处理，这些分析方法都存在着一定的缺陷，其预测准确性会受到权重选择的影响。近年来，随着计算机和统计技术的发展以及人们对组合预测认识程度的不断加深，越来越多的学者开始关注并研究权重的确定问题，以期为组合预测理论和应用的进一步完善奠定基础。然而，目前尚未出现一套成熟的方法和理论指导来确定权重。

混合预测方法规避了组合预测的限制，因其具有多种方法的优势，所以在各种预测中得到了广泛的应用。在混合预测方法中，人工神经网络与差分自回归移动平均模型因其各自所具备的非线性与线性预测能力，常常组合起来预测复杂时间序列，是目前最为常见的混合预测方法之一。

对企业销售额、供应链管理需求、太阳黑子、美元对英镑汇率、悬浮在空中颗粒数量、建筑物空调负荷以及旅游客流量的预测等都可以采用人工神经网络与差分自回归移动平均模型的混合方法来分别实现，所有相关研究都证明了该混合预测模型比单独使用人工神经网络或差分自回归移动平均模型具有更好的预测效果。

支持向量回归和差分自回归移动平均模型混合预测技术主要应用于行业产值预测、股票价格预测和空调负荷预测中。但相较基于人工神经网络的混合方法而言，针对支持向量回归的混合方法的应用研究还相对较少，特别是在游客流量预测中的应用更是少之又少，所以结合支持向量回归与差分自回归移动平均模型方法构建一种混合预测方法，同时针对突发事件客流量时间序列具有非线性及线性随机性的特点，采用混沌粒子群算法对支持向量回归自由参数进行选取，并结合支持向量回归、混沌粒子群及差分自回归移动平均模型三种算法的优点，实现旅游突发事件期间客流量预测。

世界范围内大数据技术的快速发展深刻影响着经济活动与人们的生活方式，也催生了景区数据化的发展。信息化时代下，景区智慧化管理对突发事件期间客流量进行精准预测可以让景区管理者合理分配资源并及时迅速做出相应应急管理，但传统预测模型并不能很好地解决此类客流量预测问题。混合预测方法较好地掌握了突发事件期间客流量的特征，混合预测模型的预测效果明显好于其他方法。这一方法不仅对于旅游突发事件期间客流量有较好的预测效果，而且对于相似行业领域面对相同情况也可以做出预测，具有推广使用价值。

第三节　基于大数据分析的景区游客时空分流导航管理

一、景区游客时空分流导航管理的定义

景区各景点的负荷情况与客流的时空分布有很大关系，客流在不同时间段的空间位置分布不一，景区内各景点的负荷整体呈不均衡状态，一些景点存在超载危险，而另外一些景点低负荷运转，呈弱载状态。例如，武陵源景区具有很强的季节性，核心景点旅游旺季出现超载状况，周边其他景点未达适载或饱和状况，在旅游淡季景区出现弱载。因此有必要设计合理的游客分流方案，实现景区生态

保护与经济发展的协调。另外，游客在时间和空间上的分布不均衡导致各景点的负荷存在明显差异，进而影响了旅游和生态之间的协调。同时，由于景区内部资源存在很大差异性，这使得不同类型景区间客流也表现出显著差异。为确保旅游的经济、社会和生态效益协调发展，必须解决景区内游客数量的平衡问题。如何有效地组织好景区内不同类型游客的出行活动，以实现对其合理引导、有序分配以及最大限度地调高整体服务水平，是一个非常重要且亟待解决的课题。基于此，本书提出了一种基于空间相对静态性和时间动态性原理的优化理论和方法，用于设计多条优化游览线路，并利用大数据技术和智能调度系统对游客分布进行时空分流导航管理的理论和技术，有利于解决游客时空分布与景区负荷的不均衡现象，从而促进旅游业的可持续发展。

时空分流导航管理跨自然科学与人文社会科学两大学科，是以系统观点、数学方法和计算机应用为基础的综合学科，同时也是旅游信息科学的其中一个分支。旅游信息科学在旅游中的应用覆盖了旅游系统的各个方面，时空分流导航管理既是信息技术在游客中的应用，也是信息技术在旅游企业中的应用。一方面，在游客与旅游景区的交互过程中，游客是时空分流导航管理的被服务者，旅游景区通过时空分流导航系统与其进行交互，获取其所在位置和景点等信息；另一方面，为了满足旅游景区内部管理、市场竞争和企业发展的需求，时空分流导航管理也应用于企业内部信息。

随着信息技术在旅游领域的深入研究，信息技术在旅游实践中的应用也在不断拓展和完善。为确保各景点游客的时空分布和景区负荷的平衡，避免某些景点因长期超载而遭受破坏，景区游客的控制和调节已成为急需解决的重要问题。将时空分流导航管理引入景区的旅游流调控系统中，建立一套科学有效的景区旅游流控体系，可以实现旅游资源合理规划配置及可持续开发，从而达到保护环境和保障安全的目的，消除潜在的安全隐患，提高游客的满意度，并扩大景区的承载能力，同时也是缓解旅游发展与生态环境保护之间尖锐矛盾的重要手段。

在大数据背景下，为了应对旅游景区高峰期游客拥挤所带来的生态环境破坏和游乐设施故障等问题，管理人员应运用信息监控技术，设计出一条或多条优化的游览路线，并利用随时间移动形成的相对“空置”“空闲”的空间对客流进行分流导航，以实现游客在景区内的均衡分布和有序交换。

二、景区游客时空分流导航管理的理论

（一）游客的时空行为与流动规律

游客的时空行为影响着关于景区游客时空分流导航管理系统的模型构建，同时根据游客在时间和空间上的分布不同来总结游客的流动规律，为时空分流导航管理系统模型的构建奠定一定的基础。

1. 游客流动

随着社会的发展和技术的进步，信息化应用已经成为旅游行业的发展趋势。信息化应用可以为旅游行业带来许多好处，有助于增强游客的体验。游客空间流动结构是景区制定发展规划、开展全面合作的实际依据。旅游景区包括节点状旅游活动能到达的区域。旅游景区规模的大小会影响游客的空间流向。例如，规模较大的旅游景区会使游客逗留时间较长。旅游节点由旅游吸引物组成，包括旅游资源和设施。旅游节点（资源设施）的吸引力越强，游客空间流就越集中。旅游节点的吸引力是通过信息传播向外扩散的，所以信息传播能力对吸引力有影响，且具有互补作用的吸引物集合能够产生较强的吸引力。交通通达情况包括交通区位（景区与制药交通通道、旅游路径的空间关系）和交通服务设施状况（通勤路况、交通信息服务、站点发达程度等）。游客最小行游时间比是一日游的最大通勤距离。三种基本距离理论包括距离与行动圈（基本距离越远，观光活动范围和旅行规模越大）、距离与频度（基本距离越短，旅行频率越高）、距离与观光内容（观光内容越优质越能吸引远距离的游客）。个人因素包括物质条件（时间和金钱）、个人偏好（出游动机和消费需求）、出游组织形式（团队或是散客）、交通方式（跟团或是自驾游）、其他因素（信息处理能力或身体状况等）。这些因素均从宏观层面上反映了游客对旅游景区的认知以及引发的行为。在旅游景区内，游客空间流动越多元化，越能提高景点建设和资源的利用率。例如，开发旅游景区内多条观光线路。从旅游开发商的角度来看，一方面，能够在时间和空间上错开观光客流，减少由于人流过于集中而增加的排队等候时间，提高旅游观光的服务质量；另一方面，能够提高旅游资源的开发率和利用率。而从游客和旅行社的角度来看，旅游景区内的丰富旅游景点能够提供更多元化的选择，并且缩短了从一个景点到另一个景点的时间和距离，提高行游比。

信息化背景下，从游客属性来分析游客动机行为的研究表明，游客在景区的变化是多种因素共同作用的结果，包括游客的主观兴趣、景区的交通状况、资源特征、产品类型以及服务设施的空间布局等。其中，时间和距离是影响游客变化最重要的两个因素，而空间则起着决定性作用。游客不仅会受到景区景观的时间性和景点在游径中位置的直接影响，还会受到景区住宿设施空间布局和消费行为的影响。

2. 行为模式

以上海世博会为例，上海世博会采用空间行为模式划分方式，并将飞行／驾驶式修订为飞行式，研究国内游客的客源地空间分布、游憩活动空间及空间行为模式。上海世博会国内客源市场空间分布广泛，距离衰减现象明显，空间使用曲线是玻耳兹曼型和基本型的复合，世博会的引力场半径为 1 400 公里；世博会的游客空间行为模式以直游式、直游－周游式为主，由于游客的个体属性存在差异，他们的空间行为模式也呈现出一定的多样性。游客的空间行为受到多种因素的影响，包括但不限于年龄、文化程度、职业、月平均收入、旅行方式以及空间距离等。在旅游地 500 公里范围内，游客通常选择直游式或直游－周游式；在 500～1 000 公里范围内，游客通常选择周游式；在 1 000 公里以外的游客通常选择飞行式。

自驾游客源市场结构表现出近域性、东向发展、集中于 4 小时交通圈等特征。旅游客流空间使用曲线用于描述旅游景区人数随距离变化而改变，常见的有基本形、U 形等，随着距离的增加，自驾旅游空间的使用曲线呈现出典型的玻耳兹曼曲线特征在 400 公里处达到最高峰，但随着距离的增加，游客数量迅速减少，引力场主要分布在 600 公里范围内。

此外，不少国内学者运用聚类分析方法对有效样本进行研究，以揭示其时空行为模式的多样性。例如，采用问卷调查法获取数据和聚类分析处理数据，以景区内部游客的时空行为为研究对象，从微观层面刻画了颐和园内部游客的时空行为模式。聚类分析揭示了时间信息、空间信息、路径信息和活动信息四个要素是景区内部游客时空行为模式形成的重要因素，并将时间地理学研究方法引入游客行为研究中，通过实证研究探索了时空路径聚类要素方面的问题。通过综合时间、空间、路径和活动信息，利用差异度和显著度作为聚类量化要素选择的指标，成功剔除了干扰因素，将游客群体按照时空行为模式划分为六个类型。不同层次的游客对同一事件的认知程度有较大差别。

信息化背景下，通过对游客时空行为模式的研究能清楚地了解景区内部游客的时空行为模式，有助于研究人员更深入地了解游客在景区内的游览活动和需求情况，从而提高他们对景区的认知和理解。例如，有关香港海洋公园的研究更新了对第一印象区的理解，为旅游景区产品调整、改进和精细化设计提供了理论指导。通过对这些游客群体进行分析，可以发现他们之间存在着一定程度的差异性，这对于提升景区管理水平有实际的指导意义，有助于提高游客的旅游体验品质。

3. 活动规律

每个景区内的游客活动规律都与该景区的特点有很大的关联，通过采取 GPS 追踪技术、活动日志调查、移动比率矩阵阈值分析法、景区选择顺序评分法等方法可以得到不同景区游客的入园离园时间、游览时间、停留地点等信息。信息化背景下，总结旅游景区的智慧管理中的活动规律，对于提升游客的旅游体验质量、改善景区设施和提高管理水平具有实际指导意义。

4. 移动轨迹

在获取游客的移动轨迹数据的研究中，一般采用问卷调查法、GPS 调查法和基于社交网络数据等调查方法，采用空间分析技术、跟踪分析技术、集中指数法等方法技术手段。

随着便携电子产品，如智能手机、数码相机、平板电脑等和互联网的普及发展，越来越多的人在景区旅游过程中拍摄照片、录像并通过微信、微博等社交平台进行分享。在相机拍摄照片的同时，和照片相关的一些信息如照片拍摄时间等也会被同时记录，并且在手机开启定位服务的条件下，用手机拍摄照片的地点也会被记录下来，这使得互联网上存在大量的含有地理参考信息的照片。在此基础上对其进行分类，利用基于地理特征的聚类分析方法将游客划分到不同类型中去，根据游客在一天内拍摄照片的先后顺序和地理坐标得出所有游客的移动轨迹并构成游客流向地图。

信息背景下，旅游景区智慧管理中的游客移动轨迹可以非常直观地观察和归纳出游客的流动规律，结合游客的行为模式和活动规律，这些数据为模型构建和算法设计提供了有力的指导，为算法设计要素和模型约束条件的实现提供了基础和理论支持。

（二）游客的集散机制

旅游集散中心作为一种公共产品性质的组织实体，以企业或事业单位的形式存在，为游客提供旅游服务产品，同时也是整合旅游资源的重要方式和途径。因此，对旅游集散中心进行研究不仅具有理论意义，而且具有现实意义。它是信息化背景下的一种旅游空间组织模式，一般指的是城市层面的集散中心。它通过对各旅游资源要素的整合来搭建旅游服务平台，使游客真正享受到自助旅游的乐趣。旅游集散中心的功能有以下几点。

第一，交通集散服务功能。作为旅游集散机制的核心功能之一，为游客提供了高效的交通集散服务。第二，信息咨询服务功能。旅游信息服务不仅包括旅游专线、景区景点、餐饮娱乐指南、门票等多种功能，还包括热线电话咨询、投诉受理服务等。第三，配套综合服务功能。体现在针对散客旅游需求的一站式服务模式上，旅游集散中心是游客的中转站，餐饮、住宿、购物等综合配套服务必不可少。第四，旅游中介服务功能。设立信息中心和票务中心，信息中心引进旅游景区信息系统，及时发布各类旅游信息；票务中心引进先进销售软硬件系统，为游客提供快捷服务。第五，外部性功能。体现在展示景区形象等方面，有利于提升景区旅游形象和品位，提高景区吸引力。第六，辐射功能。随着旅游集散地规模、等级和职能的提升，可辐射带动多个旅游景区的发展，为该区域的旅游业带来了产业升级的机遇。

信息化背景下旅游智慧景区的游客时空分流导航管理，通过游客集散机制可以解决景区游客拥堵问题。高效的旅游景区游客集散机制不仅能够提高景区游客的观光量和游客的接待量，还能提高游客浏览景区的观光质量，是散客资源“集聚—扩散”的枢纽、城市旅游服务功能的重要载体和窗口，对整合宣传旅游资源、优化城市旅游环境、提升旅游服务质量、提升城市旅游形象和品位、增强吸引力及方便散客出游和促进旅游经济和发展均具有重要意义。

三、基于大数据分析的景区游客时空分流导航管理的平台开发与措施

（一）景区游客时空分流导航管理的平台开发

1. 智慧景区游客时空分流导航管理的基础平台

旅游信息不对称、信息缺乏整合协同和旅游信息化建设亟须规范等问题催生了智慧旅游的产生。随着全球信息化浪潮的推进，景区信息化不断发展，物联网、移动互联网、云计算以及人工智能技术等成熟与发展，为智慧景区建设提供了强有力的技术支撑，同时整个社会的信息化水平也逐步提升，这进一步增强了游客的信息手段应用能力，从而使智慧景区游客时空分流导航管理拥有了广泛的用户基础。智慧景区的构建需要以现代信息技术为依托，通过整合各类资源来实现智能化管理。智能移动终端如智能手机和平板电脑的广泛应用，为智慧景区的建设提供了一种高效的应用平台。通过使用智能设备进行游览活动的游客数量日益增多，这就为智慧景区游客时空分流导航系统的开发创造了良好的条件。随着游客数量的增加和对旅游体验的不断追求，游客对信息服务的需求也在逐渐增加。

智慧景区依托互联网技术，以游客为中心，融合大数据处理、物联网等先进技术手段。智慧景区包括了电子票务系统、景区信息发布系统、客流趋势与预警系统、基于位置和身份识别的服务系统、深度旅游引导系统、停车场管理系统和配套保障等。目前景区的基础硬件平台在景点端主要是借助信号接收强度、RFID、LBS、GPS、北斗导航等物联网技术，尤其以 RFID 为核心，而游客端则主要借助游客手持的智能手机。基于 RFID 技术的工作原理是：在景区内的各个景点以及重要位置放置读卡器，在物联网中，每个读卡器都扮演着固定节点的角色，而游客所佩戴的移动手持设备则是该领域中的移动节点；该系统通过无线传感器网络将数据发送到固定节点上的基站；节点的位置信息和相邻节点的相关信息被储存在一个固定的位置上；移动节点将自己携带的摄像头对准固定节点获取图像数据；当游客移动至靠近固定节点的位置时，移动节点即成为移动手持设备和固定节点之间实时通信的媒介；当游客离开时，移动终端将携带相应的数据回传给固定节点，以实现对整个旅游景区的监控。在手持移动设备上安装软件可以

实现视频和音频功能，为用户带来更加丰富的使用体验。当RFID标签与设备通信时，即可播放标签预先存储的相关音频和视频信息。当移动手持设备与服务器之间发生连接或数据交互后，可实现景区旅游路线规划及导游服务等功能。该物联网系统采用多跳网络，当游客在查询某一景点时，移动手持设备会将相关信息发送至最近的读卡器上。当读卡器接收到景点信息时，首先进行位置比对以确定是否为该景点信息，并选择返回信息还是向相邻读卡器发送位置信息，计算出最佳路径，并反馈到游客手持移动设备上。通过视频地图导航或音频导航，引导游客前往景点。

然而，当前RFID存在一些制约因素。一个是成本方面，在景区游客时空分流系统中，标签和读卡器的使用频率通常较高，相较于低频标签，它们的价格较为昂贵；另一个是标准方面，由于不同国家或地区对标准有很大差异，因此必须根据本国国情制定相应标准以满足各方面需要。目前，RFID技术尚未形成一套普遍适用的国际规范，导致市场上存在着多种标准并存的情况。

在大数据分析的背景下，旅游景区的智慧管理采用基于GPS技术的智慧景区导航系统，该系统通过携带GPS模块的掌上电脑、智能手机等手持设备实时获取游客的位置信息，并将其传输至服务器端，从而实现对游客的实时定位。游客可通过该服务器查询到自己想要去的景点或前往的地方。游客的位置和周边相关信息可以通过游客的手持设备上的经纬度信息进行精准标注。

2. 智慧景区游客时空分流导航管理的应用平台

(1) 景区感知系统

一是景区地理空间数据。旅游景区借助Web GIS平台模拟景区地理空间数据。例如，部分学者运用空间信息服务软件平台（MapXtreme）开发了客户端地图应用系统和万维网环境的地图应用系统，建立了投影和坐标系统，实现了地理编码和路径分析、地理对象的选择和查询等功能，同时还支持地理对象的编辑、处理和分析工作。在这些基础之上，还可根据用户需要提供路线优化服务、旅游景点定位等功能。MapXtreme与架构开发工具完全集成，并为开发电脑操作系统（Windows）的人员提供了一个核心，使得他们可以同时开发万维网应用和桌面应用；实现了用户友好性、可扩展性、安全性、可维护性和易用性；支持多种空间标准，包括但不限于开放地理空间信息联盟和开放式地理信息系统；该系统支持多种数据库，并采用组件、开放数据库连接和功能函数（Oracle Spatial）等标准数据访问协议。

该系统结合 Oracle Spatial 空间数据库与 MapXtreme 技术，建立庞大的旅游目的地信息库、旅游企业和产品信息库，集成了位置服务、地理信息系统、数据库等技术。Oracle Spatial 实现了将属性数据和空间数据无缝融合，从而显著提升了应用系统的稳定性和性能表现。在将地图上传至空间数据库之前，需要对地图进行分层处理，使每一层都对应 Oracle Spatial 中的一个数据表，每层内都有相应的数据模型与之关联，每层之间通过一定的映射关系进行联系。根据用户的类型和需求，数据的分层存储可以呈现出对用户有益的图层，从而有效减少服务器到客户端的数据传输，进而提升系统性能。有学者采用统一过程和面向对象相结合的系统设计方法，以交互式图形程序（OSG）为开发平台，以 GIS 技术建立旅游景区虚拟旅游系统。利用开源 OSG 技术在三维视景仿真和大规模场景地形建模领域的卓越应用，该系统能够呈现出逼真的虚拟旅游页面，并以旅游地理和模型数据为基础，运用地理模型分析方法，及时提供动态旅游信息和逼真的三维模拟。同时通过对用户需求分析，结合当前主流应用系统架构，给出的通用的三维可视化解决方案可以满足不同类型的三维场景浏览及交互操作要求。OSG 技术在景区虚拟旅游系统的设计与开发中得到了广泛应用，其创新性和实用性不仅带来了显著的经济效益，同时也为市场开发带来了广阔的前景；同时还可以根据用户需要，将不同类型的游客组织成各种规模的团体或小组，从而满足人们休闲娱乐的需求，提高游客的生活质量。

二是游客位置的感知。游客位置的感知主要利用 GPS、北斗卫星、RFID、紫蜂协议来感知游客的位置。RFID 作为一种无线自动识别技术，可以通过在较远的距离获取游客所携带的电子门票上的个体位置信息。通过在景区进出口内侧、景区进出口外侧、景区进出口内外侧三种方案对景区进出口进行实时监控，采用一系列算法，实现对景区游客量的实时监控，并在一定时间间隔内对各景区的游客量进行存储、查询、统计和分析，以便于进一步完善该系统的设计和实现。还可以基于 RFID 技术的景区游客分流系统能通过技术应用，依据读卡器采集到的标签信息来判断景区各景点的人数情况，并通过电子显示和广播的方式传播景点的游客饱和度信息，对游客分流进行指导，保证游客在景区内畅通的游玩。该系统具备无须人工干预即可完成操作的能力，有效减轻了管理人员的工作负担，同时表现出较高的辨识率和良好的可扩展性。利用RFID技术，各节点所发出的信息报告可用于对一段时间内的景点游客数量和待客量进行统计分析，并将其与景区的最佳游客数量进行比较分析，结合历史游览记录数据进行数据分析，为景区管理者提供决策支持。通过对上传的游客线路轨迹进行高精度定位，并进行重合频率分析，以引导游客优先欣赏载客量较低的景区，从而提升游客的体验感，并为后续景区管理提供准确可靠的基础资料。

紫蜂协议是一种近年来广受欢迎的无线网络技术，具有高容量、低功耗、低成本、低数据传输速率、短时延、高安全性和可靠性等特点。由于游客数量庞大且分散，因此如何有效地管理和控制这些游客并使之安全有序地到达目的地就成为一个重要的研究课题。为了解决旅游景区内游客在自由参观时迷路、找不到旅游团、导游召集游客困难等一系列问题，有人设计了一种基于紫蜂协议技术的游客定位系统，旨在为游客提供更加精准的定位服务。利用紫蜂协议技术构建无线传感网络，并结合接收信号强度指示定位算法，实现了对景区内游客的二维定位。同时，运用旅游景区内游客定位管理系统的电子跟踪技术，将无线传感网络技术与游客定位系统相融合，从而实现了对游客的高精度定位。该系统可用于景区内的智能导览和管理，提高游客的体验感，减少景区内的拥堵情况，从而提升景区服务水平和经济效益。其操作机制为如下。

首先，为了实现无线定位网络的路由功能，需要在旅游景区的恰当位置设置适量的参考节点，这样既能进行数据的传输和转发，还可以为无线定位网络提供支持。在景区恰当的位置设置一个协调器节点，能够收集相关的无线信号并通过以太网将这些信息传输到上位机。这样不仅能够提高无线定位网络的稳定性，而且还有利于降低系统功耗和延长电池寿命。

其次，游客在进入景区时佩戴电子标签，可以确保他们的安全和隐私得到妥善保护。电子标签是由若干个带有一定编码的电子芯片组成的，其内部包含有特定的电路模块和存储器。作为定位节点，每个电子标签都拥有独特的16位或64位ID地址和地理位置信息。当游客需要访问某个景点时，就能从电子标签上获得该旅游景点对应的位置信息。

最后，当游客进入某一景区时，电子标签会触发定位节点并启动内置定位引擎进行识别。相应的定位信息、游客 ID 号等信息将通过多跳的方式传送至网关节点，最终通过以太网传送到上位机数据库并进行相应的处理。

综上可知，与基于身份识别的游客感知系统相比，基于位置的游客感知系统目前还没有得到很好的解决。表现为对服务设施内外的动态使用信息很难获取。例如，传统民用的 GPS 定位精度一般在 3 米左右，Wi-Fi 定位精度更是在 30 米，在人流密集的景区显然难以满足精确统计游客量的需求，而精度高的军用 GPS 价格很昂贵，给景区运营成本带来很大负担。又如，RFID 阅读器作用范围内有多个 RFID 标签需要识别时，就会发生重叠，造成冲突问题——阅读器不能正常准确识别每个标签。而多个阅读器也会重复读取同一个标签，造成重复计数的错误。尽管有很多学者尝试解决冲突问题，但目前仍缺乏有效方案。再者，基于热力分布的视频捕捉需要进行人脸识别。但由于游客是流动的，跨摄像头的重复计算问题至今在业界还是一道难题。有研究采用数码相机照相方式来统计，但只能通过拍照后人为计数的方式，这显然不能满足实时的要求，而且容易出错。

（2）景区游憩系统

景区游憩系统是一种微观空间尺度的复杂系统，它由游憩行为和游憩环境之间的相互作用所构成。由于该区域内旅游活动频繁且具有高度不确定性，因此在这个特定领域建立一个能够真实地反映游客心理和行为特征的虚拟仿真平台就显得尤为重要。为了模拟微观空间尺度的复杂系统，景区游憩系统运用计算机仿真技术进行了深入研究。在国外，相关研究始于 20 世纪 70 年代，目前涌现出较多的景区游客游憩系统包括基于概率的非动态交互系统、基于规则的动态交互系统等。景区游憩系统具有很强的智能性与实用性，可以用于制定最优方案以及预测发展趋势，也可为管理者提供有价值的参考意见。

（3）决策支持系统

在大数据分析的背景下，为了辅助决策者进行半结构化或非结构化决策，旅游景区的智慧管理形成了一种基于计算机技术、仿真技术和信息技术的人机系统——决策支持系统。该系统具有较强的智能性，能够自动完成定性到定量分析的转化过程。该系统采用基于规则式、数据集和决策树等类型的知识库，运用人工智能技术和知识推理形式，以解决定性分析问题，从而实现系统的原理。随着科学技术的不断发展，人工智能在旅游业中已经被广泛地使用。尽管人工智能在旅游领域的应用已经相当成熟，但其相关理论、方法和技术仍未得到充分的运用，尤其是在旅游需求预测方面。基于数据挖掘和专家系统的景区空间引导策略，在景区时空分流系统中，通过运用上述技术手段对影响目标实现的多种因素进行深入分析、精确计算和全面评估，最终做出明智的决策，以确保未来行动的顺利实施。

（二）景区游客时空分流导航管理的措施

目前，不少景区的智慧化建设已经非常到位，但是在游客时空分流导航管理上，主要采取的管理措施还是以事后控制为主。旅游环境具有动态性、综合性等复杂特征，景区主要采取限制人数、调整价格等事前规划方法和流量监控、预警发布、线路指引等管理措施来对景区进行时空分流。

1. 限制人数

随着旅游活动在单位时间内吸引更多游客，其所带来的拥挤风险也随之增加，因此，实施游客时空分流导航管理已刻不容缓。因此，必须从根本上限制景区游客的时空分布，以遏制游客人数。如果不控制游客人数，那么就会出现景点饱和现象，旅游景区应当考虑实施游客数量的限制措施。例如，故宫博物院从 2015 年试行每日限流 8 万及实名制售票措施，启动限流预警，采取以疏导为主、管控为辅等限流措施，有效削峰填谷，为观众提供了更好的参观环境和文化氛围。目前，不少景区借助信息化技术已经实现了电子门票，为游客提供快速进园的便利，如八达岭、千岛湖和九寨沟等景区均应用了这项技术。

以黄山风景区为例，其为黄山量身定做的游客管理的改进方法，包括直接管理和间接管理。直接管理指的是对游客的意愿和行为进行直接干预，包括巡视、罚款、监视等措施。例如，对主峰实施分阶段的封山措施，优化游客的排队时间，在登山道上建立一套详尽的生态解说系统。间接管理指的是通过对游客行为和意愿的影响因素进行干预，包括但不限于宣传、教育、沟通、解说和劝说，以及对游客进行隐性控制，如物理变更、信息引导和价格变动等。例如，在营销上着重宣传黄山北部以减少拥挤，鼓励徒步、体育旅游等。相对来说，一种最直接有效且基于现实境况的方法就是控制进入景区的游客人数。关于限制游客目标容量的办法主要有以下两种。

（1）门票总量控制法

在旅游景区智慧管理的过程中，首先需要确定一个与当地环境容量相适应的日售票量，每日的售票量必须严格控制在规定的极限范围内，同时在景区门口设置检票机，以确保没有门票的游客无法进入景区。景区内的所有游客必须在规定时间内到指定位置买齐自己需要的门票后才能离开景点，即所谓的“门票制”管理。目前，各大景区普遍采用排队购票的方式，遵循“先到先购”的原则，这是经济学上用时间作为稀缺资源配置标准的一种方式。

（2）抽签法

所谓抽签法，是指通过在有意访问旅游景区的游客群中采取抽签的方式来决定最终谁能够访问该旅游景区。以美国著名的黄石公园为例，公园因全年参观量及考察量持续增加而过于拥挤，扰乱野生动物，后园区管理人员限制游客数量并采用抽签法确定能进入园区的游客数量。每日仅有数十位幸运者可以进入公园内的生态保护区。通过这种方法，可以得到一个相对稳定的环境资源，同时减少了游客游览时出现的意外情况。抽签法以“运气”为主要资源配置标准，这种标准在大多数游客心目中更具公正性和接受度。另外，通过抽签法确定的游客数量也使得公园内的管理更加科学、合理。

2013 年，《中华人民共和国旅游法》发布实施，其中明确规定：“景区接待游客不得超过景区主管部门核定的最大承载量。景区应当公布景区主管部门核定的最大承载量，制定和实施旅游者流量控制方案。”[①]2015 年，国家旅游局（现文化和旅游部）发布了《景区最大承载量核定导则》，其中规定当景区内游客数量达到最大承载量的 80% 时，必须向社会发布通告并向当地政府报告，同时启动应急预案。[②]这意味着，景区管理者必须采取“限量”措施，对于已发生事故或突发自然灾害等情况下造成的人流拥挤问题，可通过建立临时疏散通道来缓解其压力。一旦应急预案启动，地方政府相关部门应对景区周边道路入口和主要集散中心（地）进行流量监测，以引导、分流和截流景区外部的交通流量。该文件还制定了不同类型景区的基本空间承载标准，如文物遗迹类景区、文化遗址类景区、

① 中国旅游出版社．中华人民共和国旅游法 [M]．北京：中国旅游出版社，2013.

② 文化和旅游部监督管理司．中华人民共和国旅游行业标准旅游业行业标准汇编 [S]．北京：中国旅游出版社，2015.

古建筑类景区、古街区类景区、古典园林类景区、山岳类景区、主题类公园景区等。此规定的出台有望缓解高峰期景区游客井喷现象的发生。

2. 价格调整

大部分景区都有淡季价格，也有一些景区实行错时价格，通过价格优惠，调整价格，鼓励游客在非高峰期进入景区游玩，这样就可以错开人流高峰期。也就是说，大数据分析背景下，旅游景区的智慧管理过程中针对不同时间段游客量的大小，在标准化的门票价格上做适当的调整。在游客选择意愿比较强的时间段，景区可以设定相对标准价更高的门票，相反在游客不那么看好的旅游时间段提供优惠低价吸引游客，这样就可以通过价格政策充分利用不同时间段，在时间上更好地管理和分配游客流。例如，有一些景区推出了下午 5 点以后入园的优惠价格，而对另一些景区来说可以推出较早入园的优惠票，如一般游客都在 9 点后入园，那么可以设定 9 点前的价格，这样通过价格差异来分流一部分游客。价格政策同样适用于在空间上管理游客流。景区同样可以在部分受冷落的景点设定更低的价格，提供价格优惠，起到促销的作用，吸引游客的眼球。

（1）旅游费用折扣机会控制法

游客的出游决策受到旅游费用成本的直接影响，因此，旅游景区可以通过控制旅游费用的折扣机会，以间接的方式调节景区的游客数量。在欧洲威尼斯这座面积不足 8 平方公里的小城，每年有大量来自世界各地的旅客前来观光旅行。当地旅游业的可持续发展面临着巨大的挑战，因为涌入的游客数量已经达到了惊人的规模。因此，政府和有关部门采取各种方法减少甚至杜绝大客流对城市造成的负面影响，并以此作为吸引外国投资和扩大旅游客源市场的重要手段之一。为了维持威尼斯在全球游客心目中的旅游吸引力并推动当地旅游业的可持续发展，当地政府和旅游主管部门采取了一系列游客数量控制措施，其中之一是通过推出威尼斯旅游智能卡来实现对游客数量的调节。游客可以利用国际互联网预订威尼斯旅游智能卡，一旦获得该智能卡，即可享受一系列在威尼斯旅游的优惠，包括参观威尼斯城内的博物馆和纪念馆的门票、前往市区的机场和公共交通费用以及前往威尼斯公共厕所的费用。此外，游客还能够享受到各种免费住宿和餐饮等方面的便利条件。智能卡的发行数量取决于威尼斯城市中心的旅游承载能力，当游客数量接近当地旅游环境承载能力的阈值时，主管部门将停止发行智能卡，以限制客流量。

（2）门票提价法

在当前国内的一些热门景区，门票提价法被广泛采用。在经济学理论中，正常商品需求量的波动与商品价格呈现反向关系，因此，门票涨价法能有效地限制景区的游客量，进而起到控制游客数量增长的目的。然而，门票提价法能否实现旅游景区对游客数量的调控目标，实际上取决于旅游景区产品的需求价格弹性大小，若景区产品的需求价格弹性较大，则提高景区门票价格会导致游客数量大幅度下降，从而达到良好的效果。因此，要想有效地控制游客数量，必须首先确定门票价格是否合理，只有价格合理才可能通过调整门票价格来达到预期目的。景区产品的需求价格弹性受到多种因素的影响，如果该景区旅游资源独一无二，且门票价格在整个旅游费用中所占的比重较小，那么该景区产品的需求价格弹性将变得微不足道。另外，旅游企业为了获取高额利润，往往会通过增加门票收入来吸引更多的消费者前来消费，这也是造成旅游景区门票价格不断上涨的重要原因之一。

此外，门票价格作为游客评估景区价值的一项标准，一旦提高，游客对景区的期望值就会过高，如果旅游景区未能提供同等程度的旅游体验，游客可能会感到沮丧和不满。另外，景区涨价还可能导致消费者购买意愿降低、增加消费成本以及增加额外支出。因此，在考虑采用门票提价法时，必须综合考虑游客的价格接受能力以及其对旅游期望的影响，以避免出现游客数量减少且游客的满意度下降的情况。

可见，大数据分析背景下，价格对于游客在时间与空间的分布上都是一只无形的手，无论是将价格抬高还是降低，目的都是错开人流高峰，在时间和空间上合理管理和分配游客流量。

（3）流量监控

景区可以建立游客流量控制联动系统，包括地方政府外部系统和景区内部系统，景区内部系统包括门票预订、实时监控、流量疏导和分流、预警报告以及特别预案这五个关键步骤。该系统还能与地方政府的一级总控制系统进行联动，通过自下而上和内外联合的方式，对游客流量进行有效管理。实时监控要求检测常态化、信息平台化、预案有序化，RFID、GPS和北斗卫星等技术常被用来感应流量。依靠在数字化建设过程中安装的感应设备，不少景区均能即时掌握景区重点部位的现场情况，进行流量监控。感应设备包括用于拍摄现场实景的电子摄像头和用于游客定位服务的无线射频设备，能够提供流量预警服务功能。最具代表性的是九寨沟景区，其运作流程为通过配备 RFID 标签的电子门票作为游客身份的识别，然后在每个景点人口和出口处安装读卡器，结合无线通信和 GPS 定位技术进行人流方向的采集和监控，检测景区各大片区的游客分布情况（景区游客饱和度），最后根据跟踪信息统计每个景点游客的大致数量，供指挥中心的管理人员查看。一旦发现某个区域流量发生异常，监控人员便采取进一步的管理措施进行流量调控。

大数据分析背景下，在旅游景区的智慧管理过程中实现对景区游客流量密度的实时监测是一个具有挑战性的问题。为了实现对旅游景区游客流量的实时监控，可在各个景点部署一系列读写器，并利用算法对其进行处理。此外，按照一定的时间间隔对各景区的游客量进行存储，并通过查询、统计和分析，为景区的管理决策人员和相关职能管理部门提供可靠的数据依据，以便进行景区规划和日常管理。RFID 技术开启了创新门票管理模式，将采集的数据实时更新到管理部，方便管理人员对游客量进行实时监控，避免出现景区内游客量超过饱和度的现象。

针对当前国内部分景区存在着“重建设轻维护”的现状，以及一些地方出现盲目扩大游览路线而造成资源浪费的情况，旅游景区可以采用一种新的景区客流管控模式——人流监控模式。人流监控模式则能够对各景点（或线路）的游客容量进行统计，并根据知识库预测游客的流量趋势。一旦超出限制，系统会自动发出警报，并通过管理人员或智能终端信息发出告示，以便及时分流。同时，还可以通过网络远程访问后台服务器，实现景区客流情况的统计分析，以便更好地服务游客和管理者。

第五章 国内外旅游景区智慧化管理案例及启示

本章为国内外旅游景区智慧化管理案例及启示，主要包括三个方面的内容，分别是国内旅游景区智慧管理的实例、国外旅游景区智慧管理的实例、旅游景区智慧管理的启示。

第一节 国内旅游景区智慧管理的实例

一、不同旅游景区的智慧管理

（一）龙门石窟景区

洛阳在古代又被称为雒阳、东都，地理位置优越，位于中原腹地——河南省西部，因其位于洛水之北，又因水之北为阳，因此，取名为洛阳，并荣登国务院首批历史文化名城名单，在经济上洛阳也是中部地区重要的工业城市。司马迁曾云“若问古今兴废事，请君只看洛阳城”①，作为历史文化圣城，洛阳是华夏文明的重要发祥地、丝绸之路的东方起点，有着 5 000 多年文明史、4 000 年的建城史和 1 500 多年的建都史，为十三朝古都，历史记载先后有 105 位帝王在此问鼎中原，定鼎九州。洛河沿岸，五大都城遗址一字排开，分别为夏都二里头、偃师商城、东周王城、汉魏洛阳城以及隋唐洛阳城，还有龙门石窟、汉函谷关、含嘉仓等世界文化遗产。白马寺、武圣关羽陵寝关林、定鼎门博物馆等名胜古迹、文化传承彰显着洛阳厚重的文化底蕴。

① 雷清，任边疆．洛阳知识读本[M]．北京：九州出版社，2010．

作为中华文化的读本，各类文化、思想在洛阳诞生、融合。儒学诞生于此，道家思想在此奠基，佛学从此地传播，玄学形成于此，理学在此地寻源。中华民族最早的历史文献“河图洛书”在此地发源。此外，洛阳还是姓氏之源，中国超过 2/5 的宗族大姓都起源于此。洛阳不仅是历史文化之源，更是牡丹文化之源。牡丹与洛阳关系紧密，不可分割，洛阳被誉为“千年帝都，牡丹花城”。每年 4 月份正值洛阳牡丹繁盛之时，一年一度的国家级盛会——牡丹文化节也盛大开幕，来自世界各地的游客都会齐聚洛阳，共享国色天香，并将洛阳牡丹之美誉、洛阳城市之形象带向世界各地。

洛阳市先后获得国家卫生城市、全国文明城市、国家森林城市、国家创新型试点城市、全国科技进步先进市、国家知识产权示范城市、中国十大最佳魅力城市、国家园林城市、全国节能减排二十佳城市、全国旅游标准化试点城市、国家首批智慧旅游试点城市、中国优秀旅游城市、全球网民推荐的中国旅游城市、福布斯中国（不含港澳台）最发达旅游城市等荣誉称号。龙门石窟景区就坐落在这座历史悠久、文化厚重的洛阳城内，具体位置就在洛阳市南部的伊阙峡谷内。隋炀帝迁都洛阳后，将皇宫正门与伊阙相对，故此，伊阙又名龙门。该地域香山和龙门山隔伊河水两山对望，地理位置得天独厚，自然景观秀丽，气候宜人，被称为洛阳八大景之冠。龙门山石质优良，便于雕刻，因此，古代封建王朝经常将此地作为佛像、石窟的雕刻地。延至现代，伊河两岸的龙门山之上有着星罗棋布的各式洞窟，洞窟内佛像造像逼真，具有极其珍贵的历史文化价值。龙门石窟被评为国家 5A 级风景名胜区，被列入世界文化遗产，与莫高窟、云冈石窟并成为我国三大石窟。

1961 年，龙门石窟被选为全国第一批重点文物保护单位。1982 年，全国第一批国家级风景名胜区名单公布后，龙门石窟又位列其中。2000 年以来，龙门石窟又荣获多项荣誉，先后被联合国教科文组织、国家旅游局（现文化和旅游部）、中央文明办列入世界文化遗产名录和授予全国文明风景旅游区称号。2007 年，国家旅游局（现文化和旅游部）又授予龙门石窟全国首批 5A 级旅游景区、国家级风景名胜区综合整治工作优秀单位等称号。2009 年，经中国世界纪录协会认证，龙门石窟被认定为中国现存窟龛最多的石窟，在现存窟龛数量方面，被评为“中国之最”。

龙门石窟作为风景名胜区，含有多个景点，分别为东山石窟、西山石窟、香山寺和白园。其中，主要洞窟和佛像分布在西山区域，香山寺和白园位于东山。龙门石窟于北魏孝文帝年间建造，之后历经东魏、西魏、北齐等多个朝代的大规模修建，整个工程大概持续将近 400 年，才形成了如今看到的龙门石窟。整个石窟长达 1 公里，现存洞窟 2 345 个，造像 10 万余尊，各种碑刻题记等 2 800 余品。碑刻题记涵盖内容广泛，包括书法、药方等内容，其中，最为著名的有“龙门十二品”“伊阙佛龛之碑”等，这些碑刻题记融合了各朝各代的书法艺术，是珍贵的文化遗产。此外，由于龙门石窟建造时间长，所跨朝代众多，不同的石窟造像都代表着当时朝代顶级的雕刻手法，并且，佛像的外形特征也反映出当时社会的历史人文风貌，结合当时的政治背景，以石窟造像为参照，能够在一定程度上还原历朝历代的生活，并进行对比，是很好的历史学习过程。总之，龙门石窟文化底蕴深厚，收藏资料丰富，是历史学家、书法家、雕刻造像专家学习科研的好去处，为研究我国古代的政治、经济提供了极大的便利。

为贯彻执行我国文物保护的方针政策及法律法规，应加强对石窟艺术的研究以及对文物的安全保卫力度，改善文物的安全条件，负责组织、指导石窟景区文物的抢修工作；负责制订文物维修工程计划，并对该工程实时管理、监督、检查和验收；建立健全的文物藏品保管制度，使文物藏品工作更加制度化、规范化、科学化；加强对龙门石窟的宣传力度；完成管委会及上级部门交办的其他事项。龙门文化旅游园区管委会专门与龙门博物馆合作成立了龙门石窟研究院，以促进国内外佛教文化艺术的交流与合作，并为游客提供旅游服务接待，提高龙门石窟文物保护研究水平，促进龙门文化旅游产业的全面发展。

因龙门石窟景区具有极高的历史文化价值，2000 年 11 月，龙门石窟景区被联合国教科文组织列为世界文化遗产，此后，龙门石窟景区更是世界闻名，国外友人争相前来景区学习石窟文化，感受中华文化历史的积淀。作为国家 5A 级旅游景区，龙门石窟在专注传统文化的同时，时刻不忘改革创新，追赶时代潮流，秉承“互联网 + 文化 + 文物 + 旅游”多维发展的理念，以“连接游客、服务游客、传播文化、龙门特色”为目标，成为全国首批风景名胜区数字化示范基地，通过不懈的努力和创新实践，提前实现了文化和旅游部提出的智慧旅游建设标准，引领了智慧旅游发展风向，借助现代信息技术，使用科学的管理手段，使龙门石窟实现了从传统景区管理向智慧景区管理的转变。

2013 年 1 月，洛阳市被选为国家首批智慧城市试点之一。为了实现这一目标，洛阳市制定了“以点带面”的战略方针，并计划建立四大智慧城市的“样板点”，分别为智慧旅游、智慧教育、智慧楼宇以及智慧园区，着力完成将洛阳市打造成为智慧城市的目标。同年 2 月，龙门石窟管理委员会牵头与洛阳联通公司签署“智慧龙门”战略协议，共同打造智慧龙门景区。2015 年 4 月 29 日，在北京市钓鱼台国宾馆，龙门石窟智慧景区正式与腾讯网签署智慧景区建设合作协议，龙门石窟景区成为全国首个和腾讯签署合作协议的景区。同年 7 月，龙门石窟建设开发的“互联网 + 龙门”模块正式上线，借助互联网技术，与相关旅游服务供应商达成合作联盟，形成旅游服务供应产业链，实现了“一部手机畅游龙门”的目标，龙门石窟跨入了智慧旅游发展的新时代。之后，龙门石窟景区又相继完成了以大数据技术为支撑的云计算中心建设、LBS 大数据应用、智慧旅游管理平台、移动终端覆盖等基础设施建设。2016 年 7 月，龙门石窟建成全国首个智慧旅游大数据平台，通过对游客信息、景区客流量数据的采集和分析，提高景区管理效率，为游客提供精准化、个性化服务。2017 年 7 月，龙门石窟上线智能云平台，龙门石窟智慧景区建设又迈上了一个新台阶，进入了智慧景区智能“云”时代。同时，龙门石窟成为全国首家无现金景区，也是全国第一个“互联网 +”智慧景区和微信支付旗舰景区。龙门石窟智慧景区在 2017 年 9 月又建设了新项目，成功上线智能刷脸入园项目，节省了游客排队购票、入园参观的时间，开启了旅游业人工智能新时代，一个全新的旅游模式在龙门石窟形成。

2018 年 12 月 12 日上午，河南省文化和旅游厅在郑州召开全省智慧旅游、市场宣传及乡村民宿发展工作会议。龙门石窟作为全国智慧旅游的典范与标杆，以卓越的智慧旅游管理和建设成果，将历史古迹的厚重文化用现代的方式传达和演绎给游客，使古老的文明与现代技术碰撞出新的火花，获得了河南省文化和旅游厅的高度认可与肯定，荣获河南智慧旅游最高荣誉的三钻智慧景区，获得了百万元智慧景区管理和建设专项资金奖励。

龙门石窟智慧景区上线以来，以互联网技术为支撑，以文化为主脉，以旅游为载体，通过科技创新开展文化旅游、智慧旅游两条主线，让游客在旅游活动中获得丰富的文化知识的滋养。在传承历史文化的前提下，让静态的文化遗产通过互联网技术、现代信息技术在新时代重新焕发生机并不断发展，让更多的游客在游览体验的过程中增强民族自信心。目前，龙门石窟智慧景区在管理和建设的过程中已经实现了4G无线网络全覆盖、智慧化办公、中英文免费语音讲解、诗歌龙门、微信支付、3D智能云平台等智慧体验互动项目，构建了几十种龙门石窟特色智慧景区服务项目，丰富了游客的旅游活动，为游客提供了全方位的智慧旅游服务。

信息化背景下，龙门石窟景区于2013年7月成立龙门园区智慧旅游办公室并与洛阳市旅游发展委员会对接，于2014年初实现工作流程的自动化。在基础门禁管理系统上，龙门石窟景区最先实施了电子客票综合管理系统，为智慧龙门项目的建设打下了坚实的基础。2015年，景区升级票务管理系统，采用线上线下相结合的综合管理系统，成功完成了景点和携程、同程等30余家在线旅游企业的成功对接，实现了统一营销管理。不仅大大提高了效率，而且还能准确获得大量的旅游数据，为精准营销提供支持。一方面，在线下采用最新技术，如指纹验证、二维码和第二代身份证检票、第二代银联卡申请等；另一方面，通过智游宝平台安全、高效地实现电子门票生成、发送、检票、换票和出票等过程。2017年9月底，龙门石窟景区又采用优图智能识别系统，实现了线上购票录入信息、进景区刷脸自动识别进入的功能。

在信息化背景下，龙门石窟景区在智慧管理的过程中已完成了六大平台建设，此六大平台分别涵盖电子商务、营销、管理、大数据等方面，如龙门石窟智慧云平台、智慧旅游大数据平台等。除此之外，龙门石窟景区还改变商业模式，向O2O模式进军，争取打造全国首家旅游全业态微商城平台，微商城平台主要是以微信为连接渠道，游客首先需要关注龙门石窟官方服务平台，并关注账号为“LMSKGFWX”的龙门石窟官方微信公众号和以“lmskjq”为账号名称的官方微信号。利用微商城平台，游客可以获得以下服务：第一，通过扫描二维码获取Wi-Fi密码接入无线网络，实现电子票证的自主购买。游客在官方微商城平台直接购票有多种途径，可以直接购买官方微信公众号的门票，还可以在其他与龙门石窟合作的网络平台上购票，在景区门口处也设立了购票的二维码，可以直接在购票墙上扫码来实现购买门票、换票和退票等程序。第二，导航全景地图。通过在官方微信号上输入相应的景点数字代码，游客可以获取景区当地的语音解说服务和文字描述文本。第三，通过微信摇一摇功能，参观者可以参与“360全景石窟”“3D 万佛洞祈福”“魏碑祈福”等移动互动项目；第四，全程自助停车缴费，车到闸口自动抬杆和停车费用查询等。

除此之外，还有景区门户网站和微博用于景区的宣传。龙门石窟官网目前支持中、日、英、韩和法文浏览。网站主页整合龙门石窟信息网站和龙门石窟虚拟游两个网站，包含十大栏目和十二个板块，涵盖了景区的所有服务，包括各种最新的动态、政务政策的公开、景点介绍、保护研究等内容，成为景区宣传、推介、展示的重要窗口。网站通过将龙门石窟景区内有代表性的美景照片循环，为游客提供景区信息，覆盖关于龙门石窟各景点的全面详细的信息。在官方微博主页的醒目位置展示着官方微信二维码，游客可以通过扫描二维码实现在线购买景区门票。此外，龙门石窟与腾讯大豫网合作，推出全国首个景区频道——龙门石窟频道，包含有最新资讯、旅游攻略、景区服务、最美龙门、智慧旅游、文物保护六个板块，扩大了龙门石窟景区的影响力和知名度。2015 年 4 月，龙门石窟确立了“连接游客、丰富体验；连通古今、传播文化；重塑生态、永续发展”的目标和诉求，开始实施“互联网 + 龙门”行动计划。龙门石窟联合腾讯公司携手在 2017 年 9 月相继完成“互联网 + 智慧游览”“智慧旅游 LBS 大数据服务中心”“龙门智能云管理平台”“无现金景区”“人工智能刷脸入园”等一系列智慧化建设。

龙门石窟智能云平台作为智慧旅游的重点工程，于 2017 年 7 月 15 日正式启用，它是全国首个景区智能云平台，也是国内景区首次尝试对智能大数据的探索。智能云平台用于搜集处理龙门石窟智慧旅游大数据，通过数据抓取工具将碎片化、结构化的数据和非结构化数据进行整合处理，将游客信息进行准确化、动态化地即时呈现，全方位了解游客的行为、喜好和去向。通过大数据技术激发信息能量，让碎片化的数据信息成为可交互、有温度的应用。当前景区的基础设施已经实现停车场全面智能化管理，游客通过电子屏及时获取剩余车位信息，通过微信客户端实现自助交停车费，进场退场自动抬杆节省游客时间。在导游导航方面，游客中心提供全智能讲解服务，通过微信客户端“扫一扫”可以听取每个景点的导游讲解。同时给游客提供电子导游仪租借服务。导游仪通过卫星定位系统，能够自动锁定景点进行语音讲解，实现无人导游。在景区维护方面，龙门石窟通过三维数字化工程为文物保护提供检测和修复依据，对消失或毁灭的历史遗迹进行重建，对流失海外的文物进行数字复原，重现龙门石窟历史全貌。龙门石窟智能云平台，通过大数据分析，对景区未来的发展趋势进行预测，为景区高效管理提供数据支持，真正做到为游客服务。

龙门石窟景区利用互联网等技术，构建了智慧景区建设七大板块，内容分别为："互联网＋购票""互联网＋游园""互联网＋管理""互联网＋服务""互联网＋宣传""互联网＋文物保护""互联网＋经营"。

第一，"互联网＋购票"。在传统的旅游景区内购买入园门票，对于散客游来说，一般只能够通过柜台窗口现场买票入园参观。采用这种方式，一旦进入旅游旺季，就会出现窗口较少、不能满足游客需求的情况，浪费旅游者游览时间。但是，采用"互联网＋"的形式就能够很好地解决该问题。龙门石窟景区除传统的柜台窗口售卖，还采用互联网等多种方式进行门票售卖。首先，游客可以在游览前通过关注微信平台进行自助网上买票，还可以通过竖立在景区入口处的二维码墙扫码购票入园；其次，可以通过第三方服务机构进行门票购买，如国内知名旅游移动客户端去哪儿、携程、飞猪、途牛等，这些都是与龙门石窟景区合作的企业，并且通过这些方式可能还会获得一些平台优惠，给游客带来方便，实现线上方式和线下方式的完美结合；最后，通过互联网线上购票，还可以免去电子门票兑换纸质门票的步骤。游客通过网络购票后，会获得一个独一无二的门票二维码标识，在进园参观时，游客可以扫码入园，方便快捷，同时也免去了一些安全隐患。比如，有些游客在用纸质门票时，可能会在游览过程中不小心丢失，而龙门石窟景区又包含联票，门票一旦丢失，就会影响到游客的旅游活动，采用扫码入园的方式，就能够防止该问题的发生。

第二，"互联网＋游园"。以前，龙门石窟景区的游览方式是游客自行参观，游客大多就是赏景、听导游讲解后就结束了旅游活动，游客无法真正地"进入"景区内，也就无法给景区的工作人员提供真实的情感反馈，进而影响游客的旅游体验。如今，龙门石窟打造了许多旅游体验项目，如微信公众平台上的游戏体验项目上香、测佛缘和最萌剪刀手等，游客通过移动终端主动参与游戏，获得新的旅游体验，在与景区工作人员互动的同时满足了心理上的情感需求。与此同时，游客在游园过程中最需要的还有讲解服务，尤其是历史文化类景区，若游客对景区背景不了解，旅游体验感就不会很强烈。针对这一问题，龙门石窟景区提供"摇一摇语音画册"项目，游客只需按照提示摇动手机，就能够打开景区的语音画册。

语音画册分为东山石窟、西山石窟、香山寺、白园四大区域，画册展示的内容多种多样，不仅有语音讲解，还包括图文、视频等形式，受到了中外游客的一致好评。同时，游客在学习龙门石窟的文化知识时可以选择中英文的免费讲解，观看并聆听语音画册。龙门石窟景区还提供景区四大区域内 64 个景点的自助语音导航，游客可以通过扫描景点前树立的二维码标识，获取语音讲解服务。在讲解内容的设定上，不仅有历史文化，还有故事典籍、工艺技术等“课外知识”传输给游客。

第三，“互联网 + 管理”。智慧景区区别于传统景区的三大内容就是在管理、营销以及服务上的智慧化，在管理方面，智慧景区的目的就是实现从大众的统一管理到满足游客个性化需求的转变，实现智慧化管理、智慧化办公。龙门石窟景区正在建立智慧龙门管理平台，通过大数据技术，不断搜集积累用户数据，并对数据进行分析处理，统计游客偏好，从而进行有针对性的旅游信息、旅游服务推送，提高游客对景区的兴趣，逐步探索智慧景区管理发展的新模式。目前，通过不断地升级完善龙门石窟景区软硬件系统，景区已经能够搜集游客来源信息，并能够通过景区内的监控系统，对客流量进行实时把控，方便景区管理者实时掌握入园人数、每个景点参观人数、智慧旅游体验项目游客参与人数等。通过对人数的分析，感知游客的心理变化，对景区游客实时管理，避免出现景区“超载”现象，使得景区管理更加科学、有效。同时，洛阳市为发展智慧旅游，还建立了相关服务体系，如智慧旅游入境关怀服务、洛阳市智慧旅游门户网站服务等，与景区相关服务相得益彰，为游客提供全方位的智慧服务。

第四，“互联网 + 服务”。为体现智慧景区建设服务的智慧化，龙门石窟景区针对游客的不同需求，策划提出了具有针对性的服务。比如，针对国际友人，为使他们更好地了解龙门石窟历史文化，专门上线了英文版语音画册服务以及英文版免费自助导游服务，但由于目前该服务正在升级完善，只上线了英文版语音讲解，暂时还没有更新其他语言；同时，为更好地帮助游客答惑解疑，龙门石窟景区专门设立微信在线客服，游客可以通过微信或者电话的方式，在旅游活动中随时求助，有任何问题也可以随时提问，会有专门的服务人员提供帮助，让游客获得更加美好的旅游体验。但是据调查，游客对于这一功能的使用率并不高。

第五，“互联网 + 宣传”。随着互联网、新媒体的广泛使用，以及旅游产业、景区的升级改革，传统的宣传方式已经不能满足社会的需求和景区的发展，宣传方式亟须革新，实现从二维到三维、从静态到动态、从被动到主动的转变。除了传统的宣传方式，龙门石窟还建立了以官方微信平台、微博平台、QQ 平台、官方网站等为主的现代化宣传方式，开展全方位的营销模式，打造龙门石窟旅游品牌。目前，由于微信平台以及 QQ 平台的用户量、粉丝量较多，景区新媒体宣传主要以微信、QQ 为主，通过腾讯网以及腾讯服务号、微信公众平台信息的推送，拓宽游客获取信息的渠道。

第六，“互联网 + 文物保护”。作为文化遗产类景区，且由于龙门石窟景区内文物历史悠久，属于不可再生性资源，因此，文物保护工作极其重要。千百年来由于渗水、风化、开裂等自然原因以及过度开发等人为损害，使得景区内一些文物毁坏现象严重，一些游客慕名而来，但是实际景象却名不副实，使游客在旅游活动完成后不能收获满足感，不利于景区品牌形象的传播。针对此种问题，龙门石窟景区通过三维数字化技术将受损文物进行复原，使得游客能够重新领略大佛风采。除此之外，景区文物的保护不能“先损坏再修补”，而应该做到及时预防，以降低文物受到侵蚀的可能，也不能仅依靠专家对文物进行保护，还应该做到全民防护。景区在对外宣传时，可以利用多种形式通过公众平台向游客发布文物保护小常识，如视频、动画的形式，内容生动有趣，让游客在趣味中了解文物保护的意义和技巧。同时，景区还可以组织现场文物知识普及或竞赛活动，提高景区活动多样性，提高游客的参与度和积极性。景区还可以和学校合作，定期去学校向青少年普及文物保护知识，从下一代做起，了解中华文化的博大精深，增强文化自信。

第七，“互联网 + 经营”。随着旅游产业的不断升级，传统景区将门票作为经济来源的模式早已不再适合当下智慧景区的发展，应当将旅游当作产业来发展，提供多元化旅游产品，实现从“门票经济”向“产业经济”的转变。要实现经济模式的转变，就要改变经营理念和营销模式，同样需要利用网络平台，将与旅游基本要素相关的信息和企业都统一联合，在某一平台在线投放，打造企业联盟一条龙服务。升级“门票经济”，开通新的互联网支付方式，使游客可以通过微信等第三方平台预先购票，不仅如此，景区内导游讲解服务、游船、电动车等小交通票据也可以在微信平台购买，将景区购票、购物、讲解、停车、住宿整个旅游产业链全部连接，使游客在游览过程中能够享受每一环节的高质量服务，将龙门石窟景区打造成为全国首家无现金服务景区。此外，要更新产品或服务投送方式，通过建立大数据平台，不仅可以整合各方面的旅游信息，还可以搜集游客信息，通过对游客数据进行处理，旅游景区和相关企业就可以根据数据提供精准服务和产品，满足旅游需求，扩大旅游产品市场，打造旅游产业经济，提升景区管理能力。

（二）明月山景区

当前旅游产业的发展存在信息不对称的问题，因此管理者、经营者和消费者都期望能够建立一种更加流畅的交流方式，以便于随时获取旅游信息，从而降低经济、空间和时间成本。随着我国旅游业的快速发展，游客数量不断增加，为了更好地满足游客需求，需要加强对景区内各类资源进行综合分析与规划。通过对旅游信息进行大数据分析，可以协助景区制定科学的营销策略，全面监控景区内部各项资源，准确预测问题发生，并帮助处理各种突发性事件。此外，通过对大数据分析还可以提升景区服务质量，使景区更好地满足人们对于高品质生活的需求。因此，需要重视大数据分析在智慧景区管理中的运用。

在信息化时代，国内智慧景区管理中的游客数据统计存在多种问题，如问卷设计缺乏联系实际的联系、数据造假、抽样样本不足等。因此，需要加强对大数据技术在智慧景区管理中的研究力度。大数据在智慧景区管理中的应用，旨在对旅游市场进行科学细分，以精准预测景区旅游市场的发展规律和潜力，科学判断城市当前的发展状态，深入分析客源地市场，全面了解相关区域市场中客源损失的数量。目前我国已经建立起多个具有一定规模的智慧景区平台，并且还开发出许多与之配套的系统服务功能，为游客提供更为便利、快捷的信息获取途径。

在数字化时代，旅游景区开始运用微信、微博和在线平台等多种渠道进行旅游推广，以不断提高景区知名度来吸引更多游客，但需要注意的是，景区的营销策略仅仅是为了扩大销售范围，而游客在旅游过程中并未获得理想的广告体验，这导致景区实际产品和宣传内容不相符的问题。旅游消费者之间由于缺乏沟通渠道，所以无法对彼此真实想法产生了解，这就造成了旅游资源浪费与旅游产业发展缓慢。随着信息技术的不断发展，旅游信息传播中的信息不对称问题正在逐渐消失，旅游消费中的信息不对称也在向着信息公开透明和交流互动的方向不断演变。因此，为了进一步加强对游客之间沟通的有效性，就必须注重旅游信息的发布渠道与方式方法，进而有效提高景区营销效果。由于我国各地区经济水平差距较大，使得各地不同类型景区间在服务质量上有着明显差异。国内各大景区普遍存在一种共性问题，即景区的重游率相对较低。游客的反馈未能及时传达给景区管理人员，导致景区无法进行优化调整，从而影响了游客的体验。

在节假日期间，国内旅游景区的游客数量将呈现一种爆发式的增长趋势，这将对游客的旅行体验产生严重的负面影响，同时也会增加景区旅游资源的负担。因此，为了保证我国旅游业健康有序地开展，必须加强对大数据应用的研究力度。此外，对于景区管理人员而言，大数据分析技术是必不可少的工具，它可以帮助他们处理和解决旅游管理中的各种问题。基于此，本节就智慧景区管理模式下的大数据应用展开分析与探究。通过大数据分析和旅游营销、旅游管理以及旅游服务等活动的全面融合，智慧景区管理实现了社会资源和旅游资源的深度挖掘和有效利用，进一步提升了相关部门的公共服务水平，推动经济、社会、文化和生态价值的最大化发展。在智慧景区管理当中大数据分析技术发挥了至关重要的作用。

在智慧景区的建设过程中，大数据挖掘与分析也成为了主要工作内容之一。运用大数据分析技术可以对游客数量进行精准统计，同时结合第三方平台提供的大数据信息进行全面整合，精准预测景区未来几天的车流量和人流量。此外，可以通过分析不同时间段内景区的客流量情况来判断是否有可能发生突发事件或者其他紧急情况，从而制定相应的处理方案。除此之外，景区的全面管理需要与监控系统相结合，实时监测景区情况，并在出现拥堵问题后进行应急疏导。通过将大数据分析技术与景区管理模式相结合可以更好地实现智慧化管理，有效提升管理效率，进而保证游客的生命安全。

改革开放以来，随着我国社会经济的飞速发展，人们的生活水平得到了显著提升，城乡居民对自身生活品质的关注和重视也日益增加，因此度假、休闲等旅游需求呈现井喷式增长，参与旅游的人数不断攀升，我国旅游业进入了蓬勃发展阶段。随着人们生活水平的逐步提高和闲暇时间增多，旅游已经不再是一种单纯的消费行为，它正在逐渐转变为一种娱乐享受的精神文化现象，并逐步向高层次方向发展。随着现代旅游业的蓬勃发展，每一个人都有机会成为游者。旅游景区已经不再是简单意义上的游览场所，而是一种文化现象或精神享受空间。因此，游客对于旅游景区的选择也变得更加多样化和多样化。随着时间的推移，旅游景区之间的竞争已经从企业间的竞争转变为景区之间的竞争，这使得争夺游客的竞争变得越来越激烈。因此，如何在激烈的市场竞争环境下提高自身竞争力是各旅游景区亟待解决的问题之一。

明月山风景区位于江西省西部，蕴含着丰富的自然资源和独特的历史文化底蕴，是一处不可多得的旅游胜地。宜春市的旅游业在近年来得到了宜春市政府的高度重视和积极推动，这使得该产业成为该市第三产业中最具潜力的新兴产业之一。然而，与其他旅游景区相比，宜春市的旅游业发展与发达地区存在着较大的差距，这可能是由于相关组织对旅游营销的认识不足以及缺乏长期发展的营销战略所致。因此，在 21 世纪中国成为世界第一大旅游入境目的地国的背景下，江西明月山作为宜春旅游业发展的形象门户，如何凭借其独特的资源优势和正确的旅游形象定位展开竞争，成为宜春旅游业界迫切需要思考的重要议题。

1994 年，江西明月山景区获得国家林业局（现林业和草原局）的批准，成为国家级森林公园。该景区以稀有的富含硒元素的温泉、悠久的禅宗文化为主要特色，融合了生态旅游、科普教育和宗教旅游等多种元素。其森林覆盖率高、生物多样性丰富、景观优美独特，具有极高的科研价值及较好的生态旅游开发潜力。明月山拥有 5 个景区和 1 个度假区，潭下景区以云谷飞瀑、鱼鳞瀑为主要特色，为游客提供了独特的旅游体验；太平山景区以其高山草甸、奇峰怪石和日出景象为主要特色，展现出独特的自然风光；塘家山景区以其令人惊叹的乌云崖绝壁和气象奇观而著称；仰山景区以禅宗文化为核心，融合了浓郁的民俗风情，成为游客不可错过的旅游胜地；玉京山景区以珍稀植物和丛林野趣为主打；而温汤温泉度假区则以温泉疗养、度假、休闲和娱乐为主打特色。明月山蕴藏着丰富的自然旅游资源，蕴含着巨大的开发潜能。其自然景观与人文景观相结合，具有极高的观赏价值和科学价值。明月山由太平山、玉京山、老山、仰山等十几座海拔千米以上的山峰所组成，因其半圆形的山势，犹如半轮明月而得名。明月山有“植物王国”的美誉，生长的南方红豆杉为国家一级树种且富含“紫杉”醇，是国际医学界公认的良药，对治疗癌症有奇效。

明月山景区交通十分便利，沪瑞高速贯穿其中，距离南昌和长沙的车程均只需耗费两小时，同时道路状况也异常优越；宜春境内现有浙赣铁路，杭长铁路亦将穿越该地区。明月山蕴含着丰富的人文旅游资源，其开发潜力巨大，值得深入挖掘。这里不仅有以佛教为主的寺庙建筑和壁画艺术遗存，还有许多古代建筑群遗迹。在西汉文帝刘恒的统治时期，曾有一座名为“仰山古庙”的庙宇，它不仅是古代著名的仰山龙王香火之地，也是全国各地龙王菩萨的起源之地。在唐会昌元年，我国佛教禅宗五派之一沩仰宗的创始人慧寂禅师在仰山上建立了一座名为栖隐寺（又称太平兴国寺）的佛教寺院，历代高僧相继来到此院修行弘法。此后，佛事活动一直在继续，成为我国古代佛教丛林胜地之一。印度、新罗国（现朝鲜半岛）、日本等国内外僧人来参观学问道的人不计其数。在遗址的前后两侧，已经发现了超过一百座禅僧坟塔，这些墓葬的年代可以追溯到唐、宋、明、清。沩仰宗第十代传人、现任中国佛教协会会长一诚法师一生致力于弘扬佛法，广结僧众，并将自己毕生所学全部用于弘法利生，还积极从事寺院建设和环境保护工作。明月山的文化旅游资源得天独厚，不仅为游客提供了物质基础，更让他们在游玩中领略禅宗文化的独特魅力，感受心灵的升华。

一个地区的经济状况会对其旅游机构造成直接冲击，如通货膨胀、失业率上升和经济下滑，并导致在娱乐和旅游领域的投资大幅减少。因此，要保持国民经济平稳较快发展和人民生活水平不断提高，就必须高度重视旅游景区管理工作，加强旅游景区建设与开发力度，实现资源可持续利用。从宏观角度看，影响旅游景点管理的经济要素相当复杂，包括经济增长策略、当地的经济发展状况、产业方针以及居民的消费模式等。其中，区域经济发展战略和产业结构调整是重要的外部因素，而宏观经济政策则是最基本的内部条件。改革开放以来，我国的经济呈现出持续的快速增长，城乡居民的收入也呈现出稳定的上升趋势。同时，全球经济也经历了一个相对较长的连续增长阶段。江西宜春市政府在 2007 年提出了“以宜春经济开发区建设为平台，打好工业强攻战”“以中心城宜阳新区建设为重点，打好城市扩张战”“以明月山温泉风景名胜区建设为龙头，打好旅游升温战”的“三大战役”的战略构想。在江西宜春明月山制定旅游营销策略时，需要考虑的主要政策因素有，首先，随着我国居民消费习惯的变化，政府推出了众多旨在鼓励旅游业增长和支持旅游企业成长的政策，同时还实施了积极的财政政策，加大对基础设施建设投入力度，为促进旅游产业持续快速健康发展创造良好条件；其次，大部分单位已经实施了带薪休假制度，同时也正在执行黄金周的相关政策；

最后，近些年推出的工农业旅游以及红色旅游，为旅游行业带来了更广阔的发展空间。人民币升值导致的汇率波动使得出境旅游的价格相对降低，国民出境旅游的急剧增加已经对国内旅游市场产生了不小的冲击，从而引发了出境游与国内游市场之间新的矛盾。从另一个角度看，人民币面临升值的压力，这导致入境旅游的价格上涨和境外游客前往国内旅游的成本增加，这可能会抑制入境旅游市场的扩张。由于出境游的迅速增加，国内的旅游景区尤其是那些距离游客较远的高质量旅游景区都面临着巨大的压力。此外，人民币升值也会影响出国旅游者对我国的态度，并最终影响我国旅游景区的发展。

旅游业的蓬勃发展不仅能够为我国带来外汇收入的增长、激发居民的消费欲望、创造更多的就业机会、推动相关产业的发展，同时还能够实现区域经济的平衡发展，提升国民的生活品质。随着世界范围内经济一体化趋势的加强，旅游业已经成为一个国家或地区国际竞争力的重要因素之一。为了推动经济增长，各级政府纷纷投入大量资源支持旅游业的蓬勃发展，将其视为一种有效的手段。江西宜春市政府旨在以旅游业为宜春市的支柱产业，理清明月山旅游景区管理发展的思路，将旅游业视为宜春经济发展的重要支柱。江西宜春明月山旅游景区的智慧管理和发展定位日益明晰，这使得该景区能够在全市旅游发展中准确把握位置，借助当前的有利形势，促进旅游业的快速发展。

为了更好地把握市场，第一个原则就是把市场分析和消费者分析有机结合起来；第二个原则就是把当前市场与未来市场分析相结合，以达到更全面、更深入的分析效果。明月山在旅游市场中的竞争力得到了显著提升，这得益于政府和景区的持续投入，特别是近年来致力于打造月亮文化的不懈努力。根据明月山管理局公布的数据，前往明月山旅游消费的人群呈现出独特的年龄和文化特征。随着人们生活水平的提高，越来越多的人开始追求精神层面上的享受和满足。首先，到明月山旅游的游客主要是那些具有中高文化背景的中青年，他们是该地区旅游业的主要参与者。他们大多对自己所在地区历史文化有着深厚的了解，并希望能通过旅游获得精神上的满足。其次，游客大多是在假期内或节假日外出旅游，且多数选择短途游。游客多为自费散客，以观光旅游为主要目的，然而他们的消费水平相对较低，旅游时间平均较为短暂。大部分游客是通过互联网等途径进行旅游活动。最后，本地游客的信息来源多来自亲友之间的交往和同事之间的交谈，旅行社在制订游客出游计划方面的作用相对有限；外地游客信息来源则多为旅行社提供给他们的相关资讯以及电视、报纸和网络等大众传媒传播的信息。明月山的旅游体验令游客感到十分满意，部分游客表现出了强烈的再次造访意愿。随着江西宜春“三大战役”战略的逐步实施和明月山机场、杭长高铁的建成，为具有商务目的的游客提供了一个具有开发价值的潜在旅游市场。

在制定江西明月山旅游营销战略方案时，相关部门或单位必须全面考虑市场导向功能的影响，深入分析江西明月山旅游发展所具备的竞争优势，并将实现江西明月山旅游的可持续发展作为最终目标。为了确保实施的可行性，必须以市场、产品、形象和整合传播战略为基础构建战略方案架构。

旅游产品实际上是旅游从业者通过开发和利用各种旅游资源，为游客提供的一系列旅游吸引点和服务的综合体。它既包括旅游景区提供给游客的所有有形或无形的设施和服务，又包含文化精神内涵及价值取向等非物质形态的内容。它不仅是旅游行业成长的根基，同时也是展现旅游竞争力的终极体现。随着我国旅游业的蓬勃发展，旅游产品竞争日益激烈，而旅游产品的优劣直接影响到旅游企业的效益。旅游竞争力的提升不仅体现在旅游产品的竞争力上，同时也反映在整个景区的竞争力上。考虑到明月山的实际情况，明月山旅游应该大力推广月亮文化品牌。尽管江西明月山拥有丰富的旅游资源，涵盖了自然和人文两大领域，但多年以来，这些资源并没有得到充分利用。因此，必须在智慧管理的过程中转变观念，认识到资源和产品之间的不一致性特点。旅游资源和产品之间并不总是相互对应的关系，而是一种动态的发展状态。旅游资源与旅游产品并不是同一概念。资源是景区固有的，大部分是天然的，但也有一部分是社会遗留下来的。为了将资源转化为实际的旅游产品，必须遵循一定的加工和改造流程。然而，资源转化为产品的过程受到开发理念的限制，而先进的开发理念能够将落后的旅游资源转化为更先进的旅游产品。江西明月山作为一座宗教文化的著名山脉，拥有巨大的市场潜力。然而，由于文化资源和旅游资源在结构、功能和评价标准等方面存在显著差异，这些文化资源并不一定都能成功地转化为旅游资源。在数字化时代，景区的智能管理需要将其文化上的优势转化为资源上的优势，并在文化的宝库中寻找能满足现代游客需求的元素。只有这样才能实现真正意义上的旅游资源向旅游产品的转型升级。在明月山旅游产品的开发和管理过程中，必须打破传统的资源观念束缚，从旅游的角度来看待旅游，重新评估旅游资源的吸引力。

江西明月山的旅游资源优势体现在其迷人的自然景色、稀有的富硒温泉和深厚的禅宗文化。这是一个融合生态游览、休闲度假、科普教育功能的山岳型风景名胜区。在开发旅游产品时，首先，应充分发挥和整合本地的优质资源，将这些资源的优势转化为产品和市场的双重优势。其次，必须根据当地的实际情况进行有针对性的产品设计与营销。为了弥补江西明月山在旅游购物领域的短板，并满足游客对本地特色产品的需求，需要专门针对宜春地区的特色产品进行研发，从而提升旅游的经济回报。再次，还要根据游客消费能力的不同选择合适的旅游路线，并加强营销力度。最后，通过对旅游产品的深度开发可以更好地发挥旅游业对于当地经济发展的拉动作用。通过结合现代、国际和主流的展示方式，不断提升旅游产品的文化价值，从而开发出更符合现代游客需求的旅游产品。通过加强宣传力度，加大营销投入等手段提升游客满意度，从而进一步扩大知名度。在设计上注重对传统民俗资源的发掘与利用，打造富有地域特色的旅游纪念品品牌吸引游客，从而推动旅游业发展。

旅游消费的地域性差异和游客与景点间的信息不对等导致很多游客对旅游景点的了解相当有限。如果景区没有很好地向游客展示自己的产品或服务，那么就会使游客产生不信任感而拒绝游览景区。因此，为了更有力地吸引游客，景区必须根据实际情况选择科学合理的营销传播策略，不断地打造具有吸引力的旅游景区形象。在江西明月山景区的管理过程中，为了吸引更多的游客，采用了广告、销售推广、公共关系和人员推销等传统的传播方式。根据前来江西明月山旅游的游客反馈，大多数外地游客的信息来源主要是广告，尤其是电视广告，这成为他们获取江西明月山景区旅游信息的主要途径。这表明，广告对吸引游客前来旅游有着非常重要的作用。因此，在江西明月山景区的管理过程中，为了更有效地向外地游客传达有关该景区的旅游信息，应充分运用电视广告资源来推广各种与景区相关的形象广告。同时还要注重对旅游者进行针对性的服务与宣传。销售促进是指市场供应者通过各种短期的促销策略来激发市场的需求，其主要目标是吸引潜在消费者购买这些商品。这种促销手段主要通过广告进行宣传。推动销售的方法有很多种，可以根据产品或公司的特性选择不同的策略，这些策略可以涵盖展示、陈列、展示和示范演出等多种方式。另外，还应该注意宣传手段与方法的多样化。考虑到江西明月山景区的具体状况，可以选择“请进来”或“走出去”这两种方式。江西明月山景区的管理部门巧妙地采用了“请进来”的策略，邀请了来自南昌、上海等地的旅游公司的部分经理到明月山进行实地考察，并组织了旅游推介活动。此外，他们还采用了“走出去”的策略，组织团队前往上海、昆山等城市参与旅游交易会，并向其他地区的旅游公司发起各种促销活动。这些营销措施都起到了一定作用。

在信息化时代，景区的智能管理成为整合营销传播的关键途径。节日庆典活动可以利用大众传媒的集中报道，将公众的焦点集中在该景区，从而迅速传播景区的相关信息，加强明月山在公众心中的形象。另外，通过这种宣传和营销方式，还能有效提高游客对景点的满意度以及忠诚度，进而提升其旅游消费能力，实现景区经济效益的增长。从宜春市的地理范围来看，明月山旅游无疑是宜春旅游业的一个标志性品牌，这为明月山与其他旅游景点进行合作管理提供了坚实的基础。借助江西明月山景区的丰富资源，宜春市有两个主要的管理策略：第一个策略是纵向合作，与宜春市的其他县市携手，融合各自的旅游资源，共同推广明月山这一旅游品牌；第二个策略是横向联合，建立起区域性的旅游协作体，加强区域之间的联系，实现优势互补。

在信息化时代背景下，全方位地收集和分析旅游相关的数据信息，并将这些收集到的数据应用于智能景区的管理，将成为未来旅游产业发展的主导方向。利用大数据分析方法，可以提升景区的管理水平和效率，进一步推动景区管理朝着可持续的方向发展。

二、不同城市的旅游景区智慧管理

在 2001 年，国家旅游局（现文化和旅游部）发起了名为“金旅工程”的项目，以促进整个行业的信息化进程，各个地方的旅游管理机构也相继创建了自己的网站。在 2009 年国务院发布的《关于加快发展旅游业的意见》文档中，明确提出了构建和完善旅游信息服务平台的方针，与此同时，国家旅游局（现文化和旅游部）也将智慧旅游的发展纳入了“十二五”期间的旅游发展规划。在 2010 年，镇江市成为全国首个提出智慧旅游理念的城市，积极推进智慧旅游项目的建设，并成功建立了国内第一个智慧旅游服务中心，得到了全国各地的广泛响应。

南京市在 2011 年开始了智慧旅游的建设工作，并成为首个制定总体规划的城市。他们制定并执行了一个为期三年的行动规划，并推出了南京游客助手、智慧旅游互动式体验终端等六大项目。到了 2011 年 5 月，南京市与无锡、常州等城市合作，共同创建了智慧旅游城市联盟，以促进智慧旅游从城市建设向城市群和区域性智慧旅游的转变。北京市于 2012 年制定《北京智慧旅游行动计划纲要（2012—2015)》，并发布智慧景区建设规范。在此基础上，各地区结合自身实际情况纷纷开展各自的规划和实施方案编制工作，各地政府积极推进智慧旅游示范创建工作。为深入贯彻落实《“十四五”旅游业发展规划》关于培育一批智慧旅游创新企业和重点项目的要求，由光明日报社、文化和旅游部资源开发司指导，光明网主办开展 2022 智慧旅游创新企业和项目推选与宣传活动。该活动旨在通过推介优秀企业和项目，营造全社会参与、协同推进智慧旅游建设的良好舆论氛围。

文化和旅游部与百度联手推出了全国旅游景区动态监测与游客评价系统，并与国家测绘地理信息局合作，为游客提供景区的地理位置和空间定位信息服务。目前智慧旅游正进入快速发展期。根据国家智慧旅游服务中心的长远规划，除了城市试点项目，智慧旅游的建设还将包括四个主要的示范工程：智慧旅游信息技术上市企业、数字景区示范工程、智慧酒店示范工程和智慧旅游购物示范点。此外，还将构建一个“12301”国家智慧旅游公共服务平台的综合性平台，该平台集成了旅游产业运行监管、景区门票预约、旅游公共信息发布、多语种旅游形象推广和旅游大数据集成等多项功能。这个平台是文化和旅游部首次采用“政府和社会资本合作”模式进行建设和运营的旅游公共服务示范项目，还提供了针对游客的在线投诉系统，可以进行投诉查询、现场咨询、电话回访、短信提醒等业务。目前全国各地都已开始进行智慧旅游试点工作。文化和旅游部出台了《关于促进智慧旅游发展的指导意见》，并发布了《关于实施“旅游 + 互联网”行动计划的通知》，为旅游与互联网的整合提供了明确的方向和目标。展望未来，文化和旅游部计划制定一套智慧旅游景区的标准，并挑选一系列符合条件的 5A 级景区作为智慧旅游景区的试点项目。同时，鼓励各地建设具有特色的旅游目的地信息服务云平台。为了进一步提升旅游的智能管理和决策能力，文化和旅游部计划建立一个全国旅游应急指挥系统平台。该平台主要涵盖旅游景区的视频监控、旅游团队的管理、导游领队的管理以及视频会议的功能。

（一）上海

智慧旅游代表了旅游信息化的高级发展阶段，它融合数字技术、智能技术以及虚拟技术等多个方面，实现了数字旅游、智能旅游和虚拟旅游的完美结合。智慧旅游是旅游业发展的新方向，也是促进经济增长方式转变的重要途径。以上海为中心的华东地区在智慧旅游的建设和应用方面始终处于全国领先地位，而定位于建设世界著名旅游城市的上海则把加快智慧旅游发展作为丰富都市旅游业态、提升旅游服务及管理水平的一项重要举措，通过不断探索运用现代信息技术完善旅游公共服务体系、提高旅游管理服务水平、促进旅游产业融合创新、提升城市旅游品牌形象。

随着智慧旅游的发展，上海不断加强旅游景区基础设施建设，创新信息化管理服务模式，在国内率先建立起较为完善的旅游信息化基础平台和便捷高效的旅游公共服务体系，旅游咨询公共服务体系也包括“12301”和“962020”上海旅游热线、上海旅游咨询服务中心、旅游触摸屏系统的“三纵”以及包括上海旅游政务网、上海旅游网、上海旅游人力资源网、上海旅游集散网和上海旅游会展网的“五横”，其他的智慧旅游应用平台或项目主要有“乐游上海”微信微博、“爱上海”手机导游、“聚·上海”旅游服务平台等。同时，上海旅游行业智慧化水平不断提升，多数的A级旅行社拥有自身网站或借助其他网络平台发布信息，旅游企业拥有业务管理系统，提供在线服务，并且涌现出锦江旅游、携程旅游、驴妈妈等一批在国内外具有较强竞争力的智慧旅游企业。

1. 聚焦硬件，夯实智慧旅游基础

上海通过不断完善智慧旅游景区基础设施和应用环境，为后续的智慧旅游系统建设奠定了坚实基础。不断加强旅游手机App的开发与应用，在2011年12月，正式推出上海第一代“手机导游”，利用全球定位系统、地理信息系统等多种技术，全面满足旅游者导览、导游、导航等一体化旅游公共服务需要，成为市民和游客的全能“贴身导游”，走在同类城市前列。强大的导航功能将提供全方位出行路线。

全面的导览功能则提供全方位旅游景区目的地导览图。上海地铁旅游手机软件为市民和游客提供最为详细的地铁交通指南。除了将地铁周边的景点、餐馆、特色酒店一网打尽，每周还会推出精选线路，时令性游玩攻略、热门活动推荐，各具特色的美食游、小资游、故居文化游、格调下午茶。上海旅游局通过与地铁公司合作，推出“爱旅游·上海地铁旅游”软件，还考虑设计地铁沿线的景区与地铁交通的合作机制，包括推出惠民的免费接驳巴士、地铁与景区门票的套餐优惠价等。

2. 构建系统，保证行业质量监管

全方位推动旅游电子合同的管理和团队信息的动态更新，确保旅游景区合同的在线填写、签署、上传备案、数据分析和监督管理都得到全面覆盖。团队动态系统对团队的各种动态信息进行了持续的监控，确保了“六定”原则，即定社、定团、定时间、定位置、定领队和定游客，为旅游景区在突发情况下的应急管理提供了坚实的信息支撑。在完善旅游信息系统的同时，进一步加强信息化应用体系建设。通过不断地优化和完善旅游教育和培训系统、旅游质量控制系统以及旅游团队服务管理系统等多个行业管理平台，实现了旅游管理平台的全面建设。加强对游客行为特征和需求变化的研究，开发个性化的旅游产品，满足不同层次的游客需要。

3. 政策支持，理顺行业发展道路

推动并指导旅游电子商务平台的建设，以便为游客提供包括旅游路线规划、交通、住宿以及门票预订和购买在内的全方位一站式服务。构建智慧旅游服务平台，打造智能导游、智能导游助手等新型旅游产品。完善旅游安全保障体系建设，增强旅游消费者安全意识。加快旅游公共服务体系建设，打造以“互联网+”技术应用为主要内容的信息化服务平台，构建统一高效的数据采集、传输、交换、共享及服务体系。构建旅游景区的舒适度评价指标体系，加大对旅游资源开发、基础设施维护和环境保护等方面的投入力度，完善配套服务设施，提高服务质量水平。

4. 强强联手，合力共推发展进程

中国电信上海公司作为上海通信领域的主导运营商，积极把握上海建设智慧城市机遇，以聚焦客户的信息化创新战略为引领，在全国率先实现城市化地区的光网全覆盖，“i-Shanghai”“12345”综合政务热线等信息化重点工作得到社会各界高度肯定。自 2011 年起，中国电信上海公司已与上海旅游局及上海旅游网在智慧旅游方面开展多项合作，建成从最初的覆盖全市数百家星级酒店的触摸屏信息系统联网到基于网络电视的“爱旅游”公共信息服务平台和基于移动互联网的“iTravels”旅游公共服务系统，从而为提升旅游公共服务整体水平，树立上海国际化都市形象作出贡献。

此外，上海旅游网也与银联开展合作，在“iTravels”手机导游上实现银联卡优惠购买上海各大景区门票的功能。为更好地实现上海智慧旅游发展，由上海市物联网行业协会、上海旅游行业协会景区景点分会以及佑途物联网有限公司共同组建了上海国际智慧旅游产业联盟，以打造智慧城市为目标，通过搭建一个面向公众开放的互联网应用服务平台，整合各类资源，建立起包括智慧旅游在内的一系列新业态。

上海将着眼于世界著名旅游城市建设目标，以深化应用、便民惠民为导向，着力推出一批智慧旅游景点及线路，并逐步实现景区（点）移动通信网络覆盖，重点旅游场所和游客集聚区“i-Shanghai”无线网络覆盖；进一步完善旅游公共服务体系，配备最新的旅游 e 点多媒体触摸屏，从而将旅游咨询服务扩展到社区；推动旅游电子商务平台的发展，以便为游客提供包括旅游路线设计、交通便利、住宿选项以及门票预定和购买在内的全方位服务；构建旅游市场的监测预警系统，进行旅游公司和行业的信息动态统计和分析，以增强行业的运营、发展分析和决策制定能力。

（二）北京

1. 规划先行，制定规范奖励标准

为了执行《北京市人民政府关于贯彻落实国务院加快发展旅游业文件的意见》以及北京市政府发布的《智慧北京行动纲要》，北京市政府明确了北京智慧旅游景区的建设重点、内容和发展目标，并有效地引导机关单位、企业和社会参与智慧旅游的建设，北京市旅游发展委员会在 2011 年 10 月 9 日宣布启动北京智慧旅游城市基础设施的建设。他们与中国移动北京公司签订了战略合作协议，成为首家开展城市无线宽带覆盖和旅游信息整合等项目的单位。他们还提出了智慧北京便利旅游的发展方针，并将北京智慧旅游景区的建设目标具体化：配齐一张屏（触摸屏），建好两张网（无线宽带网和北京旅游信息网），开发三个系统（自助导游讲解系统、城市自助导览系统、网络虚拟旅游系统），推进四个数字（数字景区、数字酒店、数字旅行社、数字乡村），做好五项服务（旅游一卡通服务，北京礼物网上特色商品服务，网络旅游游戏娱乐服务，来京旅游手机短信服务，

旅游手机报服务)。构建智慧旅游的公共服务体系、服务体系以及政务管理体系这三大智慧旅游体系;构建了包括旅游公共服务信息系统、电子商务系统、便民服务系统、电子政务系统以及旅游应急指挥系统在内的9个智能旅游系统;完成虚拟景区旅游平台、景区自助导游平台和城市自助导览平台等多个智慧旅游景区的建设项目。此外,景区自助导游系统、城市自助导览系统、旅游信息终端和虚拟旅游系统这4个专业的建设标准也将被制定出来。

在北京市旅游委与首都互联网协会的引导之下,搜狗公司成功制作了一张北京景区的实时地图。北京景区的实时地图是基于大数据构建的,它从景区的人流分布、附近的停车位以及附近的实时路况三个方面展示了热门景区的实时情况。目前,故宫、天坛、颐和园和奥林匹克森林公园这四个景区的实时地图已经上线。

2. 搭建平台,保障行业健康运行

北京在智慧旅游景区建设方面不断加大旅游门户网站等公共信息服务体系建设,并已取得较多成果。北京的旅游公共信息网有北京旅游网,这个网站主要包括资讯、商城和互动三个部分,能够提供最权威、最可靠的旅游信息。目前,我国已经建成多个全国性的在线旅游服务平台。北京市旅游委推出了名为“i游北京”的手机应用程序,该软件整合了近数十万条的旅游相关数据,为游客提供了包括北京多个景区导游导览、旅行社身份验证、门票购买以及旅游相关资讯在内的全方位和即时的服务。通过建立移动互联网平台,使用户能随时获取最新的旅游动态和景点介绍。北京市旅游委成功构建了首都旅游产业运行监测调度中心,该系统综合了产业信息资源的汇总、产业运行的监控与监测整合,以及应急调度的快速响应功能。在此基础上,通过建立统一的数据中心和网络传输平台将全市主要旅游景区、景点的运营状况及重要指标进行采集、整理和统计,并形成相应的预警报告和应急预案。

3. 活动对接,加速智慧旅游行动

北京市旅游委、北京市经济和信息化委员会、中关村科技园区管理委员会联合举办了首次北京智慧旅游需求与产业对接活动——智慧景区专场,这被视为实施智慧北京应用与产业对接行动计划的关键步骤。北京A级旅游景区的自助导游服务和虚拟旅游平台已经正式投入运营,以促进在线旅游服务、在线市场推广和在线支付等多种智能旅游服务的发展。

因此，在北京一系列政策资金的支持下，北京智慧旅游建设取得了丰富成果，单从“i 游北京”App、自助导游 App、北京 A 级旅游景区虚拟旅游方面来看，主要有以下成果。

（1）“i 游北京”App

“i 游北京”App 能为来京游客提供出游前、游中、游后的一站式服务。游前，游客可查询目的地景区信息、旅游资讯、景区流量实时数据以及门票购买、路线选择等，可对行程进行科学规划。景区流量实时数据能够清楚明了地显示景区的流量，供游客在游前进行规划，也可有效规避安全风险；游中，游客可以使用导游、旅行社验证功能来确认参团旅行社和导游是否正规，也可使用导游导览功能了解景点（偏向于简单的文字介绍）；游后，游客可以对景点进行点评，也可对客服进行旅游信息反馈等。

（2）自助导游 App

北京 A 级旅游景区自助导游软件主要是对北京 3A 级以上的热点景区进行自助导游的软件，该软件于 2014 年 1 月同虚拟旅游系统正式上线。该软件可以查询景区内厕所、出入口、游客中心等公共服务设施的位置，并可随时为游客定位所在景区内的位置，便于游客根据所在位置选择要游览的景点和线路。在自助导游软件首页，游客对景点自行选择并下载后，则会有该景区的导览、导游图，其中的导游则主要是语音导游，可以对景点进行讲解。

（3）北京 A 级旅游景区虚拟旅游

该系统于 2014 年 1 月同北京 A 级旅游景区自助导游软件正式上线。网络虚拟旅游系统——北京 A 级旅游景区虚拟旅游系统则主要建立在现实旅游景观基础上，利用虚拟现实技术，通过模拟实景，构建一个虚拟旅游环境，使游客足不出户，就能在虚拟环境中以 360° 的角度遍览风光美景，形象逼真，细致生动；配以解说系统，使游客在观光游览的同时，能很好地了解景点，身临其境地感受景区美景。除此之外，游客能根据自己的兴趣爱好选择想要游览的景点，在享受美景的同时学习到景区文化。

（三）成都

作为国家首批、西部地区首个国家智慧旅游试点城市，成都市旅游局抓住机遇，成功部署信息化方面的改造优化措施，启动一批信息化系统，如成都旅游一点通、成都旅游全搜索、“96527”成都旅游咨询服务热线、成都旅游微博等。成都并成功建立了成都智慧旅游数据中心（成都旅游全搜索平台）、成都旅游政务网和成都旅游资讯网。此外，还建立了成都旅行社管理系统、质检网和区域旅游合作网站，形成了成都旅游网站群。成都旅游一卡通——“天府通熊猫卡”也日益成熟，为公众提供了一站式的旅游信息咨询、业务查询和旅游投诉服务。

1. 合作联手，夯实智慧旅游基础

成都市旅游局与中国移动成都分公司共同打造成都首个智慧旅游项目——成都旅游一点通平台。成都旅游一点通平台能够提供景区信息查询、酒店信息查询、交通路况实时了解、旅游路线规划等十六项功能，其中包括青城山、都江堰、大熊猫基地、峨眉山等大成都范围内多个 A 级以上景区的超过百家的餐馆、商场、酒店信息资料。这些信息十分详细，不仅有根据游客在成都停留的时间长短而设定的半日至两日游不等的数十条旅游线路，还有景区的视频介绍、交通、门票价格，餐馆、酒店、商场的位置、电话等，基本实现手机信息领引、便捷旅游成都目的。

同时，成都市旅游局与软通动力信息技术有限公司签订《成都“智慧旅游”数据中心建设项目开发服务合同》，协议通过建设成都智慧旅游数据中心，建立成都市智慧旅游统一的数据规范和数据标准、统一的数据采集标准和数据交换平台、统一的数据管理中心和综合分析中心，实现智慧旅游有关领域和单位之间的信息互联互通。

此外，在区域合作方面，为了最大限度地利用成都在四川省旅游经济中的引领作用，并加强成都与其他区域合作城市之间的旅游合作，以实现资源的共享和优势的互补，19 个市州旅游局的相关负责人，包括成都、乐山、绵阳、德阳、遂宁、眉山、雅安、资阳、广元、南充、广安、内江、自贡、宜宾、阿坝、甘孜、凉山、攀枝花、达州等，齐聚成都，共同探讨升级后的天府通熊猫卡如何游览 19 个四川市州的景点。这款“熊猫卡”的推出，不仅标志着成都迈向智慧旅游城市的重要步骤，同时也使成都成为国内首个推出旅游一卡通的城市。

2. 数据支撑，助力科学管理决策

2013 年 3 月，成都智慧旅游数据中心正式上线运行，成为成都旅游景区信息化的基础工程，这个平台综合了开发兼容性、智能搜索功能、多屏同源性、自助互动以及统计分析等五大核心功能，旨在为游客提供一站式的旅游信息服务。游客可以随时通过智能手机登录到成都智慧旅游景区数据中心平台，从而获取成都的旅游信息。该平台目前已在全市范围内推广使用，引领了成都旅游业进入触摸时代，标志着成都旅游全面进入智慧旅游时代。

3. 服务升级，注重服务可持续发展

天府通熊猫卡不仅为游客提供了一站式的旅游信息资源搜索服务，还为旅游行政管理部门和旅游企业提供了信息发布渠道和标准化的数据交换接口，同时也为相关单位提供了一个信息资源共享的平台。这不仅是成都发展智慧旅游城市的一个重要步骤，也使成都成为国内首个推出旅游一卡通的城市。天府通熊猫卡推出集合吃、住、行、游、购、娱各种旅游要素，对天府通熊猫卡进行服务升级，新增刷卡游景区的功能，游客无需排队买门票，仅在景区门禁上刷一下卡就能快捷入园。此外，这张卡不仅能像普通的天府通熊猫卡公交卡那样，乘坐出租车或公交车，还能享受到景区门票、宾馆饭店和餐饮店的折扣优惠。该卡上设有电子身份证，可通过手机或平板电脑扫描二维码进行身份验证。这张卡现在可以在金沙遗址博物馆和成都欢乐谷中使用，并且随着都江堰等旅游景点的门禁系统进行了升级和改造，现在都可以通过刷卡方式进入。

第二节　国外旅游景区智慧管理的实例

由于国外信息技术发展迅速，早在智慧景区发展之前，国外一些地区和国家就开始研究基于 VR 技术的虚拟旅游。所谓虚拟旅游，就是利用 VR 技术，将景区的实际景观还原，构建一个三维立体的、接近现实的旅游环境。通过虚拟旅游，游客借助终端设备，足不出户就可以利用互联网观赏到来自世界各地的美丽风光，且各种景色与真实的景观相差无几，方便了那些没有闲暇时间外出旅游的游客。由此来看，虚拟旅游也让广大游客体会到了互联网技术与旅游业融合的神奇与惊喜。在国外，虚拟旅游发展已经比较成熟，许多欧洲旅游城市都开设了较为完善的虚拟旅游服务。

国外虽然没有专门的智慧景区、智慧旅游的相关概念，但是旅游景区结合现代信息技术进行智慧化建设远远早于国内。作为世界上最早进行旅游智慧化的国家，美国的景区很早就进行了基础设施的更新和改造，如在景区内推出游客定位系统，在酒店行业内推出新型的腕带设备，为游客省去住宿时身份识别、现金支付的烦琐步骤，为旅客提供更快捷、个性化的服务。除此之外，北美地区还构建了智慧交通公共服务系统，通过该系统，当地居民以及游客都能够享受最便捷的服务。若是乘坐公共交通出行，游客可以直接在系统上实现自助购票，并且能够实时查询公交信息，避免时间浪费；若是进行自驾游活动，智慧交通系统则能够为游客提供导航服务，并且会实时更新当地的路况情况，避免旅游地出现限号、限行等情况。在酒店智慧化建设方面，则主要结合信息技术，专注于服务细节，在酒店服务质量方面进行提高。

在亚太地区，如韩国、日本、新加坡等地的智慧旅游景区智慧管理则主要体现人文关怀，即通过现代化的信息技术来帮助游客获得更好的旅游体验。韩国将智能设备作为硬件载体，开发出了“Tour Seoul”旅游应用服务系统和旅游综合服务平台，该系统被设置为多语言的平台，能够满足不同国家的人民的需求，并且提供了景点信息介绍、相关住宿信息推送等服务。除此之外，韩国更加重视智慧酒店的发展，将高科技的技术手段与游客所需的服务细节相融合，提供更加人性化、有温度的服务，同时还能够向世界各地的游客展示本国发达的信息技术。

新加坡是世界上名列前茅的智慧旅游国家，也是全球经济发展的典范。在过去的十年中，新加坡依据其发展战略，以四大措施推进智慧旅游发展，吸引了许多海内外游客。因此，早在 2006 年，新加坡就推出了智慧国 2015 计划，旨在通过智慧化立国发展理念和转型战略，转变过往传统城市国家的现状，从而迈向智慧国的行列。新加坡构建了旅游景区智慧管理过程，包括使用生物身份识别技术，精简注册登记手续，为商业人士免去烦琐的注册登记手续。这项技术在新加坡商业会议旅游中也得到了广泛的应用，简化了商务旅行的流程，提高了效率。除了商业人士，新加坡的智慧管理系统还着眼于提升游客在新加坡的旅行体验。游客可以通过互联网、手机、公用电话亭、交互式电视和游客中心等渠道获得有关当地的旅游信息和服务支持。无论是购买相关旅游商品还是专门服务，游客都可以在这些渠道上完成。游客还可以通过智能手机等设备，在任何需要的时间和地点获取旅游信息。系统将会自动定位游客的位置，根据用户的需求和选择提供有针对性的信息服务，这样使游客能够更好地规划自己的行程，提高旅游的便利性和个性化。不仅如此，游客还可以登录“我行由我，新加坡”平台，该平台为游客提供定制服务，游客可以根据个人喜好直接定制新加坡行程。通过智慧国2015计划，新加坡旅游景区的智慧化管理得到了极大的改善，这不仅提高了旅游服务的质量和效率，也使游客能够更好地体验新加坡的独特魅力。这一举措为新加坡在全球旅游业的竞争中赢得了更多的优势，也为其他国家提供了一个可借鉴的智慧化管理模式。

韩国首尔市政府为方便游客，专门打造了能够用来提供掌上移动旅游信息的服务平台“i Tour Seoul”。该平台基于智能手机平台，通过网站和移动手机网站提供旅游咨询服务。该平台功能丰富，除了能够定位、提供智能信息服务，还为游客提供了深度游的旅游路线推荐，以此吸引更多的游客前来游玩。不仅如此，韩国还特意推出了“指尖上的首尔”项目，该项目是首尔旅游景区智慧管理过程中的一部分，主要针对游客开发了手机应用，旨在通过科技增进游客的旅行体验。项目的后台数据库包括展示核心旅游资源的官方网站和提供各类旅游信息的姊妹网站。游客可以在智能手机上下载专门的定位软件，定位游客所处的位置，并为游客提供周边景区的信息应用程序。观光网站、二维码以及手机软件可以为游客提供全面的信息服务，游客还可以使用“行程规则（trip planner）”自主规划行程线路。手机软件能够以图文的形式展示周边信息，游客可以查看旅游景区的详细情况，并且可以通过电话服务进行全面的搜索查询。另外，应用程序还可以帮助游客处理旅行照片，并直接分享至网站。机场还提供手机租借服务，方便游客的使用。通过这些智慧旅游的措施，韩国首尔市政府提高了旅游服务的质量和效率，提升了游客的旅行体验，为首尔的旅游业发展注入了活力。

智慧旅游的发展已经成为旅游行业的一个重要趋势，美国多地也在旅游景区中引入了智慧管理系统。一个典型的例子就是美国科罗拉多州的蒸汽船滑雪场推出的定位系统。这个系统配备了RFID定位装置，可以实时监测游客的位置，并为他们推荐最适合的滑雪路线。此外，Mountain Watch系统还可以反馈游客的消费情况，从而帮助他们更好地掌握旅游预算。另一个例子是宾夕法尼亚州的波科诺山脉度假区引入的RFID腕带系统。这个系统使用无线电频率识别技术，游客只须佩戴腕带便能实现一系列便捷的操作，包括使用腕带开启房门、购买食物和纪念品、参与景区活动。可以说，腕带就是游客的身份证，不仅方便游客游玩，还能方便景区管理和识别游客身份。

在比利时，智慧旅游在布鲁塞尔的应用项目“标识都市”使其成为世界上第一个数码移动旅游城市。该项目通过使用近距高频无线通信芯片和带条码的不干胶，覆盖在了包括博物馆、名胜古迹在内的大街小巷中。游客只需要拿出智能手机并下载条码扫描器，就能随时随地扫描“标识都市”的不干胶，这样就能获取到相关历史文化介绍、购物优惠和线路导航。这意味着游客可以在布鲁塞尔享受到更全面的旅游体验，无论是在探索历史文化，还是在购物和用餐方面都能得到便利。通过“标识都市”项目，布鲁塞尔不仅提供了更多的旅游信息，还提供了个性化的推荐和导航服务。这不仅提高了旅游服务的质量，也提升了游客的旅行体验。目前，该系统已收录了包括布鲁塞尔在内的数百个旅游点，并且数量还在呈现稳步上升的态势。

第三节　旅游景区智慧管理的启示

旅游景区是由若干地域上相连的旅游吸引物、交通网络和旅游服务设施所组成的，它具有一致性、关联性和整体性的特征。旅游吸引物是旅游产品的要素，它起着吸引游客并决定他们选择旅游的地点的重要作用，一般可以分为地点吸引物和事件吸引物两种类型。地点吸引物是指地方本身就是吸引游客前往游览的主要原因。例如，一座具有悠久历史的古城、一片美丽的自然风景区或一个享有盛誉的文化遗产地都可以作为地点吸引物吸引游客。事件吸引物则是指节庆活动、体育盛会等。这些事件吸引物可以为游客提供独特的体验和参与感。另外，旅游吸引物还可以根据其特征分为自然吸引物和人造吸引物。自然吸引物通常是指那些自然景观和自然资源，这些自然吸引物以其独特的美景和自然环境吸引游客。而人造吸引物则是指那些由人类创造的旅游景点，如古镇、主题公园等。

智慧景区是将旅游景区与新兴信息技术相结合，通过物联网、云计算、移动设备和人工智能等技术手段，实现景区的可视化管理，并为游客提供个性化、智能化的服务。在数字地球向智慧地球转型的背景下，智慧景区利用最新的管理理念和技术成果，建立智慧网络，推动景区的智能化发展。通过集成最新的技术成果，智慧景区能够更好地保护旅游资源，防止其被破坏，同时还能为游客提供更为优质的服务，实现景区的环境、社会和经济的全面、协调、可持续发展。智慧景区管理系统能够透彻地感知景区的环境、社会和经济三大方面，从而为旅游行业的发展提供强劲的动力。

旅游景区智慧管理是一个十分丰富的概念，可以概括为以下几个方面：第一，通过物联网技术，景区能够监控、感知景区的地理事物、自然灾害、游客行为、社区居民、景区工作人员的行迹以及景区的基础设施和服务设施等。第二，能够对游客和景区工作人员进行有效的监督和管理。第三，通过最新的信息技术和管理理论对景区的组织及管理结构进行优化和重新设计，精简景区管理的业务流程。第四，与科研院所、酒店、旅行社、航空公司、IT 公司等合作，建立战略联盟，集结各组织之所长来共同管理景区。第五，通过智慧管理，旅游景区能够更好地利用和保护资源，为游客提供更好的体验，同时也为景区的可持续发展做出贡献。

景区作为旅游产业核心要素，其智慧水平决定着旅游服务质量与游客满意度，并极大地影响着旅游产业战略目标的实现。在此情况下，作为推动智慧旅游建设的重要抓手，智慧管理在旅游行业中的应用越来越受到重视。智慧景区通过引入高科技技术，将各种设备、设施和资源连接起来，实现对景区的全面感知和管理。同时，信息技术的应用也为游客提供了个性化的服务，如根据游客的兴趣和需求推荐合适的景点和活动，提供实时的导航和交通信息，方便游客的出行。旅游景区智慧管理的发展对于景区的保护和可持续发展也起着至关重要的作用。通过智能化的管理手段，可以更好地控制游客流量，减少对景区环境的破坏。通过精细化的管理，可以提高资源利用效率，减少浪费，实现资源的可持续利用。通过旅游景区智慧管理拉动旅游消费、降低旅游门槛，利用其快捷、便利以及个性化定制等特点为游客与景区之间构建一个旅游消费平台，使得景区进入智慧化管理新时代。

旅游景区智慧管理是数字景区的完善和升级，指能进行更透彻的感知、更广泛的互联互通和更深入的智能化的景区。[①] 智慧景区作为智慧旅游的集中体现，是旅游目的地信息技术及其应用水平展示的重要窗口。如果说旅游景区建设从信息化到数字化是第一次飞跃，那么从数字化到智慧化的过程则是景区建设的第二次飞跃。从景区数字化建设到旅游景区智慧管理，不仅在信息技术手段的应用上呈深入与变革的表现，更重要的是实现旅游数字化定位的变革，将旅游景区信息化建设重点从强调信息技术的智能，转移到强调信息技术带给游客体验质量的提

① 余扬．旅游电子商务[M]. 北京：旅游教育出版社，2015.

升，真正做到以提升游客满意度为重点。因此，自国家旅游局（现文化和旅游部）提出将2014年确定为“智慧旅游年”后，国内智慧旅游建设与发展逐渐围绕智慧管理、智慧服务以及智慧营销三个层面展开。

在此情况下，作为智慧旅游的核心要素，旅游景区智慧管理应从游客旅游过程的前、中、后三个阶段出发，强调以人的需求为主题，通过对景区智慧管理、智慧服务、智慧营销三个层面的建设实现旅游景区智慧建设。

旅游景区智慧管理是旅游业发展的重要趋势，它通过运用物联网、互联网、云计算等高新技术，实现对景区内游客信息的主动获取和分析，从而实现景区管理的全面感知和实时管理。传统的旅游管理方式往往是被动处理和事后管理，无法及时准确地掌握游客的需求和行为。而智慧景区管理系统的引入，可以让景区管理者主动获取游客信息，如游客数量、游客流动情况、游客满意度等，形成游客数据积累和分析体系。通过对游客数据的分析，景区管理者可以全面了解游客的需求变化、意见建议等相关信息，从而实现科学决策和科学管理，进而优化景区环境。通过实时监控和管理还可以及时处理突发事件，提高景区的安全性和服务质量。

景区智慧服务建设是智慧景区建设的重要组成部分，旨在通过高新信息技术提升游客的游玩体验，提高旅游品质。它以游客为中心，通过提供便捷的旅游信息获取、自主的旅游计划制订、方便的旅游产品预订、高质量的旅游产品享受等服务，为游客带来全新的旅游体验。可以说，智慧景区服务建设利用互联网等信息技术手段，实现了旅游信息的实时传递和游客需求的精准匹配。游客可以通过智能手机等终端，随时随地获取景区相关的实时信息，如景点介绍、交通导航、天气预报等。这样，游客在旅游过程中就能更加方便、快捷地获取所需信息，提高旅行的品质。另外，智慧景区服务建设还可以帮助游客更好地安排旅游计划并形成旅游决策。通过智能化的推荐系统，游客可以根据自己的兴趣、偏好和时间限制，获得个性化的旅游推荐。比如，系统可以根据游客的喜好推荐适合的景点、活动和餐饮等，让游客在有限的时间内尽可能地体验到最具吸引力的旅游资源和项目。

智慧景区营销是当下旅游行业发展的重要方向之一。景区智慧营销通过利用现代科技手段，通过对社交媒体、在线评论和旅游研究数据的监测和分析，可以获取游客对旅游目的地的评价、需求和偏好等信息。首先，这些数据可以帮助景区管理局和旅游企业了解游客的旅游行为和消费决策，进而促使景区打造相应的旅游产品，并制定营销主题，以满足游客的需求和期望，促使旅游景区产品不断创新，帮助营销取得成功。其次，景区智慧营销还会利用新媒体传播特性，引导游客也参与旅游的传播和营销之中，引导他们参与旅游活动的讨论和分享。最后，景区还可以通过与旅游企业合作，提供特定的优惠和奖励，激发游客的参与度和忠诚度。

在旅游景区智慧管理过程中，如果说从信息化阶段向数字化阶段的转变是第一次飞跃，从数字化阶段向智能化阶段的转变是第二次飞跃，那么从智能化阶段向智慧化阶段的转变过程则是旅游业信息化发展的最高目标。在这一阶段，智慧景区显著区别于传统景区和数字景区，不仅要求实现技术上的变革，将旅游业信息化发展目标从信息化阶段强调技术应用、科技智能向强调技术带给用户体验的提升方向转移；从最初由游客主动感知并获取旅游服务信息向旅游部门根据游客需求主动推介信息转移。进入 21 世纪以来，由高新信息通信技术形成的新一轮技术革命推动着各行各业信息化建设的飞跃。在这一阶段中，互联网的快速普及使得网络逐渐成为游客获取旅游信息的重要途径；同时，无线终端普及以及新技术应用也为游客随时随地获取旅游信息服务提供了支撑。在此背景下，我国各地旅游景区将服务模式、管理模式以及营销模式进行智慧化转型与升级，景区逐渐由重视各部门间信息传递与共享的数字化阶段向便利旅游者获取旅游信息的智能化阶段转变，凸显智慧景区应有的智慧。

在旅游景区发展过程中，传统景区重视经济效益，关注信息技术在景区管理、服务、营销中的应用，忽视了游客深层需求及满意度。然而在景区智慧化发展浪潮下，这一原有经营理念已不适应景区未来发展需求。在此情况下，旅游景区应在数字景区建设的基础上，将景区信息化发展目标从强调技术应用、科技智能向强调技术带给用户体验的方向转移；从最初由游客主动感知并获取旅游服务信息向旅游部门根据游客需求主动推介信息转移，真正做到以游客需求和满意为重点，从而凸显智慧景区所应有的人性化。

旅游业作为一种综合性产业，包含了吃、住、行、游、购、娱六大要素，因此，其内部各环节之间以及与其他相关行业之间的一致性非常重要。只有各环节之间协同合作，才能使旅游经济顺利运行，为游客提供优质的旅游体验，推动旅游产业的繁荣发展。因此，在旅游景区信息资源共享需求日益迫切的情形下，尽管景区信息化在一定程度上解决了传统景区经营管理水平低下、内部工作效率不高等问题，但由于技术创新不足以及基础设施不配套等多重制约，特别是因旅游景区信息化而产生的信息孤岛效应，使得旅游景区信息化过程中各景区部门间或是景区相互间的信息化较为孤立，从而产生信息传递不畅、信息共享水平不高等问题。在此情况下，各部门只注重自身旅游信息化的发展而忽视了相互间的信息传递与共享，没有实现部门间旅游信息的整合，从而使得便捷游客出游的最终目的未能实现。然而，在智慧景区这一阶段，景区智慧化将较好地解决部门间旅游信息共享不足以及旅游上下游之间信息整合不足的弊病。

旅游景区在智慧管理过程中通过旅游和互联网的融合形成“互联网 +”思维，利用云平台将区域内的旅游设施、旅游服务资源整合，统一管理，合理调配。利用云计算、移动互联网、GPS 定位、电子商务、虚拟现实等技术，构建旅游智慧服务体系，为游客提供吃、住、行、游、购、娱一体化服务。通过大数据分析为游客提供个性化服务，提升旅游体验和旅游品质；通过电商服务、大数据的应用，构建智慧旅游营销体系。重点围绕景区、旅游饭店、旅行社、农家乐、咨询服务中心、营销中心、房车、自驾车营地区等环节开展营销，大力推进在线咨询、在线预定、在线互动等智慧旅游服务，获得用户的核心需求，从而精准定位营销目标。完善智慧旅游信息化建设体系，打造景区、小镇、全域旅游建设框架，围绕服务游客、部门监管、企业运营管理三个方面，做好三个一平台综合管理和服务，三个一平台包含游客服务信息平台、旅游综合管理信息平台、大数据信息统计平台。通过三个一平台完善建设信息化体系，真正让理论归于实践，杜绝“假大空”的旅游发展口号。

旅游景区智慧管理的核心是利用先进的信息技术将景区打造成一个智能化的运营系统。通过将各种设备、设施，将各类资源连接起来，实现对游客信息的主动获取和分析以及对景区运营的全面感知和实时管理。这种管理方式不仅可以提升游客的旅游体验，还可以优化景区的管理流程、提高服务效率和服务质量。同时，系统可以根据游客的需求和偏好，向游客推荐个性化的旅游方案和活动，为其提供更加贴心和个性化的旅游体验。不仅如此，通过云计算和大数据分析技术可以对景区内各种资源的使用情况进行实时监测和分析。这样可以更好地掌握景区的运行状况，合理调配资源，避免资源的浪费和滥用。总而言之，旅游景区智慧管理的发展将为景区和游客带来更多便利，推动旅游行业向现代化转型。

第六章　山西五台山景区智慧化管理存在的问题及对策

本章为山西五台山景区智慧化管理存在的问题及对策，包括智慧五台山全域信息化项目实施情况、五台山景区智慧化管理存在的问题和五台山景区智慧化管理改进建议。

第一节　智慧五台山全域信息化项目实施情况

五台山地质古老，地貌奇特，坐落于华北大陆的深处，与恒山和太行山相连。五台山是中国境内已知最古老地层构成的最高山脉，由古老的结晶岩构成，其北部地形陡峭，五座峰峦挺立，峰顶平坦如台，包括东台的望海峰、西台的挂月峰、南台的锦绣峰、北台的叶斗峰以及中台的翠岩峰。五峰以外的地区被称为台外，而五峰以内的地区被称为台内，台内的中心地区是台怀镇。五台山被誉为“华北屋脊”，它山中温度较低，尤其是夏季，相比周边地区更加凉爽宜人。这种凉爽的气候吸引了大量的游客前来避暑度假，享受凉爽的山间气候。在炎热的夏季，五台山成为人们逃避酷暑的理想去处。五台山的自然植被以草地为主，由草甸、草原和灌丛构成，这使得五台山成为一个优良的夏季牧场。

五台山有着中国地质博物馆的美誉，这主要是因为五台山的地质构造和地层剖面展示了地球演化的丰富历史，吸引了众多地质学家前来研究。这些地质特征不仅对于了解地球早期演化过程具有重要意义，还为研究地球板块运动、地壳变形、地震活动等提供了宝贵的数据。同时，五台山还保存了众多古生物化石遗迹，这些化石记录了古代生物的进化历程，对于研究生物演化和古环境具有重要的科学价值。作为中国地质博物馆，五台山不仅吸引了地质学界的关注，也吸引了大量的游客前来参观和学习。人们可以通过观察和学习五台山的地质特征来了解地球的演化过程和地质历史。这为地质科普教育提供了一个绝佳的场所，帮助人们增长知识，提高地质科学素养。

五台山是我国青庙黄庙共处的佛教道场，有宗教活动场所 86 处，其中包括许多历史悠久的寺庙，与普陀山、峨眉山、九华山并称为中国佛教四大名山。大多数研究认为佛教于东汉时期传入了五台山，由于阿育王的舍利塔位于五台山，加之五台山又被传为文殊菩萨的道场，因此，东汉永平十一年，迦叶摩腾、竺法兰来到了当时还被称为清凉山的五台山建寺。在南北朝时期，五台山佛教迎来了第一个发展高潮，到了北齐时期，五台山的寺庙数量已增至 200 余座。隋朝时，隋文帝下诏在五个台顶各建一座寺庙，分别是东台望海寺、南台普济寺、西台法雷寺、北台灵应寺、中台演教寺。这五座寺庙都供奉着文殊菩萨，成为五台山朝拜的重要场所。唐代是五台山佛教发展的第二个高潮时期，这时的五台山已经成为我国著名的佛教名山之一，更被誉为是中国佛教四大名山之首。

五台山成为佛教圣地的另一个标志就是作为佛教圣地享誉全球，各国佛教徒对其的景仰和朝拜使得五台山成为佛教信仰和文化交流的重要场所。唐朝是一个经济繁荣、国力强盛的时期，是亚洲各国经济文化交流的中心。随着国际交往的日益频繁，五台山也吸引了来自印度、日本、朝鲜和斯里兰卡等国的佛教徒，这些外国僧侣纷纷前来朝礼五台山，希望能够在这里寻求佛经和佛法的启示。

山西省忻州市积极响应国家的号召，以国家全域旅游示范区创建为抓手，充分发挥其拥有的得天独厚的优势和特色，通过景区为王、路网先行、大项目建设、大活动促进、大手笔宣传的工作思路，积极打造黄河、长城、太行三大旅游板块，提升旅游业的发展水平，为游客提供更好的旅游体验，推动经济的发展。

五台山作为山西旅游的对外宣传名片，紧跟时代步伐，秉承旅游资源的可持续性发展以及以人为本的理念，勇于面对新时代、新旅游、新气象，直面问题、勇于创新，主动适应大众旅游时代的到来。五台山管委会两次组织召开智慧景区建设专题会议，提出建设智慧五台山，要加强游客服务，统一商业布局，强化运营管理。

智慧五台山全域信息化项目是贯彻落实山西省聚焦文旅融合发展和建设富有特色魅力的文化旅游强省政策的重要举措。目的是将五台山全域信息化建设成为全省的文旅融合和产业发展的标杆，打造五台山自然文化双遗产的智慧化应用示范。通过五台山全域信息化项目为山西省智慧旅游增添动力。

智慧景区项目是五台山景区向智慧时代加速迈进的强力举措。项目建设期间，参建团队努力克服工期紧迫、协调面广等难题，高标准组织施工，全面掌控项目管理，高效推进项目建设。

在智慧五台山全域信息化项目中，智慧景区的软件管理平台已经完成开发、测试、上线的工作，下一步将整合景区内的文旅资源，建立健全管理机制，与各个应急部门，如公安、综合执法队等相关的景区管理部门进行对接，使之在智慧管理、智慧服务、智慧营销等方面发挥重要作用。

五台山景区文化底蕴深厚，旅游资源丰富。为了让广大游客更好地了解五台山的历史文化、更方便地获取到五台山各类旅游信息。近年来，景区抢抓机遇，以“大五台山”发展理念为总目标，以满足游客吃、住、行、游、购、娱、养等需求为导向，以 5G、物联网、大数据、AR/VR、人工智能等新兴信息技术为支撑，全面加快构筑五台山智慧景区项目建设，全面提升景区旅游智慧管理、智慧服务、智慧营销水平。

在智慧五台山全域信息化项目中，智慧管理应用的实际事例是通过智慧景区管理平台采集在景区内设置的自然生态监测设备，监测到它的实时数据，在发生落石、塌方、火情等应急事件的时候，可以通过融合通信系统通知管理人员到位处置，并派出无人机进行现场的视频侦测，以采取对应的预案措施。

智慧五台山景区指挥中心作为应急指挥调度最核心的平台，它可以呈现景区内诸多的数据信息，并具有大数据分析的功能。指挥中心现有 12 个办公座席、13 个指挥席，可以同时满足景区内不少于 6 个部门同时办公与联动指挥。[①] 五台山智慧景区指挥中心是各部门联动的指挥中心，有四个大的模块，第一个是综合态势，第二个是综合管控，第三个是应急指挥，第四个是大数据分析。每一个大的模块下边会有一些小的模块，主要是针对景区的所有人、事、物、车辆等所有事件的一个总体分析数据的展示，也是基于景区地理信息系统上一个可视化的平台。

---

① 忻州网．推进太忻一体化经济区建设 五台山智慧景区项目建设初见成效[EB/OL].（2022-11-04）[2023-07-19].https://baijiahao.baidu.com/s?id=1748580307067167430&wfr=spider&for=pc.

智慧景区的应用可为景区各级管理部门提供技术支撑，为游客提供全方位的数字化旅游体验，同时，可与景区内百姓共享产业转型、数字化转型的红利。五台山智慧景区项目的建成将更好地解决游客在静态、动态等多种环境下旅游信息综合服务一体化的问题，使游客充分享受数字化带来的便捷舒适，为五台山景区的资源保护、智慧管理、旅游服务、安全防范和可持续发展提供产业转型和数字化转型的基础支撑。景区未来将通过持续打造智慧项目，以数字化转型为引领，以智慧旅游为驱动，将大数据转换为旅游资源，持续提升游客的旅游体验。

数字五台山智慧景区项目完工后，将在智慧管理、智慧服务、智慧营销等方面发挥重要作用，助力太忻一体化经济区绿色发展。

通过智慧五台山全域信息化项目的实施，可以全面落实国务院办公厅《关于促进全域旅游发展的指导意见》文件精神，积极推动互联网、物联网、大数据、人工智能和旅游经济深度融合，大力推进“旅游 +”，全面优化旅游发展环境，走全域旅游发展的新路子。

第二节　五台山景区智慧化管理存在的问题

一、管理理念陈旧

管理理念在景区管理中的重要性不可忽视。管理理念是管理经验的总结和升华，一个景区的发展需要有科学合理的管理理念来引领，它决定了景区的未来发展。景区管理理念应包括道德标准、决策和环境等要素，只有综合、全面地考量这些要素，才能实现景区的可持续性发展。就目前而言，在五台山景区的管理中还存在很严重的管理理念陈旧等问题，具体表现在以下几方面。

第一，五台山景区在智慧管理方面还存在着宣传手段单一、品牌优势不明显的问题。虽然五台山景区在旅游宣传方面取得了一定成果，但在利用新兴传媒手段上还存在着滞后的现象，这导致五台山宣传方面还存在着一系列的漏洞。一方面，五台山景区在新媒体运用方面的意识不足。尽管早有五台山在线、佛教五台山等官方网站，但这些网站存在信息更新不及时、无法与游客进行互动等问题，同时，随着越来越多的国外游客参观五台山，五台山官方网站也存在没有多国语言搜索的问题，致使国外游客无法获得最佳的旅游体验。另一方面，在新兴媒体的利用上，五台山景区的表现也不尽如人意。五台山作为国际级旅游景点，应该充分利用微博、微信等社交媒体平台的传播优势，同时在国外具有较大影响力的社交平台（如脸书、领英、推特等）五台山也不能忽视。但就目前来看，五台山做得还不够好，这使得五台山在国际上的知名度和影响力受限。

第二,五台山景区在智慧管理中缺乏明确的品牌定位，没有将五台山的名片优势充分发挥出来。在当下，品牌在各个领域中都起着重要作用，消费者也普遍更乐意选择具有品牌优势的产品。因此，五台山景区的管理者也应该有品牌战略意识，从自身优势出发，充分利用资源，实现景区的可持续发展。品牌的建立是一个需要长期经营的过程。五台山景区的管理者应该意识到，在现代旅游行业中，竞争是全方位的，不仅仅体现在质量、服务和价格上，更多地体现在品牌定位和品牌塑造的策划上。五台山景区拥有丰富的佛教文化资源，本可以将其优势转化为品牌优势，并在消费者心中形成对五台山景区的情感认知。然而，目前五台山景区的经营更多地偏向商业化，佛教资源被用作景区商业宣传的噱头，商业气息过于浓厚。五台山景区的管理者应该深入思考如何科学合理地规划景区的品牌，从而建立起一个永恒、稳定的品牌形象。此外，五台山景区在市场宣传营销方面也存在一些问题。目前，五台山景区的市场宣传主要由当地旅游局组织活动，缺乏自主的宣传推广，手段相对单一。在智慧管理的时代，五台山景区的管理者应该积极利用互联网和新媒体平台进行宣传推广，拓展客源市场。

第三，在智慧管理过程中，五台山景区游客服务管理观念的落后和信息服务的缺失是一个重要的问题。景区的建设质量和服务质量的最终检验标准是游客的评价，因此，建立景区与游客之间的沟通桥梁非常重要。五台山景区管理部门缺乏了解游客对景区的意见和建议的渠道。只有通过与游客的沟通交流，才能明确景区管理的不足之处，并采取相应的措施进行改进，进而提高景区的服务质量，使游客得到更好的体验。此外，五台山景区管理部门缺乏对信息服务的建设。在现代社会，信息的传递和获取已经变得非常重要，尤其是选择自驾游的游客数量急剧增多，他们对五台山地理环境不熟悉，同时又缺乏查询相关信息的渠道，因而经常会出现找不到景点或找不到赏景的最佳角度的情况，同时也无法充分了解景区的历史文化、背后的故事和深层次的意义。这种现象不仅会对游客的游览体验产生不好的影响，也会不利于景区资源的高效利用。

二、管理政策滞后

景区的管理政策是景区建设和管理的具体准则，它对景区的发展和运营起着至关重要的作用。然而，在五台山景区，智慧化管理政策的滞后主要体现在景区规划和相关法律法规方面。

第一，景区规划滞后是五台山景区智慧化管理政策滞后的一个重要体现。景区规划是指对景区的整体布局和发展方向进行科学规划，包括景点的布置、交通配套、环境保护等各个方面。然而，在五台山景区，由于缺乏系统和科学的规划，景区的发展存在一定的混乱和不协调性。例如，一些投资项目往往在没有经过科学合理的论证之前就盲目开工，导致景区内出现了乱搭乱建的现象，这种现象不仅会使游客流动不畅，同时也会对生态环境造成破坏。这种景区规划管理混乱的局面严重透支了景区经营的一致性、有效性和全局性，同时，也使得资源保护的力度不均，一些资源闲置无人打理，而另一些资源则遭受过度开发破坏。[①]

第二，相关法律法规的不健全也是五台山景区智慧化管理政策滞后的一个重要体现。景区管理需要依据相关的法律法规进行，这些法律法规可以规范景区的运营行为、保护游客的权益、维护景区的环境等。然而，在五台山景区，一些相关法律法规还不够完善，无法全面覆盖景区管理的各个方面。这就给景区管理带来了一定的困扰和难度。例如，对于游客行为的规范和管理措施，目前的法律法规并不具体和明确，导致管理部门无法有效地处理游客的违规行为，阻碍了五台山景区的发展。

三、管理服务缺位

（一）旅游服务设施不足，布局不协调

五台山作为一个具有丰富自然和人文资源的旅游景区，吸引了无数游客前来

① 王成仁．我国景区管理体制的问题及对策[J]．山东商业职业技术学院学报，2008（3）：12–16．

游览。然而，随着游客数量的增长，景区设施建设不足的问题得到了凸显。景区的设施是游客进行旅游活动所必需的基础设施，包括食宿、交通、娱乐等方面的设施。这些设施不仅需要具备基本的功能，还需要具备特定的旅游功能，以满足游客的需求。对于游客来说，他们来到五台山的目的是寻求安全、放松的享受，并希望得到完善、可靠、优质的服务。他们希望在景区内能够方便地用餐、住宿，同时还能够享受到丰富多样的娱乐活动。景区的设施建设直接影响着游客的旅游体验，只有设施建设跟得上游客数量的增长，才能够提供更好的旅游体验。

目前，五台山景区的智慧化管理建设主要集中在台怀镇。台怀镇位于山西省忻州市五台县的最北端，是五台山景区的核心地区。然而，现在的台怀镇中心区和明清街的旅游服务设施分布并不理想。明清街因其明清风格的仿古建筑而得名，但这些建筑并没有考虑与景区整体风格相一致的原则，导致布局杂乱无章。这个地段的公共设施较为集中，除了居民区和一些行政单位，明清街街两侧分布着数家酒店、饭店和各类旅游纪念品商店。而台怀镇中心区地段则密布着大小寺庙、商场、加油站、酒店、度假村、写字楼、照相馆、洗浴场所等，这些建筑在设计之初并未考虑到与景区整体风格相协调的原则，导致布局杂乱无章。这种无序建设的现象与五台山的佛教文化氛围格格不入，使游客在这样的环境下难以获得良好的观感和体验，无法更好地彰显其作为佛教圣地的独特魅力。

此外，在五台山景区的智慧化管理过程中，一些能够直接改善游客体验的建筑建设较为缓慢。尽管五台山作为佛教圣地吸引了众多的游客，但与其他景区相比，五台山在接待设施质量、停车场、公共厕所、旅游标识系统、购物和娱乐等方面仍存在一定的差距。基础设施的不完善影响了游客的出行和体验，也对景区的发展产生了一定的制约。尤其是在繁忙的旅游季节，这些问题将会进一步凸显。

（二）景区旅游服务人员数量不足，素质不高

五台山作为著名的世界遗产、国家地质和森林公园，其景区资源本身就具有极高的价值。然而，要想充分发挥这些资源的价值，就需要有专业的管理人才来进行经营管理。从全国范围内来看，尽管一些旅游院校和大专院校开设了旅游专业相关课程，但个别课程与实际情况脱节。学校的部分培训课程缺乏对景区的实地调研，只有理论的积累而缺乏对景区出现的现实问题进行具体分析和考察。此

外，一些课程安排和教材早已落后于当前旅游业的发展潮流，无法满足景区管理者的实际需求。与导游、旅行社、旅游饭店等相关专业相比，旅游景区管理专业在数量上存在着明显的不足。这一专业仅占了旅游院校人才培养的百分之十左右，远远不能满足景区管理人才的需求。这导致景区管理人才的供需矛盾，许多景区在招聘管理人才时面临困难，难以找到合适的人才来提升景区的整体管理水平，进而无法充分发挥景区资源的价值。

目前，山西旅游景区的高级经营管理人才面临紧缺的窘境，这种情况直接制约了山西旅游景区经营管理水平的提高。五台山景区就是由于其智慧化管理体制的不完善，旅游从业人员往往把赚钱当作第一要义，缺乏为游客服务的心态。一些人利用游客求神拜佛的心理，哄抬物价，致使宰客现象和黑导游现象经常出现。这些不良行为给五台山旅游形象带来了极大的负面影响，使游客对景区的信任度降低，不再将五台山作为出行的第一目的地。

（三）景区交通不畅，游客拥挤

景区交通的顺畅对于游客实现空间上的转移、满足休闲、观赏和猎奇心理需求等方面至关重要，景区交通可以说是保证景区服务质量的关键一环。作为国内外知名的旅游景区，五台山享誉全球，每年都会吸引大量的游客前来参观。然而，大量的游客对五台山景区的交通状况提出了严峻的挑战。在早年间，由于五台山景区管理和规划不完善，加之经济条件的限制，景区的交通条件极为不便利。特别是在旅游旺季，经常会出现交通堵塞、人满为患的情况，致使一部分游客无法顺利到达目的地。这严重影响了游客的游览体验，给五台山景区的进一步发展带来了制约。

最近几年，为了方便游客的出行，提升五台山景区的经济价值，增强五台山作为主要佛教圣地的宣传效应，山西省政府加大了资金投资力度，致力于改善五台山景区交通状况。通过兴建忻阜高速公路和五台山机场等交通设施，提高交通效率，缩短行车时间，方便游客从太原及其他省外地区到达五台山。忻阜高速公路的建设将使太原至五台山的行车时间从五个小时缩短至两小时，北京、河北、山东等省外地区也开通了直达五台山的高速公路。此外，五台山机场的开通为五台山与各大主要城市之间提供了航空路线，上海、广州、昆明等地都可以直飞五台山。这些交通工程改善了五台山景区的交通环境，有效地缓解了游客拥堵的问题，提升了游客的出行便利性。然而，尽管五台山景区的交通状况已经得到了一定的改善，但在智慧化管理方面还有进一步发展的空间。为了更好地实现智慧化管理，五台山景区管理部门需要加强技术研发和人才培养，引入智能交通管理系统和信息化技术，优化交通组织和指引，提高景区交通的效率和便捷性。此外，还应加强与相关部门和企事业单位的合作，共同推动景区交通的改善。通过加强协调和合作整合各方资源，共同解决交通问题，提升景区的整体交通运营水平。

第三节　五台山景区智慧化管理改进建议

一、加强智慧景区的宣传

有关部门应加强对五台山智慧景区的宣传与营销，提高知名度，吸引更多的游客前来参与体验景区智慧服务项目。随着时代的发展，要不断地完善和改进传统文化，使其更加满足现代人的需求，适应时代的发展。信息时代，智慧景区的出现就是对于传统历史文化景区的改革和创新，游客虽然认为智慧景区是新生事物，但是对智慧景区并不了解，在景区门口发现竖立的微信购票指示牌以及刷脸入园的功能时，只是认为更加方便和快捷，并不了解这就是智慧景区的表现。由此，可以看出，应该加强对于五台山智慧景区的宣传与营销，激发游客潜在的体验动机，增加游客的参与度，从而实现资源的有效利用和管理。因此要使智慧化管理发挥作用，景区应加大宣传的力度，加强智慧景区的宣传。

第一，要对五台山智慧景区的基础设施和内容进行宣传，让游客对于智慧景区有一个大致的了解。首先，注重景区宣传标识的设置，如在景区的醒目位置设置智慧景区的标识，先将五台山智慧景区的品牌与口号打响，使游客树立智慧景区的意识；其次，在五台山景区停车场以及各景点提示游客无线网络在景区的全覆盖，提供游客更加方便的服务；最后，还要对五台山智慧景区的特色产品进行宣传，可以在相应的景点安排景区工作人员对游客进行指导和提示，带动游客的游览氛围，提高游客的积极性。

第二，针对到景区旅游的游客，这部分游客是宣传的直接受众。在智慧化管理过程中，五台山景区的经营和管理者可以要求景区的工作人员在服务的过程中引导和讲解五台山智慧景区项目，如景区导游在为游客提供讲解服务的过程中，就可以将景区的现代化发展历程加入其中，将智慧景区建设项目推广出去。同时在游客中心增设文字宣传资料，把五台山智慧景区和五台山景区智慧服务项目和内容做成精美的宣传手册，游客既可以当成旅游纪念品，同时也可以当作宣传资料向身边的人展示，游客满意度提高了，知名度也就在无形中得到了提升。

第三，信息时代的五台山智慧景区应注重营销渠道，充分利用新媒体的强大力量进行五台山智慧景区的宣传，打造新的营销渠道。在大众旅游和大众传媒的时代，游客对旅游体验的需求和期望变得越来越个性化和多元化。同时，传播方式也呈现出了大众化和共享性的特征。因此，作为智慧景区，需要充分发挥互联网、物联网和移动通信等高新技术的优势，通过各种渠道和媒介将具有独特文化内涵和历史价值的旅游产品推荐给游客，以提升景区的品牌影响力和号召力。在当今社会，门户网站、微信、微博等各类手机软件已经成为人们获取信息的主要途径和媒介。对于景区来说，这些渠道和媒介可以被视为连接景区与游客之间的桥梁，起到传递信息、推广旅游产品、增强互动、接收游客反馈的重要作用。此外，五台山景区还可以开发自己的 App，该 App 能起到连接景区和游客的作用，能为游客提供更加便捷和个性化的服务。通过 App，游客可以预订门票、预约导览服务、预定餐饮住宿等，还可以定制个性化的旅游路线和体验。这样，游客可以根据自己的需求和兴趣，得到更适合自己的旅游体验，增加对景区的满意度和忠诚度。

虽然景区建立了相关的微信公众号、服务号、官方微博以及景区官网进行宣传，但是这些平台都需要进行改进和完善。例如，景区网站的信息滞后，部分介绍内容相同，没有根据景区的建设以及开发进行更新，内容不够丰富全面，虽然能够满足游客的基本需求，能够实现景区介绍、文字图片展示和网络售票，但是其他方面的功能还不够完善。除此之外，虽然与知名网站合作共建智慧景区，但是宣传力度较小，在今后的合作中应该加强宣传，不仅是腾讯，景区还可以和当下热门 App 合作，进行五台山智慧景区的推广宣传工作。景区没有开发自己专属的 App，游客对景区信息的获取都是通过微信公众号推送的消息，并且由于微信对于推送信息数量的限制，游客对于信息的获取不够及时，没有移动终端App直观、方便。对于微博的营销功能也不能忽视，应在标题、内容、形式等方面进行创新，并将之推广进入热门微博，以提高点击量和关注量。

二、针对目标市场提供特色服务

人们的消费水平的提高、社会生产力的发展以及科学技术的进步推动了旅游产业的发展。在早期的旅游活动中，游客的选择较少，旅游形式相对单一，一般由旅行社提供标准化、模块化、团队式的旅游产品来满足游客的旅游需求。然而，随着社会经济和旅游业的不断发展，人们的旅游消费水平和消费观念发生了巨大变化，游客对旅游的要求也越来越高，越来越注重旅游的个性化和体验化。现如今，游客们已经从过去的被动观光旅游转向了主动提出旅游需求的体验式旅游。他们希望能够根据自己的兴趣和需求来定制旅游行程，选择适合自己的景点、活动和住宿方式。此外，游客也更加注重旅游的人性化和休闲化，希望能够在旅游过程中享受放松和舒适的体验。五台山景区应该从消费者角度出发，打造智慧化的管理模式，为游客提供个性化的旅游服务和产品，满足游客的不同需求。

首先，在信息时代下，一切都要以游客为中心，准确把握游客的需求。对游客的需求进行市场细分，确定目标市场，将游客的需求以及满意度作为衡量景区建设是否合格的标准，并针对不同的旅游需求，提供游客需要的产品或服务，满足游客多样化和个性化的需求。五台山在景区智慧化管理中，对目标市场的细分应该更加准确和规范，应建立游客数据中心，通过大数据技术实时对游客的客源地、游客信息的点击量以及浏览量等信息进行把控，并通过分析大数据，了解游客的旅游偏好，包括他们感兴趣的景点、活动和文化体验。这样，管理者可以根据游客的需求和喜好设计出更符合游客喜好的旅游产品，提升游客的旅游体验。

其次，部分游客有一定的文化知识储备，他们对于五台山景区的旅游需求不仅是为了观光游览，还对于五台山景区背后的历史文化知识有着一定的求知欲望，所以在设计旅游产品时，可以在线上和线下提供景区常识小测试，或者是历史文化小通关。参与线下测试答题的游客可以领取五台山景区的纪念品作为奖励，线上通关测试通过可以参与随机抽奖，奖品可以设计为网上纪念品售卖抵用券或者是某些合作商家的小礼品，这样不仅可以提高五台山景区的可游览性，增强游客的参与度，还可以从侧面促进游客的购买力，增加景区的经济收入。

最后，由于大多数的游客都将手机作为常用的移动终端设备，所以五台山景区应该更加注重对智能手机的开发。针对游客的旅游需求，尽量能够使游客的食、住、行、游、购、娱这一系列活动都能够通过手机来实现，以满足游客多样化的需求。不仅如此，利用手机移动终端设备，还应该开发出实时五台山景区游览直播功能，为景区游客构建景区交流平台，方便游客间的交流沟通，景区管理者还可以将之作为意见反馈平台，搜集游客在交流过程中对五台山景区建设的意见建议，将行之有效的提议运用到五台山景区智慧化管理中去，以满足游客多元化的需求，提高游客的满意度。另外，五台山景区需要发布实时问卷来调查游客对景区某些服务或产品的反应，可以直接将注册的用户当作五台山景区的被调查者来源，以获得更加真实有效的数据。除此之外，还可以针对移动终端设备来提供相应的服务现在人们的生活越来越离不开手机的支撑，但是在外出游玩的过程中手机总会出现突发状况，如手机电池消耗较快，在户外景区游玩时却无法及时进行电量补充，因此，在建设五台山景区时，可以在景区内放置共享充电设施，方便游客的取用。

三、改进信息技术并丰富智慧化建设内容

（一）升级网络、信息技术及设备

在智慧化管理中要实现景区的智慧化建设目标，硬件是基础，技术是保障。景区在4G信号、5G信号和Wi-Fi覆盖等基层网络设施方面都有建设，给游客带来方便，能满足游客的基本需求，但是在细节方面略有不足，游客并不能时刻享受到景区智慧化旅游体验，因此需要对景区内的网络、信息技术有关设备进行升级完善。

五台山智慧景区管理和建设需要以完善的基础设施为依托，在五台山景区数字化建设的成果基础上，引入更多的先进技术和设备，如GPS北斗定位设备、传感器、无线网络设备等，将物联网、精确定位、GIS、高清视频采集技术、人脸识别技术等应用到景区的建设中。地理信息系统可以详尽地将五台山景区及其周

边的环境和物体信息表现出来，通过专业的技术人员构建地理信息系统对于设计五台山景区电子地图有重要作用。物联网系统的形成是景区各个节点铺设感应器连接的结果，通过物联网系统的建立可以实现自动监测和感应，可以实时获取游客、管理人员、车辆等的位置信息，可以更好地调配资源，提高景区的运营效率和服务质量，提供更好的游客体验。

网络服务是五台山智慧景区管理和建设中的重点。在互联网时代的今天，网络与人们的生活密不可分。不仅如此，五台山智慧景区大部分内容与游客体验都是基于快捷的无线网络的基础之上，如智能刷脸入园系统，通过网络传输以及大数据的识别和计算才能够得到实现。针对游客设计的各种体验游戏等，也都是基于无线网络，游客的移动终端只有顺利连接互联网，才能够体验到五台山智慧景区的项目，否则一切都是空谈。无线网络对于景区解说系统也至关重要，如果互联网连接不顺畅，地理位置信息无法获取，解说系统终端无法收到信息，就无法对游客进行准确的定位并提供准确的讲解，如果互联网连接不稳定，还会造成讲解过程中卡顿或者产生讲解内容与观赏地点不匹配的问题，给游客造成困扰。

因此，五台山景区要加强设施设备的建设、维护和管理，要升级五台山景区的数字化信息中心，购买更多科技水平含量高、性能更好的服务器和存储设备，完善景区的基础设施设备，从硬件水平上提高景区竞争力。通过利用云计算技术、大数据分析、数据挖掘等先进技术可以为五台山景区的智慧化管理建设提供强大的信息技术支持，可以为景区的发展打下坚实的基础。这些技术的应用可以帮助景区更好地利用和管理数据资源，提高管理效率和服务质量。因此，在景区的智慧化管理中，需要从硬件层面入手，充分利用信息技术资源。

另外，还要在五台山景区内铺设更多通信网络，建设更多移动通信基站，设置覆盖更大范围的 Wi-Fi 服务热点，升级景区的有线和无线通信网络，提升景区内外的网络覆盖范围和网络传输速度，保障五台山景区内信息传输的畅通和高效，确保游客等景区服务对象的信息获取的稳定和便利。还要尽量避免信号干扰，保证无线网络连接的稳定性、安全性与可靠性，做到定时请人检查信号是否良好，及时维修，提高景区工作人员的工作效率，满足游客的基本需求，让游客随时随地都能享受高质量的上网服务，提升游客的满意度。除此之外，五台山景区其他的基础设施也要进行升级改造，如在主要景点前的电子屏幕上，除了对一些基本信息进行简要介绍，还应该具备实时播报景区游客信息的功能，可以在屏幕上显示当前游客数量、游客集中地、景区无线网络实时测速等信息，并且，此类信息的播放要体现及时性，实时调整数据，以便让游客更准确地了解当前信息，避免人流高峰，规划游览路线。

在升级五台山景区信息处理、网络服务设备的基础上，面向游客的需求，加快食、住、行、游、购、娱等多要素的智慧化升级和改造，开发更多的智慧化旅游服务功能，提升游客的旅游体验。五台山景区在智慧化管理中可以和周边企业合作，形成旅游联盟，将更多的服务项目和服务内容纳入景区的智慧管理系统中，使游客一来到景区就能通过智能终端设备连接到景区的智慧服务系统中来，方便享受智慧服务。这不仅满足游客观光游览的需求，更能为游客提供多功能、高质量的服务，节约游客旅游时间。在细节方面的优化上，五台山景区无线网络设施解决了游客不能够随时快捷上网的问题，但是新的问题随之而来。游客移动终端设备的储电有限，在旅游过程中，人们需要手机等移动终端设备拍照留念或参与进智慧景区建设内容中来，电量消耗速度会越来越快，游客出行在外不能确保每一个人都能准备移动电源等设备及时补充电量，即使有些游客会携带移动电源，但是也存在移动电源供电不足的情况，此时，如果景区内可以提供一些能够为移动智能终端免费充电的站点或者可以免费为游客提供移动电源租借服务，那么能够为游客提供极大的便利。在升级网络的过程中，应尽可能避免影响景区的原始风貌和人文资源，不能以破坏历史文化与自然环境为代价进行景区的规划与开发，并且应该充分考虑无线局域网的需求，包括网络覆盖范围、容量需求等，在景区人流量集中区域，还应加大网络容量，避免在旅游旺季游客众多时出现无线网络信号连接不稳定的状况，充分满足游客的潜在需求。

随着旅游景区的信息化、数字化、智能化步伐的不断加速，智慧景区管理的内容不应只包括满足游客的基本需求，还应包括智慧景区工作人员的智慧化管理、智慧化服务以及智慧景区产品的智慧化营销。五台山景区在智慧管理与发展过程中要重视与游客的互动沟通，围绕游客开展多种多样的营销活动，通过为游客提供热情的服务提高游客的满意度和忠诚度，最终为五台山景区带来盈利。就旅游景区而言，客户关系管理的核心是同时做好对旅行社和游客的管理。五台山景区应不断加强客户关系管理系统的建设，不仅利用大数据平台获取游客的基本信息，还应该注意来自旅行社的信息搜集，做好定期回访工作，加强沟通联系，以利于五台山景区直接开展市场拓展活动，最终达到游客、旅行社、五台山景区三者之间共赢的局面。

（二）完善智慧景区解说信息系统

景区智慧管理虽然抓住了互联网时代机遇，建立了相关导游解说设施，但是没有形成完整的解说系统。目前，大部分景区只在微信公众号以及主要景点标识牌上的二维码两个渠道开通了语音讲解功能，覆盖的景点范围不全，并且功能还非常简单，操作也很不方便。在使用的过程中，需要自己选择讲解的景点，不能选择语速和讲解内容的进度，退出语音讲解页面后就会停止讲解。若是景点地理位置较为偏僻、网络信号不稳定时，语音讲解效果更是不尽如人意，无法满足游客最基本的需求。

五台山景区在智慧管理过程中应充分重视语音讲解系统的智慧化升级，在硬件和软件两个方面提高其服务水平。第一，根据五台山景区的设施设备建设现状及实际考察结果，五台山景区可以在游客精确定位和景区地理信息系统数据服务的基础上，将语音讲解系统同景区内的导游功能整合起来，最终构建定位、解说、导游相结合的景区智慧解说一体化系统。通过五台山景区物联网的铺设可以及时感知游客位置，自动搜索周边信息，为游客提供景区的景点路线、购物点、厕所、休憩区、餐饮点等的位置信息和引导服务。基于自动定位技术，在识别到游客到达某一讲解点时，根据游客的选择是否自动根据地理位置进行语音讲解。此外，还要对语音讲解的页面进行升级、美化，提供集语音、文字、图片和视频于一体的综合讲解服务，让游客能够自主选择语言、语速和讲解进度，并将系统页面简化，便于游客操作，实现电子导游设备和游客助手客户端的自动解说服务。第二，可以丰富其他解说信息工具的应用，一是可以在五台山景区游客中心设置触摸屏以及电子影像设备，通过自助查询系统以及相关视频播放来使游客了解景区信息和景区旅游线路，同时也方便游客在排队购票等待的阶段或者旅游小憩阶段增加旅游的趣味性；二是在合适路段设置触摸屏、电子展示屏等电子信息设施设备，如在游客休息区等位置设置触摸屏，增加沿途讲解的景点数量和整体介绍，在游客休息时也能时刻接收到景区相关信息。

1. 丰富解说内容，满足不同需求

随着互联网技术以及移动终端设备的普及，对于智能化设备的使用已经不再仅是年轻人的专利，年龄已经不再是人们追求新鲜事物的障碍，许多中老年人依然拥有想要了解新鲜事物的好奇心，想要体验更加方便和快捷的移动终端设备。在智慧景区解说系统内容的选择上，老年人也有自己的理解和喜好，不能因为他们是小部分的受众群体就忽视他们的需求，应该针对老年人的特点推出专门的解说内容。对于有些老年人来说，他们一部分的身体机能可能会退化，如在视力和听力方面可能会有些不方便，因此，在设计五台山景区项目解说系统时，对于系统的界面设置以及语音播报的设置就要更加注意，并且对解说内容的设置也应该更加正式和庄重。

除了可以针对年龄这一因素对游客群体进行划分，还可以针对游客的性别和学历设计不同目标客户的解说系统，开发一些个性化的定制服务。比如，以性别为因素进行划分时，针对女性游客，可以为其推送更加时尚清新的解说界面，在解说内容的设定上，可以多添加一些历史上的奇闻，抓住女性游客的眼球；针对男性游客，解说界面的设计就可以更加简洁大方，五台山景区项目内容的设定则可以更加男性化。针对学历这一因素区分游客群体时，面向大学及以上学历的游客可以为其推送科学讲堂类服务，面向中学生则可以推送相关历史文化知识，拓宽中学生的视野。

除此之外，还可以在语言方面进行五台山智慧景区解说系统的改进，针对国内外游客开发出不同版本语言的智慧解说系统，以满足不同语种游客的需求。在针对国外游客开发解说系统时，由于国内外巨大的文化差异，一定要邀请专业的翻译人员对整体解说内容进行把控，用最精准的语言将中华文化的博大精深向世界游客展示出来，提升其旅游体验，切忌使用“中文式”英语，以免给外国友人造成不好的印象；针对国内的游客，虽然我国推广使用普通话，但是我国各个地区都有自己的独特的方言，代表了其独特的文化。因此，五台山景区解说系统可以增加方言板块的内容。可以先利用大数据技术搜集游客信息，然后将游客来源地最多的几大地区的方言结合解说内容发布在解说系统中，这样大部分游客都能够对五台山景区更加有亲切感。

2. 升级信息技术，开启人工智能时代

目前大部分景区的解说系统都属于被动的解释输出，单纯向游客阐述景区的文化历史以及其他相关情况，游客是被动接受的一方。但是，若游客对解说系统或者景区内某一方面的建设有些建议，由于目前景区的解说系统功能单一，景区没有办法及时收到反馈，这将不利于景区的规划建设，不利于提高游客的旅游体验。在讲解过程中如果游客有任何疑问，解说系统也没有及时沟通功能，游客没有办法得到及时的回复解答，游客和解说系统双方不能够及时交流。

互动渠道可以促进信息的双向流通，解说系统存在的意义不仅仅是将解说信息传达给游客，还应该发挥反馈游客意见的功能，为游客提供智能化的互动渠道。随着信息技术的发展，人工智能技术逐渐被重视，并被应用到各个领域，在智慧解说系统中同样可以引用。面对此种情况，五台山景区在智慧化管理过程中应该学习掌握前沿的人工智能技术，开发独立的解说互动交流系统。还可以在景区解说系统中开发出人工服务的功能，在游客游览过程中，一旦游客有任何的反馈或者疑问，直接点击一键服务功能，就可以直接接入导游服务中心，由人工台及时回馈信息并进行疑难解答，为游客提供高质量的服务。除此之外，还可以利用人工智能研发更高级的实体解说机器人，不需要任何扫描二维码、下载 App 等繁杂的步骤，就会有机器人全程陪同游客参观解说，并能够实时接收游客信息，与游客互动交流，为旅途增添乐趣。

通过智能语音服务平台，扫描二维码就可以随时体验五台山景区解说服务，这是一种新型的解说方式，其投入使用的时间相对较短。体验经济时代，旅游行业包括其他行业商家在进行产品以及消费推广时，除了传统的口头推广以及书面推广方式，还会采用一些其他的推广方式，像热点事件推广，软文推广、明星推广、激励推广、热搜推广等方式。其中，激励推广属于比较常用和有效的一种推广方式，商家在进行拉新、留存以及促活时都会用到，五台山景区在推广智能解说系统时同样可以吸引一些游客参与其中的激励活动。比如，游客扫码听讲解，听够几个讲解可以领取景区的免费纪念品，游客按照五台山景区官方给定的推广渠道（微信好友圈、QQ 空间等）对五台山景区的智慧解说系统进行转发扩散即可获取一定奖励等。这类激励活动既可以丰富游客的体验，也可以较好地调动游客的积极性，让游客对五台山景区的价值有更深刻的印象和理解，改变游客走马观花式的传统旅游模式。

四、产教融合

教育与旅游产品相互结合的过程中，应使游客感受智能化，同时相关政府部门需要对旅游数据深入地研究，对游客的心理深入地分析，为旅游管理者提供数据支持。高校需要建立适合学生发展的平台，在人才培养过程中实现智能化的教育，形成适合学生学习的教育氛围，实现专业型人才的培养。

产教融合的教学模式能使学生的就业和创业能力得到提升。产教融合的教育模式能在教学过程中将五台山景区的关键知识点全面展示给学生，让学生从多角度对旅游知识进行掌握，使学生的整体素质和就业能力得到提升。

产教融合的教学模式中起到关键作用的是政府管理部门。政府管理部门和校园合作、高校与企业合作、政府部门与企业合作能为学生自主开展创业提供机会。现阶段，五台山景区属于山西省忻州经济文化发展的一部分，在五台山景区智慧化管理过程中，产教融合的教育模式能推动景区特色研究更加深入，使其规模化发展，以此吸引更多的游客。

综上所述，五台山景区在智慧化管理和发展过程中与高校进行合作能为景区智慧化发展提供动力。高校对五台山景区智慧化的发展在思想上给予足够的认同，其对人才培养的要求也越发严格，培养出来的人才能够适应国家的发展要求。五台山景区应在智慧化管理和发展中与高校结合，这就需要高校在旅游项目建设以及教育过程中将自身作用充分发挥出来，最终实现五台山景区智慧旅游的全面发展。

参考文献

[1] 马海龙，杨建莉．智慧旅游导论［M］．银川：宁夏人民教育出版社，2020．

[2] 刘赟．互联网时代智慧旅游与景区管理探究［M］．长春：吉林大学出版社，2019．

[3] 黎崾，张俊刚，张璐，等．旅游大数据应用与实践［M］．北京：中国旅游出版社，2021．

[4] 王国栋．旅游大数据及其应用［M］．北京：旅游教育出版社，2022．

[5] 陈薇．大数据时代智慧旅游管理与服务［M］．北京：中华工商联合出版社，2021．

[6] 李志飞，汪绘琴．旅游景区管理：案例、理论与方法［M］．武汉：武汉大学出版社，2013．

[7] 贺剑武，翟洁．智慧景区规划建设与管理［M］．北京：机械工业出版社，2021．

[8] 孙艳红，布新琳，闫玮．洛阳市智慧旅游发展研究［M］．北京：中国经济出版社，2018．

[9] 章小平，吴必虎．智慧景区管理与九寨沟案例研究［M］．北京：清华大学出版社，2013．

[10] 赵黎明．旅游景区管理学［M］．3版．天津：南开大学出版社，2021．

[11] 黄小明，孙新丽，袁云．智慧景区大数据管理平台建设方案探讨［J］．广东通信技术，2023，43（7）：57–63．

[12] 孙建竹．基于网络文本分析的智慧景区游客满意度影响因素分析［J］．辽宁科技学院学报，2023，25（3）：75–78．

[13] 穆芃芃．基于大数据分析的旅游景区管理策略优化研究［J］．旅游纵览，2022（11）：194–196．

[14] 常成．新时期生态旅游景区智慧化建设的探索与研究［J］．文化月刊，2022（4）：44–46．

[15] 张萌. 建设智慧景区开辟旅游行业新生态 [J]. 中国商人，2023 (5)：178-179.
[16] 吴秀清. 低碳理念下智慧景区的规划设计分析 [J]. 房地产世界，2023 (8)：58-60.
[17] 陈璐，陈蔚. 数字化升级背景下智慧景区人才需求与趋势研究 [J]. 企业科技与发展，2023 (4)：80-85.
[18] 申屠振峰. "智慧景区"的构成、价值及发展趋势 [J]. 中国管理信息化，2015，18 (8)：188-189.
[19] 唐雪凝，明庆忠，史鹏飞. 中国景区智慧化管理研究进展及前瞻 [J]. 黑龙江生态工程职业学院学报，2022，35 (4)：45-50.
[20] 丁余良，高碧瑶，曹家源，等. 多样化的智慧景区建设 [J]. 物联网技术，2022，12 (6)：81-83.
[21] 杨高祥. 某景区智慧化信息系统设计与实施方案研究 [D]. 南京：南京邮电大学，2022.
[22] 何嘉琦. 面向智慧景区的智能导览系统平台设计与实现 [D]. 杭州：浙江大学，2017.
[23] 孙贝贝. 基于游客感知的趵突泉景区智慧化运营现状分析与提升研究 [D]. 济南：山东师范大学，2023.
[24] 杨小平. 智慧旅游视角下的景区游客管理体系研究 [D]. 宜昌：三峡大学，2016.
[25] 杨会健. 智慧景区旅游应急指挥中心设计 [D]. 南京：南京邮电大学，2020.
[26] 余广斌. 基于物联网技术的 WL 智慧景区建设策略研究 [D]. 桂林：桂林电子科技大学，2020.
[27] 蒋博. 景区智慧管理系统用户体验研究与实践 [D]. 镇江：江苏大学，2020.
[28] 杨柳. 基于用户体验要素的景区智慧管理平台设计研究 [D]. 长沙：湖南大学，2020.
[29] 董磊. 智慧景区信息化管理服务系统设计与实现 [D]. 杭州：浙江工业大学，2019.
[30] 田梦. 智慧景区建设研究 [D]. 郑州：郑州大学，2017.